DIE KARTAUSE AGGSBACH

Franz Sidl, Pfarrer Gottfried Waser, Karl Thir,
Ein Mönch der Kartause Montrieux, Gerhard Floßmann,
Meta Niederkorn-Bruck, Heribert Roßmann, Gerhard Jaritz,
Karl Kubes, Alfons Maderna, James Hogg

1995

VEREIN DER FREUNDE DER KARTAUSE AGGSBACH
A-3642 AGGSBACH DORF 33

ANALECTA CARTUSIANA

EDITOR: JAMES HOGG

83:4

INSTITUT FÜR ANGLISTIK UND AMERIKANISTIK
UNIVERSITÄT SALZBURG
A-5020 SALZBURG
AUSTRIA

ISBN 3-7052-0643-5
Alle Rechte beim Verfasser.
Herausgeber: James Hogg,
Verein der Freunde der Kartause Aggsbach,
Gestaltung, Satz und Umbruch: James Hogg
Gedruckt mit Unterstützung der Kulturabteilung des
Amtes der Niederösterreichischen Landesregierung
Druck: Druckhaus Lahnsteiner, A-3250 Wieselburg
© Copyright 1995

INHALTSVERZEICHNIS

Bildernachweis

VORWORT

KARL THIR

Es gibt Jubiläen, die bloße Erinnerungsfeiern sind, und solche, die fruchtbar sind. Zu letzteren gehören die Veranstaltungen des Jahres 1980, anläßlich des 600-jährigen Bestehens der Kartause Aggsbach, zu deren Höhepunkten der von Dr. James HOGG geleitete Internationale Kartäuserkongreß zum Thema: „Die Kartäuser in Österreich" zählte. Diese Tagung machte zahlreichen Ortsbewohnern die Bedeutung der Kartause erneut bewußt. So nimmt es nicht wunder, daß 1984, am Ende der Feierlichkeiten anläßlich des 200-jährigen Bestehens der Pfarre und des 800-jährigen Bestehens des Kartäuserordens, der Beschluß gefaßt wurde, das Wirken der Kartäuser in Vergangenheit und Gegenwart - und damit auch die Geschichte der Kartause Aggsbach - zu dokumentieren und die religiösen Anliegen der Söhne Sankt Brunos zu unterstützen. Dies führte 1985 zur Gründung des Vereins der Freunde der Kartause Aggsbach.

Dank der Hilfe von Dr. James HOGG und der durch ihn vermittelten Kontakte mit anderen Kartäuserforschern sowie mit dem hw. Pater Prior der Kartause MONTRIEUX konnte der Verein eine umfangreiche Ausstellung über die Kartäuser und die Kartause Aggsbach gestalten. Ein weiterer Höhepunkt der Zusammenarbeit mit Dr. James HOGG war der 1990 von ihm, der Marktgemeinde Schönbühel-Aggsbach und dem Verein gemeinsam organisierte Internationale Kongreß mit dem Thema: „Die Ausbreitung kartäusischen Lebens und Geistes im Mittelalter", anläßlich dessen auch die ehemalige Bibliothek und der Archivraum restauriert wurden.

1995, zum 10-jährigen Bestehen des Vereins, erscheint das Buch über die Kartause Aggsbach, dessen Werden von Dr. HOGG initiiert und begleitet wurde. Als Mitherausgeber danke ich ihm im Namen des Vereins sehr herzlich für seine umsichtige Hilfe und seine bewundernswerte Geduld, ohne die dieses Buch nicht entstanden wäre. Danken möchte ich aber auch der Institutssekretärin, Frau Ulla LANG, für die mühevolle Übertragung der Texte auf Diskette. Mein Dank gilt den Autoren und Fotografen, die ihr Wissen und ihr Können zur Verfügung gestellt haben, Frau Prof. Christine PREINER (Stiftsgymnasium Melk) für die sprachliche Betreuung des Buches sowie meiner Frau für die Hilfe bei der Organisation und Koordination. Gedankt werden soll aber auch dem Kulturreferenten des Landes NÖ, Landeshauptmann Dr. Erwin PRÖLL, für die gewährte Subvention und dem Druckhaus LAHNSTEINER für die gediegene Arbeit und umsichtige Betreuung.

Möge dieses Buch die Liebe zur Kartause und die Verbundenheit mit den Kartäusern vertiefen.

Vorwort von Bürgermeister Anton Draxler
Marktgemeinde Schönbühel-Aggsbach

Schönbühel-Aggsbach in der Wachau, am rechten Ufer der Donau gelegen, kann auf ein reichhaltiges kulturelles Erbe verweisen.

Kelten, Römer und später das Geschlecht der Kuenringer haben die Dörfer am Fuße des mächtigen Dunkelsteinerwaldes nachhaltig geprägt. Als Heidenreich von Maissau, mächtiger Landesherr und Nachfolger der Kuenringerherrschaft, die Kartäuser vor mehr als 600 Jahren nach Aggsbach holte, ahnte er nicht, welche Bedeutung dies für Aggsbach und die gesamte Region haben sollte. 400 Jahre wirkten die weißen Mönche hier und noch heute, 200 Jahre nach Aufhebung des Aggsbacher Klosters, hat das Erbe der Kartäuser Bedeutung in wirtschaftlicher, vor allem jedoch in kultureller Art.

Die vorliegende Schrift spannt einen Bogen über das Wirken dieses Ordens in der Vergangenheit bis zu den Zeugnissen der Gegenwart.

Als Bürgermeister der Marktgemeinde Schönbühel-Aggsbach danke ich den Herausgebern dieses Buches, vor allem Dr. James Hogg, sowie dem rührigen „Verein der Freunde der Kartause Aggsbach" für Ihr Bemühen, die Geschichte und Kultur unseres Dorfes aufzuarbeiten und damit auch dem Wirken der Kartäusermönche einen entsprechenden Stellenwert einzuräumen.

DER VEREIN DER FREUNDE DER KARTAUSE UND DIE PFARRE AGGSBACH

DR. FRANZ SIDL

Als am 6. Oktober 1984 (Fest des hl. Bruno) die Gründung des Vereins der "Freunde der Kartause Aggsbach" beschlossen wurde, war von vornherein eine enge Verbindung mit der Pfarrgemeinde und ihren seelsorglichen Anliegen vorgesehen. Das entspricht auch den Statuten, die unter Punkt 2 als Zweck des Vereins die "Pflege des religiösen und kulturellen Erbes der Kartause Aggsbach aus ihrer Vergangenheit und in ihrer gegenwärtigen Bedeutung ... und die ideelle Förderung der religiösen Anliegen der Kartäuser in Form von Information sowie kulturellen und religiösen Veranstaltungen" definieren.

Die Zusammenarbeit mit dem Pfarrer von Aggsbach Dorf war von Anfang an eine sehr gute, was dadurch zum Ausdruck kam, daß GR Josef Völker bereit war, die Funktion des stellvertretenden Obmannes zu übernehmen. Auch die wohlwollende Unterstützung durch die Gemeinde und ihren Bürgermeister darf hier nicht übergangen werden. Pfarrer Völker ist leider allzu früh am 22. Jänner 1992 verstorben.

Was die Erhaltung bzw. Erneuerung der vorhandenen Anlagen betrifft (gemäß Vereinsstatut 2.c.), konnte der Verein auch finanziell manches beitragen und gleichzeitig einige pfarrliche Anliegen fördern.

Dankenswerter Weise hat der derzeitige Pfarrer Gottfried Waser eine übersichtliche Zusammenstellung aller Restaurierungsprojekte die Pfarre betreffend übermittelt, die der Vollständigkeit halber im Anhang abgedruckt sind.

Die Gründung des Vereins der Freunde der Kartause Aggsbach geschah im Rahmen der Feiern zum zweihundertjährigen Jubiläum des Bestehens der Pfarre und der Neunhundertjahrfeier des Kartäuserordens. Aus dem Text der Einladung zu einem Triduum vom 5.-7. Oktober 1984 geht beispielhaft hervor, wie das Anliegen der Erneuerung als geistliches Erbe der Kartäuser im Leben der Pfarre heute verwirklicht werden kann:

Liebe Pfarrangehörige!
Unsere Feiern zum zweihundertjährigen Jubiläum des Bestehens der Pfarre und der Neunhundertjahrfeier des Kartäuserordens gehen einem letzten Höhepunkt entgegen. Am 27. April d. J. konnten wir die Ausstellung eröffnen, die seither viele Besucher angezogen hat und am 29. 4. mit Abt Burkhard von Melk einen Festgottesdienst feiern.
Ein weiterer Höhepunkt war das Patroziniumsfest an Maria Himmelfahrt mit dem so gut besuchten und wunderschön gestalteten Hochamt mit der Spatzenmesse von W. A. Mozart. Es wäre aber zu wenig, wollten wir uns nur nach außen hin an Festlichkeiten erfreuen. Der tieferen Besinnung und geistlichen Erneuerung soll ein Triduum gewidmet sein, zu dem wir Sie, liebe Pfarrangehörige, sehr herzlich einladen möchten.
So sieht das Programm aus:
Freitag, 5. Oktober; um 8.00 Uhr Lichtbildervortrag über das Kartäuserleben in der Schule für die Schulkinder von Prof. Karl Thir.
19.00 Uhr Jugendvesper in der Kirche, gestaltet von den Jugendlichen der Pfarre und aus dem Seminar Melk mit Frater Martin.
Besonders herzlich sind dazu alle Jugendlichen der Pfarre, aber auch die Kinder und Erwachsenen eingeladen.

Samstag, 6. Oktober, Fest des Hl. Bruno, des Gründers des Kartäuserordens: Von 18.00 bis 20.00 Uhr Geistlicher Vortrag von Prälat Maximilian Fürnsinn, Herzogenburg. Der Vortrag findet im Refektorium statt. Nachher Marienandacht in der Kirche mit Segen und Beichtgelegenheit. Am Ende der Besinnung und der Andacht setzen wir das brüderliche Beisammensein mit einer Agape im Kreuzgang fort. Dazu sind alle Familien recht freundlich eingeladen.

Sonntag, 7. Oktober, um 10.00 Uhr feierliches Hochamt mit Prälat Fürnsinn, gestaltet vom Aggsbacher Kirchenchor mit der Bauernmesse.

Das gute Gelingen dieser drei Tage hängt vor allem auch davon ab, ob sich viele Aggsbacher daran beteiligen, ihre Kinder und Jugendlichen dazu mitnehmen und zu den Veranstaltungen schicken. Nützen Sie, bitte, diese Angebote und nehmen Sie selber sehr zahlreich daran teil. Das wünscht sich der Pfarrgemeinderat und Ihr Pfarrer.

Der Pfarrgemeinderat   Pfarrer GR Josef Völker

In den Räumen des Pfarrhofs, unterhalb des Refektoriums, befinden sich zwei Ausstellungsräume eines kleinen Museums, die durch Mittel von Dechant Stadler und Frau Maria Ertl restauriert wurden. Der erste Raum ist der Geschichte der Pfarre und dem Pfarrleben heute gewidmet, der zweite Raum dokumentiert das Wirken der KARTÄUSER in Geschichte und Gegenwart. Der anschließende dritte Raum des Museums, ein Keller der Kartause, der 1989 mit Hilfe freiwilliger Mitarbeiter der Pfarre adaptiert wurde, ist der Geschichte der Kartause Aggsbach gewidmet. Zwei weitere Räume des Museums, die 1990 vorbildlich restauriert wurden, liegen über der Sakristei und dem Kapitelsaal. Der erste Raum, das ehemalige Archiv, beherbergt die Dauerausstellung "Das Leben des hl. Bruno", der zweite, die ehemalige Bibliothek, ist der Meditation, der Feier von Vespern u.ä. gewidmet, sodaß auch hier die Verbindung der Geschichte der Kartäuser mit dem Leben der Pfarrgemeinde ersichtlich wird.

Mit Datum 27. April 1986 konnte nicht nur eine erweiterte Sonderausstellung "Die Kartäuser" eröffnet, sondern auch die Weihe des vorbildlich renovierten Kreuzweges auf den Kalvarienberg durch Weihbischof Alois Stöger gefeiert werden. Es darf hier nicht übergangen werden, daß diese Renovierung ebenfalls durch die Mittel von Herrn Dechant Stadler und seiner Wirtschafterin Frau Maria Ertl ermöglicht wurde. Herr Alfons Maderna stellte das Baumaterial zur Verfügung. Überhaupt ist ihnen, wie auch der Diözesanfinanzkammer, dem Bundesdenkmalamt und dem Land Niederösterreich, sowie vielen ungenannten Spendern für alle finanziellen Beiträge herzlich zu danken.

Die internationalen Kartäuserkongresse 1980 und 1990 in der Aggsbacher Kartause erfreuten sich eines regen Interesses von Seiten der Pfarrbevölkerung, die sich verschiedentlich auch an den qualifizierten Referaten und an den gottesdienstlichen Feiern beteiligte.

Besondere liturgische Feiern veranstalten jedes Jahr Pfarrgemeinde und Kartäuserverein gemeinsam: das Fest des Hl. Bruno im Oktober und eine feierliche Gedächtnismesse um den 24. April für die Stifter und alle verstorbenen und lebenden Wohltäter der Kartause. Ein gemeinsamer Kreuzweg wird um das Fest Kreuzerhöhung im September, sowie zusammen mit der St. Pöltner Pfarre Johannes Kapistran jeweils am 4. Fastensonntag begangen. Inspiriert durch die Jugendvespern im Stift Melk gestalten Jugendliche aus der Pfarrgemeinde öfter Vespern für Jung und Alt, manchmal mit Anklängen an die Spiritualität der Kartäuser. Die erste Jugendvesper in Aggsbach am 5. Oktober 1984 unter dem Motto: Einsamkeit - Stille - Gebet, wurde schon erwähnt. Die pfarrliche Jugend- und Jungschararbeit unterstützt der Kartäuserverein durch die Beteiligung an den Heizkosten und an der Adaptierung der Jugendräume.

Auch im Pfarrgemeinderat ist der Verein durch eine Reihe von Mitgliedern vertreten.

Anhang: Renovierung und Sanierung der Kartause-Kirche, ab dem Jahre 1967.

Quellen: Statuten des Vereins der Freunde der Kartause Aggsbach o.J.; Verkündbuch und Chronik der Pfarre Aggsbach-Dorf; gesammelte Dokumente, Einladungen etc. ; Ingeborg Weigl, Der Orden der Kartäuser am Beispiel der Kartause Aggsbach, Fachbereichsarbeit aus Religion, 1994.

Renovierung und Sanierung der Kartause - Kirche ab dem Jahre 1967

Die folgenden Aufzeichnungen sind zum Teil aus der Pfarrchronik, zum anderen Teil aus den Kirchenrechnungen entnommen.

1967: Beginn der Kirchenrenovierung. Baumeisterarbeiten: S 67.000.- und Malerarbeiten S 170. 000.- Die NÖ. Landesregierung gibt einen Zuschuß von S 200.000.-.

1968 Die im Jahre 1967 abgetragene Orgel soll wieder aufgestellt werden. Kosten S 15.760.- Hr. Adolf Donabaum hat die Arbeit in Angriff genommen und am Fest des Hl. Michael beendet.

1969 Fortführung der Kirchenrenovierung, der Orgelaufbau wird restauriert. Es muß von den dekorativen Teilen das meiste nachgeschnitzt werden, da alles verwurmt war. Ebenso wird die Kanzel restauriert. Der Kreuzgang wird saniert, der Putz abgeschlagen, die Stuckteile ergänzt. Eine Inschrift über dem Mittelportal wird freigelegt und restauriert. Das schwer beschädigte Hochaltarbild wird mit Mitteln des Bundesdenkmalamtes restauriert S 18.000.-.

1970 Die Arbeiten in der Kirche werden abgeschlossen und der Betrag von S 650.000.- bezahlt. Die Pfarrsammlung erbrachte S 70.000.-. Auch die Elektroinstallation wird erneuert und Kirchenscheinwerfer montiert.

1971 42 Stück Kirchenbänke in Eiche werden von der Firma Schöllbauer Mautern hergestellt, ebenso ein neuer Volksaltar. Kosten: S 173.900.- Zuschuß von der Diözesanfinanzkammer = DFK. Das Relief vom Hochaltar wird vom Bundesdenkmalamt restauriert.

1971 Pflasterungsarbeiten in der Kirche und weitere Elektroinstallationen. Kokosläufer für die Kirche wird angekauft (gespendet von Fr. Antonia Bissinger, Ida Entres, Johanna Neger, OSR Maria Pani und Therese Weber).

1973 Spenglerarbeiten - Dachrinnen an der Kirche erneuert. Kosten: S 12.208.- von der DFK bezahlt.

1975 Eine neue Glocke (223 kg) wird von der FA. Grassmayer angeschafft zum Preis von S 24.591.-.

1976 18 Lustergläser zum Preis von S 4.000,- als Beleuchtung für die Kirche werden angeschafft.

1978 Restaurierung von drei Marmorepitaphen aus dem 15. bzw. 16. Jh. an der Außenseite des ehemaligen Kreuzganges durch den akademischen Bildhauer Alfred Loidl, St. Pölten. Die Kosten werden vom Bundesdenkmalamt übernommen. Baumeisterarbeiten in der Kirche durch die Firma Ing. Franz Leitner S 16.000.-.

1979 Tischlerarbeiten: Neue Fenster und Türen im Kreuzgang durch die Fa. Stockinger. Kosten: S 83.852.- Zuschuß von der DFK.

1980 Zwei Seitenaltäre von der Filialkirche St. Johann im Mauertale werden auf 50 Jahre an die Kartause verliehen. Ein Seitenaltar wird von der Fa. Weinmann zum Preis von

S 119.180.- restauriert (Fehlende Teile werden mit Lindenholz ergänzt - Vergoldung mit Dukaten-Doppelgold). Die Pfarre bezahlt S 40.000.-, den Rest das Bundes-denkmalamt.

1982   Restaurierung des zweiten Seitenaltars. Fehlende Schnitzwerke werden in Lindenholz angefertigt. Vergoldung - Neufassung durch die Fa. Weinmann, St. Pölten - in Kaseintechnik ausgeführt. Kosten: S 27.440.-. Die Pfarre bringt S 30.000.- auf, S 80.000.- das Amt der NÖ. Landesregierung. Restauriert wird auch in diesem Jahr eine überlebensgroße Holzplastik - Hl. Paulus in Polierfassung durch Fa. Weinmann, St. Pölten, Kosten: S 30.680.-, davon werden S 20.000.- von der Gemeinde Schönbühel-Aggsbach-Dorf bezahlt.

1983   Installationsarbeiten und Elektroarbeiten im Pfarrhof-Kartause. S 54.000.- bezahlt die DFK, ebenso die Anstreicherarbeiten an den Türen und Fenster im Pfarrhof-Kartause S 5.000.-.

1984   Die Sakristeieinrichtung wird neu adaptiert und gestrichen durch Tischlermeister Huber aus Gföhl. Die Auslagen bestreitet Hr. Dechant Josef Stadler. Die Tischlerarbeiten im Pfarrhof-Kartause betragen S 94.282.- und werden von der DFK übernommen. In diesem Jahr beginnt auch die aufwendige Sanierung der Umfassungsmauer durch den Baumeister FA. Schnabl, Melk. Die Kosten von S 304.000.- werden von der DFK übernommen. Der Brunnen im Garten wird wieder instandgesetzt, die Gartenmauer saniert, ebenso der Gemüsegarten und Keller. Betonboden für Holzlage und Abstellraum. Der Gesamtbetrag von S 289.567.- wurden von der DFK übernommen, davon aber S 150.000.- von Hrn. Dechant Josef Stadler bezahlt.

1985   Beginn der Restaurierung des Kalvarien-Kreuzweges durch die Initiative von Frau Marie Ertl, Alfons Maderna und Bürgermeister Anton Draxler mit Hilfe der Bevölkerung. Die Instandsetzung der Wehrmauer durch die Fa. Schnabl wird fortgesetzt. Die Baumeister- und Ingenieurkosten betragen: S 840.210.-; sie werden von der DFK bezahlt.

Zimmermannarbeiten beim Kirchenturm durch die FA. Johann Schania mit dem Betrag von S 63.060.- - werden von der DFK übernommen. 1986 Weiterführung der Sanierung der Wehrmauer mit einem Kostenaufwand von S 504.922.-; davon bezahlt die DFK S 470.949.-. Elektrifizierung der Glocken und neue Kirchenfunkuhr werden von Frau Marie Ertl in der Höhe von S 200.000.- finanziert. Färbelung der Turmfassade durch Fa. Neuhauser, Obritzberg, Spenglerarbeiten für den Turm - Kartause durch Fa. Bayer, Weißenkirchen. Gerüstung durch Fa. Bammer macht den Betrag von S 251.426.- aus, von der DFK bezahlt.

1987   Sanierung der Wehrtürme und Fortsetzung der Instandsetzung der Wehrmauer, werden von der Fa. Schnabl mit einem Kostenaufwand von S 726.552.- durchgeführt. Frau Marie Ertl bezahlte davon S 526.552.-, S 200.000.- die Diözesanfinanzkammer.

1988   Restaurierung einer überlebensgroßen Statue - Hl. Petrus samt Postament S 31.200.- durch die Fa. Weinmann. Fertigstellung der Wehrmauer. Das Land Niederösterreich gibt eine Subvention von S 50.000.-.

1989   Arbeiten am Pfarrhof-Kartausendach mit Zimmermann-Dachdecker-Spengler- und Baumeisterarbeiten mit einem Kostenaufwand von S 366.445.-, davon wird ein Zuschuß von der DFK von S 300.000.- gewährt.

1990   Anschaffung einer Kirchenlautsprecheranlage zum Preis von S 38.256.-. Die Stein-metzfirma Ehrlich aus Scheibbs arbeitet in der Kartause: Gotische Maßwerkfenster, Strebepfeiler und Quadersteine werden zum Preis von S 373.320.- restauriert. Die Kosten teilen sich das Bundesdenkmalamt - S 200.000.- und die DFK S 173.320.-. Die ehemalige Bibliothek wird saniert. Baumeisterarbeiten: S 22.427.-, Maler- und

Anstreicherarbeiten S 27.668.- vom Verein der Freunde der Kartause bezahlt. Bleiverglasung durch die Fa. Knapp im Obergeschoß S 56.433.- von der Diözese bezahlt. Prof. Franz Sidl kann über 100 jähriges Holz für den Fußboden erwerben. Sanierung der Ostfassade Kirche: Die Diözesanfinanzkammer gibt einen Zuschuß von S 100.000.-.

1991 Spenglerarbeiten an der Kirche mit einem Kostenaufwand von S 70.928.-, die von der DFK übernommen werden.

Die Sanierung des Pfarrhofdaches und Austellungstraktes werden abgeschlossen.

1992 Restaurierung der Südfassade und der Strebepfeiler der Kartäuserkirche - Innenhof. Die Kosten betragen: S 732.898.- und werden in folgender Weise aufgeteilt:

A.o. Zuschuß der Diözese:	S 170.000.-
Subvention von Bund und Land:	S 400.000.-
Kartäuserverein:	S 50.000.-
Frau Ertl (Spenden)	S 50.000.-
Pfarre:	S 62.898.-

1993 Eine elektrische Kirchenbankheizung - Beheizung der Sitzflächen in den Kirchenbänken - wurde installiert durch die Firma Urban Wien. Die Kosten von S 118.083.- werden von der Pfarre bezahlt.

EINSAMKEIT UND SCHWEIGEN ALS WEGE ZU GOTT - WIRKEN UND BOTSCHAFT DER KARTÄUSER

KARL THIR

Wir leben in einer Zeit, in der vielfach dem Materiellen große Bedeutung beigemessen wird, während die geistigen Werte in den Hintergrund treten. Zeichnet Herbert Marcuse nicht treffend das Bild des von den Mechanismen der Konsumgesellschaft manipulierten und ausgebeuteten "eindimensionalen Menschen",[1] entspricht nicht die vom reduktionistischen Nihilismus vertretene These, dem Menschen gehe es nur darum, durch Triebbefriedigung und Spannungsreduktion sein inneres Gleichgewicht aufrecht zu erhalten, scheinbar der Realität?[2]

Und doch macht, wie nicht nur die persönliche Erfahrung zeigt, sondern auch Vertreter humanistisch orientierter Anthropologien lehren, die bloß materielle Abstillung der Bedürfnisse den Menschen nicht glücklich. Zwar hat, wie Viktor Frankl, der Begründer der Logotherapie, sagt, der moderne Mensch der Ersten Welt genug, wovon er leben kann, aber er weiß oft nicht, wofür er lebt - die geistige Dimension des Menschen, in der weder der "Wille zur Lust" noch der "Wille zur Macht" dominiert, sondern der "Wille zum Sinn", geht in der Konsumgesellschaft häufig leer aus.[3] Doch ist der Mensch wesentlich durch seine Selbsttranszendenz ausgezeichnet, das heißt, er findet Glück und Erfüllung nicht durch krampfhaft-egozentrisches Kreisen um sich selbst, sondern durch das Über-sich-Hinauswachsen, durch die Hingabe an Aufgaben, die ihn fordern und an Menschen, die ihn brauchen, durch Sinn und Werte, die es zu entdecken und zu erfüllen gilt.[4] Mit anderen Worten, die Selbstverwirklichung liegt nicht in der defizienten Daseinsform des egozentrischen "Habens", sondern im liebevollen Sich-Öffnen und Sich-Verschenken, einer Haltung, die Erich Fromm das "Sein" nennt.[5]

So ist der Mensch auf der Suche nach Sinn und Werten letztlich auf der Suche nach dem Absoluten, das die Religionen Gott nennen. Die konkreten Formen dieser Suche sind mannigfaltig; eine davon besteht darin, sich aus der Geschäftigkeit des Alltags und dem Lärm der Welt zurückzuziehen, um in Einsamkeit und Stille für den Ruf des Absoluten offen zu sein, um Gott zu begegnen.

Dieses Innehalten kann ein kurzes "Atemholen der Seele" in Augenblicken der Ruhe sein, es kann aber auch eine eigene Lebensform werden, wie die verschiedenen Arten des Mönchtums - nicht nur im Christentum, sondern auch zum Beispiel im Islam und im Buddhismus - zeigen.

Gerade die kontemplativen Orden des Christentums verfügen über eine reiche mystische Gotteserfahrung, deren Früchte nicht nur einigen "Auserwählten", sondern jedem Menschen, der auf der Suche nach dem Absoluten ist, zugute kommen.

Auch die Kartäuser versuchen, diesen Weg der Gottsuche in Einsamkeit, Stille und Gebet zu gehen. Über die Anfänge und die Geschichte des Ordens, über die Lebensweise der Kartäuser sowie über den Sinn ihres verborgenen Lebens wollen die folgenden Seiten Auskunft geben.

---

[1] vgl. ZAHN, Lothar: Herbert Marcuse: Die Utopie der glücklichen Vernunft, in: SPECK, Josef: Grundprobleme der großen Philosophen, Philosophie der Gegenwart IV, Göttingen, 1981, UTB 1108, S. 208 ff.
[2] vgl. FRANKL, Viktor E.: Der Mensch vor der Frage nach dem Sinn, München, 1980², Piper, S. 86 f.
[3] Vgl. FRANKL, Viktor E., a.a.O., S. 101/102, 158-160.
[4] Vgl. FRANKL, Viktor E., a.a.O., S. 35/36.
[5] Vgl. FROMM, Erich: Haben oder Sein, München, 1981⁸, dtv, S. 88 ff.

I. Die Anfänge des Ordens:

1. Das 10. und 11. Jahrhundert:

Der Beginn des Kartäuserordens fiel in eine Epoche der religiösen Erneuerung. Der "neue Geist des Abendlandes"[6] erfaßte alle Schichten der Christenheit, die in mannigfaltigen Formen der Frömmigkeit die Nachfolge Christi verwirklichen wollten. Es war auch eine Zeit der Erneuerung der Orden: 1015 begründete Romuald die in einer Mischform von Eremitentum und Zönobitentum lebenden Kamaldulenser, 1098 Robert von Molesme die in strenger Observanz der Benediktusregel lebenden Zisterzienser und Norbert von Xanten 1120 die Kanonikergemeinschaft der Prämonstratenser, die die Regel des heiligen Augustinus befolgen.

2. Ein prophetischer Traum:

Im Juni des Jahres 1084 wurde Bischof Hugo von Grenoble die Ankunft von sieben Männern gemeldet, die die Zuweisung eines einsamen Gebietes erbaten, um dort, fern vom Treiben der Welt, ein Leben des Gebetes und der Hingabe an Gott führen zu können. Guigo, der 5. Prior der Kartäuser und Biograph Hugos, schildert diese Begebenheit wie folgt:

"Da war zuerst Meister Bruno, wegen seines religiösen Eifers und seines Wissens gerühmt, ein vollkommenes Vorbild an Ehrlichkeit, Würde und Reife. Seine Gefährten waren Landuin (der nach Bruno Prior der Kartause wurde), [..] Stephan von Bourg und Stephan von Die, [..] dann Hugo [..] der Kaplan [..]; zwei Laien, Andreas und Guerinus. Sie waren auf der Suche nach einem für das Einsiedlerleben geeigneten Ort [..]. Hugo [..] nahm sie mit Freude und Respekt auf; er nahm sich ihrer an und half ihnen, ihr Gelübde zu erfüllen. So zogen sie auf seinen persönlichen Rat hin, mit seiner Unterstützung und unter seiner Führung in die Einsamkeit des Kartausengebirges und ließen sich dort nieder. Denn um diese Zeit hatte er im Traum gesehen, wie Gott sich zu seinem Ruhm in dieser Einsamkeit eine bleibende Stätte baute, wohin ihm sieben Sterne den Weg wiesen. Und genau sieben an Zahl waren Bruno und seine Gefährten."[7]

Abb. 1: Szenen aus dem Leben des hl. Bruno (STATUTEN, gedruckt 1510 von Amorbach, Sammlung J. Hogg). Von links nach rechts: Hugos Traum, Brunos Ankunft, Auf dem Weg in die Einöde, Kartausenbau.

---

[6] vgl. FRANZEN, August: Kleine Kirchengeschichte, Freiburg, 1968[2], Herder, S.188 ff.
[7] RAVIER, André: Saint Bruno le Chartreux, Paris, 1981[2], Editions Lethielleux, S.79/80.

3. Bruno von Köln:

Bruno wurde um das Jahr 1030 in der Stadt Köln geboren. Ihr Beiname "Deutsches Rom" weist sie als eine der bedeutendsten religiösen Metropolen Deutschlands aus. Über Brunos Kindheit wissen wir praktisch nichts, doch dürfte er aus vornehmem Hause stammen.[8] Sehr jung (vierzehn- oder fünfzehnjährig?)[9] verließ er seine Vaterstadt und führte das dort begonnene Studium in Reims, dem damaligen Zentrum des religiösen Lebens und theologischen Wissens in Frankreich, zu Ende. Hernach wurde er Mitglied des Domkapitels und unterrichtete auch selbst Theologie und die "freien Künste" an der durch ihren Ruhm weithin bekannten Domschule, deren Leitung ihm Erzbischof Gervasius 1056 nach dem Tod Meister Herimanns anvertraute.[10] Welch ein durch sein Wissen ausgezeichneter und wegen seiner Güte beliebter Lehrer Bruno war, zeigen Auszüge aus den "Totentiteln":

> "Dieser Lehrer besaß die Kraft des Herzens und des Wortes, sodaß er alle anderen Meister übertraf; er war ganz von Weisheit erfüllt; was ich sage, weiß ich, und ganz Frankreich mit mir."[11]

Unter dem nach Gervasius' Tod 1067 durch Simonie an die Macht gekommenen Erzbischof Manassès begann eine schwierige Zeit für Bruno. Trotz seiner Ernennung zum Kanzler zwischen 1074 und 1076[12] war er auf seiten derer, die den korrupten und geldgierigen Kirchenfürsten in Rom angeklagt hatten. Deshalb enthob Manassès 1077 Bruno seiner Ämter und konfiszierte seinen gesamten Besitz. Bruno mußte mit einigen Freunden in die Verbannung ziehen und konnte erst 1080, nach der Amtsenthebung und Exkommunikation Manassès, nach Reims zurückkehren. Als ihm jedoch der päpstliche Legat den Bischofsstuhl von Reims anbot, lehnte Bruno das ehrenvolle Angebot ab und verließ vermutlich 1083 die Stadt.

Das Motiv für diesen unerwarteten Entschluß findet sich in einem aus dem Jahre 1096 stammenden Brief an Raoul le Verd, Dompropst zu Reims, in dem Bruno seinen Freund an ihr gemeinsames Gelübde, der Welt zu entsagen, erinnert:

> "Wir sprachen eine Zeitlang, glaube ich, vom falschen Zauber und den vergänglichen Gütern dieser Welt und den Freuden der ewigen Herrlichkeit. Da haben wir, von göttlicher Liebe entbrannt, versprochen, gelobt und beschlossen, die vergänglichen Schatten dieser Welt zu verlassen, um uns auf die Suche nach den ewigen Gütern zu begeben und das Mönchsgewand anzulegen."[13]

Bruno verließ mit zwei Gefährten die Champagne und zog nach Südosten bis zum in Burgund gelegenen Benediktinerkloster Molesme. Dort wies ihm Abt Robert, der spätere Begründer des Zisterzienserordens, das circa zehn Kilometer von Molesme entfernte Grundstück Sèche-Fontaine zu, wo Bruno mit seinen Gefährten als Einsiedler zu leben versuchte.

Als sich jedoch seine Freunde Roberts Gemeinschaft anschließen wollten, verließ sie Bruno, dessen Ideal nicht das benediktinische Gemeinschaftsleben (Zönobitentum), sondern das Leben in Einsamkeit (Eremitentum) war. Er zog mit sechs Gefährten, die dieselbe Berufung wie er verwirklichen wollten, weiter nach Südosten und kam schließlich 1084 nach Grenoble in der Provinz Dauphiné.

---

[8] vgl. BLIGNY, Bernard: Saint Bruno, le premier chartreux, Ouest-France, 1984, S.15.
[9] vgl. BLIGNY, Bernard, a.a.O., S.17.
[10] vgl. RAVIER, André, a.a.O., S.25/26.
[11] RAVIER, André, a.a.O., S.29.
[12] vgl. RAVIER, André, a.a.O., S.43-75 und BLIGNY, Bernard, a.a.O., S.30-46.
[13] BLIGNY, Bernard, a.a.O., S.115.

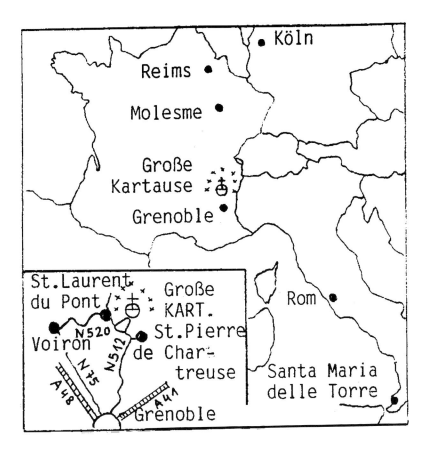

Abb. 2: Der Weg Brunos

4. Die Anfänge in der Chartreuse:

"Chartreuse" (cartusia/Kartause) ist der Name eines bis zu 2026 Meter hohen Gebirgsmassivs in den französischen Alpen. Dort, in einem circa 1175 Meter hoch gelegenen, unwirtlichen Tal, der sogenannten "Einöde der Kartause" (Désert de Chartreuse), wies Bischof Hugo dem heiligen Bruno und seinen Gefährten einen Platz für ihre Einsiedelei zu.[14] Dazu die Ordensregel:

"Zum Lob der Herrlichkeit Gottes hat Christus, das Wort des Vaters, durch den Heiligen Geist von Anfang an Menschen auserwählt, um sie in die Einsamkeit zu führen und in inniger Liebe mit sich zu vereinigen. Diesem Ruf folgte der Magister Bruno, als er im Jahre des Herrn 1084 mit sechs Gefährten die Einöde der Kartause betrat und sich dort ansiedelte. An diesem Platz verharrten sie und ihre Nachfolger unter der Leitung des Heiligen Geistes und bildeten, durch die Erfahrung belehrt, nach und nach eine besondere Form des Einsiedlerlebens heraus."[15]

Diese besondere Form des mönchischen Lebens bestand in einer Verbindung von Elementen des morgenländischen Eremitentums mit solchen des benediktinischen Zönobitentums.

---

[14] vgl. BLIGNY, Bernard, a.a.O., S. 59 f.
[15] Statuta ordinis cartusiensis (1991), deutsche Ausgabe, 1/1.

Der "Klosterbau" entsprach den Erfordernissen dieser Lebensweise. Er bestand aus einigen Holzhütten, die durch eine zu einer Kapelle führende Überdachung verbunden waren und einigen Gemeinschaftsräumen. Dem Einsiedlerideal entsprechend, widmeten sich die Mönche in der Einsamkeit ihrer Zellen vorwiegend dem Gebet und der Betrachtung, verrichteten dort aber auch manuelle Arbeiten, wie das Abschreiben von Büchern, und nahmen wochentags allein ihr karges Mahl ein. Ihre Zellen waren also tatsächlich kleine Einsiedeleien, in deren Abgeschiedenheit und Stille die Mönche ein Leben der Gotthingabe führten, dessen Grundmotiv Bruno wie folgt beschreibt:

> "Aber was ist denn gerechter und nützlicher, was entspricht dem Menschen zutiefst und ist seiner Natur angemessener als das Gute zu lieben? Und was ist so gut wie Gott? Mehr noch, gibt es ein anderes Gut außer Gott allein? So verzehrt sich die heilige Seele, die dieses Gut, seinen unvergleichbaren Glanz, seine Herrlichkeit und Schönheit erfahren durfte, in himmlischer Liebe und ruft: 'Ich dürste nach dem starken und lebendigen Gott, wann werde ich sein Angesicht sehen?'"[16]

Das Einsiedlerdasein ergänzte Bruno durch ein gewisses Maß an Gemeinschaftsleben: So trafen die Mönche täglich zum gemeinsamen Gebet von Laudes und Vesper zusammen. An Sonn- und Feiertagen feierten sie gemeinsam die heilige Messe und nahmen ihr Mahl auch mitsammen ein.

Zwei der Gefährten Brunos, die schon erwähnten Laienbrüder Andreas und Guerinus, siedelten sich circa drei Kilometer südlich der Hütten an einem etwas weniger unwirtlichen Platz an.[17] Durch ihre manuelle Tätigkeit (bescheidener Ackerbau, etwas Viehzucht sowie handwerkliche Arbeiten) sicherten sie die materielle Basis der Gemeinschaft, eine wichtige Funktion, die den Laienbrüdern auch heute noch zukommt. In der liebenden Hingabe an Gott aber standen sie den Patres nicht nach, wie ein Brief des heiligen Bruno zeigt:

> "... wenngleich Ihr nicht in den Wissenschaften bewandert seid, prägt Gott der Allmächtige mit seinem Finger nicht nur die Liebe, sondern auch die Kenntnis des heiligen Gesetzes in Eure Herzen. Denn Ihr leistet mit ganzer Sorgfalt und vollem Eifer den wahren Gehorsam, der da die Erfüllung des Willens Gottes ist. ..."[18]

Das Ursprungskloster wurde 1132 durch einen Lawinenabgang fast völlig zerstört, sieben der vermutlich dreizehn Mönche kamen dabei ums Leben.[19] Guigo, der fünfte Prior, ließ zwei Kilometer talwärts ein neues Kloster errichten, das den Kern der heutigen Grande Chartreuse bildet.

5. Von Frankreich nach Italien:

Im Jahre 1090 traf die kleine Gemeinschaft ein unvermuteter Schlag: Bruno wurde von einem seiner ehemaligen Schüler, Papst Urban II., nach Rom berufen, da dieser, vom Gegenpapst Clemens und Kaiser Heinrich IV. bedrängt, zuverlässige Ratgeber suchte.

Der Gedanke, ohne ihren Hirten Bruno weiterleben zu müssen, entmutigte die Mönche so sehr, daß sie die Kartause verließen; schon hatte Bischof Hugo das Kartausengebiet dem Benediktinerkloster La Chaise-Dieu übergeben, da konnte Bruno buchstäblich in letzter Minute seine Gefährten doch dazu bewegen, in die Kartause zurückzukehren und das Klosterleben unter der Leitung Landuins, der Brunos Nachfolger wurde, wieder aufzu-

---

[16] BLIGNY, Bernard, a.a.O., S. 116.
[17] vgl. BLIGNY, Bernard, a.a.O., S. 71.
[18] BLIGNY, Bernard, a.a.O., S. 117.
[19] vgl. La Grande Chartreuse, par un Chartreux, 1976[12], S. 31.

nehmen! Es bedurfte allerdings einer päpstlichen Intervention, daß La Chaise-Dieu auf seine Besitzansprüche verzichtete.[20]

1090, circa vier Monate nach Brunos Ankunft in Rom, mußte der Papst die Ewige Stadt verlassen und begab sich nach Süditalien, wo ihm das normannische Fürstenhaus Schutz gewährte. Der Papst bot Bruno das Erzbistum Reggio in Kalabrien an, doch zum zweiten Mal wies Bruno die Bischofswürde zurück und erbat erneut um Zuweisung eines Gebietes, wo er das Eremitenleben wieder aufnehmen wollte. Urban gestattete ihm, sich einen abgeschiedenen Ort in der Diözese Squillace, zwischen den Ortschaften Stilo und Arena, auszusuchen, wo Bruno eine in 850 Meter Höhe gelegene Einsiedelei, Santa Maria delle Torre, gründete.[21] 1099 war es ihm noch einmal vergönnt, Landuin zu treffen; der Brief an seine Brüder in der Großen Kartause, den ihm Bruno mitgab, ist noch erhalten. Der zweite Prior fiel bei seiner Rückkehr dem Gegenpapst in die Hände, den er trotz Schmeicheleien und Folterungen nicht anerkannte; er starb 1100 kurz nach der Entlassung aus seiner Haft.

Bruno selbst trat am 6. Oktober 1101 vor den Richterstuhl dessen, den er in seinem irdischen Leben mit ganzem Herzen gesucht hatte. Er wurde 1514 von Leo X. heiliggesprochen. Seine Brüder in Kalabrien charakterisierten ihn folgendermaßen in den „Totentiteln":

> "In vielen Bereichen verdient Bruno Lob, besonders aber darin: Er war ein Mann von immer ausgeglichener Stimmungslage, das war seine besondere Gabe. Immer war sein Antlitz heiter, sein Wort schlicht. Er verband die Autorität eines Vaters mit der Zärtlichkeit einer Mutter. Niemand empfand ihn jemals als zu stolz, sondern jeder empfand ihn als sanft wie ein Lamm."[22]

II. Die Ordensgeschichte:[23]

Bruno hatte nicht die Absicht, einen Orden zu gründen, sondern eine persönliche Berufung zu verwirklichen; daher hat er auch keine Ordensregel verfaßt.

Im folgenden sollen einige wichtige Daten der Ordensgeschichte dargestellt werden.

1. Guigo I. als "Zweiter Gründer":

Nach den Prioren Landuin (†1100), Petrus von Bethumien (bis 1101) und Johann von Toskana (†1109) wurde Guigo I. sechsundzwanzigjährig im Jahre 1109 zum fünften Prior der Großen Kartause gewählt. Da unter seinem Priorat sieben weitere Kartausen gegründet wurden (darunter Portes 1115 als erste Neugründung), wurde die Frage nach einer verbindlichen Regel dringlich. So schrieb Guigo zwischen 1121 und 1127 die Gewohnheiten der Kartäuser unter Berücksichtigung der für Eremiten bestimmten Regeln des heiligen Hieronymus (†420) und Johannes Kassians (†430) sowie der allen abendländischen Mönchsgemeinschaften zugrundeliegenden Regel des heiligen Benedikt (†ca. 547) nieder. Er selbst schreibt im Prolog der Statuten des Kartäuserordens:

> "Den Befehlen und Mahnungen unseres liebsten und hochwürdigsten Vaters Hugo, Bischof von Grenoble, nachkommend, [..] haben wir, was eure Liebe wiederholt gefordert, die Gebräuche unseres Hauses schriftlich abgefaßt, um sie der Nachwelt zu überliefern. Diese Angelegenheit haben wir [..] lange hinausgezögert, weil wir

---

[20] vgl. BLIGNY, Bernard, a.a.O., S. 79 ff.
[21] vgl. La Grande Chartreuse, S. 20.
[22] L'ordre des Chartreux, St. Laurent-du-Pont, 1978[5], S. 11/12.
[23] vgl. La Grande Chartreuse, S. 11-150.

nämlich glaubten, fast alles, was wir hier fromm zu tun pflegten, sei in den Briefen des heiligen Hieronymus, in der Regel des heiligen Benedikt oder den übrigen authentischen Schriften enthalten."[24]

Abb. 3: Der Stammbaum der Kartäuser. Aus den STATUTEN gedruckt 1510 von Amorbach. Sammlung James Hogg.

Die von Guigo aufgezeichneten Gebräuche = CONSUETUDINES wurden 1133 von Innozenz II. approbiert und bilden mit den STATUTEN, den Beschlüssen der Generalkapitel, die Grundlage der Ordensverfassung. Nach ihrer letzten, durch das 2. Vatikanische Konzil bedingten Überarbeitung liegt die Ordensregel als STATUTA ORDINIS CARTUSIENSIS (1991) vor.

Guigo kann aber auch als "Zweiter Gründer" im materiellen Sinn bezeichnet werden, da er nach der Lawinenkatastrophe 1132 den Neubau des Klosters durchführen ließ.

2. Von Guigo zu Dom Le Masson:

Das 12. Jahrhundert:

1137 starb Guigo I.. Sein Nachfolger, unter dem 1137 die Kartause Montrieux gegründet wurde, ernannte den aus der Kartause Portes stammenden jungen Mönch Anthelmus zum Prokurator. 1139 wurde Anthelmus zum Prior gewählt; er berief 1140 oder 1141 das 1. Generalkapitel ein. 1151 demissionierte er, um seiner Berufung zum Einsiedlerleben in der Zelle nachkommen zu können, doch wurde er einige Jahre später zum Prior von Portes ernannt. Nach einer neuerlichen Demission aus denselben Motiven mußte er 1163 auf Weisung des Papstes Alexander III. als Bischof die Diözese Belley leiten.

---

[24] BLÜM, Hubertus Maria, Wie lebt der Kartäuser? In: ZADNIKAR-WIENAND, Die Kartäuser, Köln, 1983, Wienand, S. 40.

Unter Dom Basilius wurde ab 1155 jährlich ein Generalkapitel abgehalten. Dieser Prior nahm auch den später heiliggesprochenen Hugo von Lincoln in den Orden auf.

Das 13. Jahrhundert:

Am Beginn steht mit Dom Jancellin (1193-1233) das bisher längste Priorat. Zu erwähnen ist auch Dom Riffier (1257-1267), der die Beschlüsse der Generalkapitel mit Guigos "consuetudines" verbunden und 1271 als "Statuten" herausgegeben hat.

Das 14. Jahrhundert:

In diesem Jahrhundert wurde die Große Kartause dreimal ein Raub der Flammen: 1300, 1320 und 1371. Dazu forderte die 1349 ausgebrochene schwarze Pest auch unter den Kartäusern zahlreiche Opfer. In Montrieux beispielsweise blieb nur Dom Gérard, der Bruder des Dichters Petrarca, als einziger von insgesamt 35 Klosterbewohnern am Leben.

Neben dem Brand von 1371 stellten sich Dom Guillaume II. (1367-1402) noch zwei andere Probleme: Papst Urban V. (1362-1370), vormals Abt des Benediktinerklosters Marseille, wollte die strenge und einfache Lebensweise der Kartäuser mildern: Er sah unter anderem für den Prior die Abtwürde vor, die Mönche sollten einmal täglich gemeinsam speisen, und der Fleischgenuß sollte gestattet sein - ein Vorhaben, das die Kartäuser schließlich doch verhindern konnten.

Die zweite Schwierigkeit war das abendländische Schisma, das den Orden 1378 in zwei Gruppen spaltete: die spanischen und französischen Häuser bekannten sich zum Papst in Avignon, die anderen Häuser folgten dem Papst in Rom. Erst 1410 wurde die Einheit des Ordens wiederhergestellt.

Das 15. Jahrhundert:

Nach dem vierten Brand im Jahre 1473 wurde die schon im 14. Jahrhundert erweiterte Große Kartause wieder aufgebaut.

Die kommenden religiösen Auseinandersetzungen in Europa warfen ihre Schatten bereits voraus. So zogen die Anhänger des böhmischen Priesters Jan Hus, der 1415 vom Konstanzer Konzil wegen Übernahme und Verbreitung der häretischen Lehren des Engländers John Wiclif (†1384) zum Feuertod verurteilt worden ist, plündernd durch Böhmen und zerstörten unter anderem 1419 die Kartause Prag und 1428 die Kartause Brünn. Die geflohenen Mönche fanden in den niederösterreichischen Kartausen Mauerbach, Gaming und Aggsbach Aufnahme.[25]

Das 16. Jahrhundert:

Es war eine Zeit der Freude, aber auch eine Zeit großer Leiden. Am 19. Juli 1514 wurde Bruno von Papst Leo X. (1513-1521) heiliggesprochen, 1521 erreichte der Orden mit 195 Häusern in siebzehn Provinzen seine größte Ausbreitung.

Die erste Heimsuchung traf die Große Kartause selbst, als sie 1509 zum fünften Mal ein Raub der Flammen wurde. Weitere Prüfungen erfuhr der Orden durch die Reformation, durch die Religionskriege und durch die Türken. 1535 erlitten die Londoner Kartäuser einen grausamen Märtyrertod, als sie sich weigerten, König Heinrich VIII. als Oberhaupt der englischen Kirche anzuerkennen.[26] Der Protestantismus führte in manchen Häusern zu Nachwuchsmangel.

Die Türken zerstörten bei ihrem Vormarsch nach Wien unter anderem die Kartause Mauerbach.

---

25 vgl. ROSSMANN, Heribert: Die Geschichte der Kartause Aggsbach, Analecta Cartusiana 30, Salzburg, 1976, S. 207-209.
26 vgl. FRANZEN, August, a.a.O., S. 293.

Aber auch die Große Kartause blieb nicht von den Religionskriegen verschont: 1562 wurde sie von hugenottischen Truppen geplündert und niedergebrannt, die Mönche hatten jedoch sich und die wichtigste Habe in Sicherheit bringen können. Insgesamt gingen bei diesen Auseinandersetzungen 39 Kartausen verloren.

Doch waren es der Plagen nicht genug. 1592 brach der siebente Brand in der Großen Kartause aus. Als die Löscharbeiten nichts mehr fruchteten, versammelten sich die Mönche mit ihrem Prior Dom Jérôme II. in der Kirche zum Gebet; sie verließen das Gotteshaus erst, als die brennenden Dachbalken herabzustürzen begannen.

3. Von Dom Le Masson bis zur Vertreibung 1903:

Das 17. Jahrhundert:

Der achte und letzte Brand brach unter dem Priorat von Dom Innocent Le Masson (1675-1703) am 10. April 1676 aus. Im zwölf Jahre dauernden, großzügig konzipierten Wiederaufbau nahm die Große Kartause ihre heutige Gestalt an. - Der Orden selbst umfaßte zu dieser Zeit 2300 Patres, 1500 Brüder und 170 Nonnen.

Das 18. Jahrhundert:

Im Jahrhundert der Aufklärung, das aufgrund seiner Vernunftgläubigkeit der Religion und der Kirche skeptisch bis ablehnend gegenüberstand, wurde der Orden erneut von sehr schweren Prüfungen heimgesucht: Kaiser Josef II. (1780-1790), der "aufgeklärte" Sohn Kaiserin Maria Theresias, hob im Rahmen seiner Reformen neben zahlreichen anderen Klöstern auch alle 24 Kartausen in den österreichischen Erblanden auf. Weiters wurden 16 spanische Kartausen gegen ihren Willen einem nationalen Oberen unterstellt. - Dennoch zählte der Orden vor Ausbruch der Französischen Revolution noch ungefähr 2200 Patres, 1250 Brüder und 150 Nonnen.

Die Französische Revolution und die napoleonischen Kriege führten fast zur Auflösung des Ordens. Wegen der am 18. August 1792 verfügten Aufhebung aller religiösen Institute mußte am 14. Oktober ein Großteil der Mönche die Große Kartause verlassen, nur einige Offiziale und Brüder durften zur Betreuung des Gebäudes bleiben. Als sie 1793 den Treueeid verweigerten, wurden auch sie verhaftet. Zahlreiche Kartäuser starben in den Gefängnissen oder auf dem Schafott. Andere verbargen sich oder flohen ins Ausland.

Das 19. Jahrhundert:

Als der Prior Dom Nicolas 1801 im römischen Exil starb, konnte infolge der politischen Wirren der napoleonischen Kriege keine Wahl durchgeführt werden, und das Ende des Ordens schien nahe; 1805 gab es nur mehr einige wenige Kartausen.

Jedoch gestattete Ludwig XVIII. nach dem Sturz Napoleons den Mönchen 1816 die Rückkehr in die Große Kartause. Am 8. Juli bereitete die Bevölkerung den unter der Leitung des greisen Generaloberen Dom Romuald zurückkehrenden Mönchen einen triumphalen Empfang.

In den folgenden Jahrzehnten kam es zu einem neuen Aufschwung: In Frankreich wurden zehn, in Italien neun, in Spanien drei und in der Schweiz und in Slowenien je ein Haus wiedereröffnet, in Deutschland und in England gab es sogar je eine Neugründung.

4. Von der Vertreibung bis zur Gegenwart - das 20. Jahrhundert:

Es begann mit neuen Leiden: Die kirchenfeindlichen Gesetze der 3.Republik erzwangen 1901 die Schließung der 10 französischen Kartausen, 1903 wurde auch die Gemeinschaft der Großen Kartause vertrieben, die sich in die italienische Kartause Farneta bei Lucca zurückzog. - Der immer wieder von den Bewohnern der Dauphiné geäußerte

Wunsch nach Rückkehr "ihrer" Kartäuser (am 29. 5. 1927 zum Beispiel forderten in Voiron 50.000 Menschen: "Die Kartause den Kartäusern") sollte sich erst nach 37 Jahren erfüllen.

Trotz des 1939 nach Kriegsausbruch von Mussolini angebotenen Schutzes für die französischen Kartäuser entschloß sich der 1938 gewählte Prior Dom Ferdinand Vidal zur Rückkehr nach Frankreich. Mit Erlaubnis des französischen Innenministers Georges Mandel bezogen der Prior, sein Prokurator und ein Mönch am 21. Juni 1940, mit Hilfe des Bürgermeisters von Saint-Pierre-de-Chartreuse, das Mutterkloster des Ordens. Dort konnte 1947 nach den notwendigsten Restaurierungsarbeiten das Generalkapitel wieder abgehalten werden. Dom Ferdinand, in dessen Priorat auch die Neubesiedlung der Kartause Evora in Portugal und die Gründung der Kartause Arlington in den USA fällt, demissionierte aus Altersgründen 1967.

Sein Nachfolger, Dom André Poisson, nahm die religiöse Erneuerung im Geiste des 2. Vaticanums in Angriff. So konnte die Redaktion der "Erneuerten Statuten" 1975 abgeschlossen werden. 1991 wurde die wegen des neuen kanonischen Rechts nochmals überarbeitete Regel als „Statuta ordinis cartusiensis (1991)" approbiert.

Heute gibt es 25 Kartausen: 23 in Europa (je 6 in Frankreich, Italien und Spanien, je eine in Portugal, Deutschland, England, Slowenien und der Schweiz), eine in den USA und eine 1984 erfolgte Neugründung in Brasilien. In den 18 Männerklöstern leben circa 250 Patres und 200 Fratres. Die Zahl der Nonnen beträgt ungefähr 120. (Stand 1994)

Abb. 4: Die heutigen Kartausen

III. Die Ordensverfassung:[27]

1. Die Struktur einer Kartause:

Jeder Kartause steht ein PRIOR vor. Er wird von den Profeßmönchen gewählt. (Sind diese weniger als sechs an Zahl oder verzichten sie auf ihr Wahlrecht, wird der Prior vom Ordensgeneral oder Generalkapitel ernannt). Die Wahl erfolgt geheim in Anwesenheit zweier fremder Prioren. Der Prior trägt kein äußeres Zeichen seiner Würde. Dazu die Statuten:

---

[27] vgl. La Grande Chartreuse, S. 213-223.

"Der Prior ist nach dem Beispiel Christi inmitten seiner Brüder wie einer, der dient, und er leitet sie im Geist des Evangeliums und gemäß der Art des Ordens, die ihm selbst überliefert worden ist. Er soll allen durch Wort und Wandel zu nützen suchen. In besonderer Weise soll er den Zellenmönchen, aus deren Reihe er genommen ist, das Beispiel der Ruhe, der Beständigkeit, der Einsamkeit und der anderen Übungen ihres Lebens geben."[28]

Dem Prior stehen die OFFIZIALEN zur Seite: der VIKAR ist sein Stellvertreter in allen Belangen des Hauses und kümmert sich besonders um die Profeßmönche. Der PROKURATOR ist für die wirtschaftlichen Belange des Klosters und für die Brüder verantwortlich. Der Aufgabenbereich des SAKRISTANS ist die Liturgie, und dem Novizenmeister sind die Novizen anvertraut.

2. Die Große Kartause:

Sie, die des Ordens "mater est et origo"[29] ist auch heute Zentrum der Gemeinschaft. Ihr Prior ist zugleich ORDENSGENERAL und trägt den Titel REVERENDUS PATER. Als Zeichen der Treue zur Zelle verläßt er als einziger Prior niemals den Bereich der Einöde der Großen Kartause. Daher wird er in Rom vom GENERALPROKURATOR vertreten. Neben den OFFIZIALEN stehen dem Ordensgeneral der SCRIBA (Sekretär) sowie der GENERALRAT zur Seite. Dieser besteht aus dem schon erwähnten Generalprokurator und vier vom Generalkapitel bestimmten Mönchen.

3. Das Generalkapitel:

Seinem Spruch als höchster Autorität des Ordens unterwerfen sich alle Prioren im Namen ihrer Häuser. Es findet alle zwei Jahre jeweils am fünften Sonntag nach Ostern in der Großen Kartause statt.

In der 1. Sitzung, bei der der Reverendus Pater, der Generalprokurator, alle Prioren, die für die Nonnenklöster verantwortlichen Vikare und sämtliche Profeßmönche der Großen Kartause anwesend sind, werden die acht Mitglieder des für Disziplinarfragen zuständigen DEFINITORIUMS gewählt. Der Ordensgeneral ist automatisch Definitor.

Dann erbitten sämtliche Prioren (einschließlich des Reverendus Pater) die MISERICORDIA (= Nachsicht); das heißt, sie stellen ihr Amt zur Verfügung, sollte das Definitorium, das die Führung aller Häuser bespricht, ihre Absetzung für nötig erachten. Fragen hingegen, die nicht die Disziplin der Häuser, sondern den gesamten Orden betreffen, können nur vom gesamten Generalkapitel beschlossen werden. Änderungen treten sofort in Kraft, werden aber erst dann rechtsgültig, wenn sie das folgende Generalkapitel mit Zweidrittelmehrheit bestätigt.

Die Priorinnen, die außerhalb der Klausur wohnen und an den Beratungen nicht teilnehmen, werden durch ihre Vikare vertreten und informiert. Bei Beratungen über die Frauenklöster wird eine Priorin dem Definitorium zugezogen.

4. Die Visitationen:

Bei jedem Generalkapitel werden Prioren bestimmt, die alle zwei Jahre die Kartausen visitieren. Sie hören jeden Mönch an und verfassen einen Bericht über die Lage im Kloster, den sie auch auf einer Visitationskarte, die für ihre Nachfolger bestimmt ist, festhalten. Bei schweren Mißständen können sie nach Rücksprache mit dem Reverendus Pater den Prior

---

[28] Statuta ord. cart., 23/5.
[29] Statuta ord. cart., 39/1.

sofort absetzen. Die Beobachtungen der Visitatoren bilden auch die Grundlage der Entscheidungen des Definitoriums.

Dieses System ständiger und strenger Selbstkontrolle garantiert eine echte Kontinuität und Stabilität des Ordens, die sich im Satz: "Cartusia numquam reformata, quia numquam deformata" (die Kartause wurde niemals reformiert, weil sie niemals in Verfall geriet) ausdrückt.

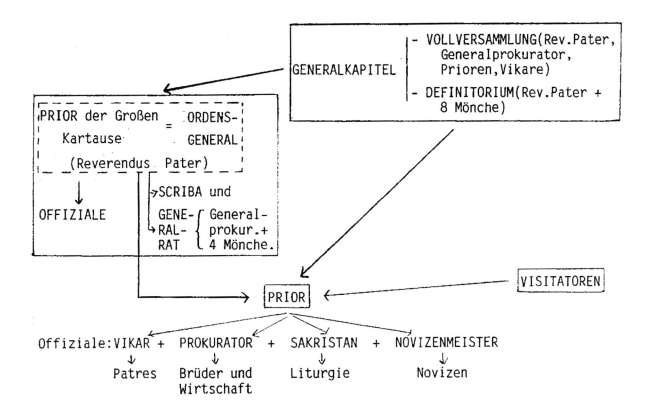

Abb. 5: Schematische Darstellung der Ordensverfassung

IV. Das Ordensleben:

Wie schon erwähnt, ist das Kartäuserleben eine harmonische Verbindung von Eremitentum und Zönobitentum. Darauf sind auch der Klosterbau und der Tagesablauf abgestimmt.

Allen Kartausen, mögen sie sich auch noch so sehr örtlichen Gegebenheiten angepaßt haben, liegt ein einheitliches Bauschema zugrunde:

"Die Kartause, als der neue Bautyp eines Mönchsklosters, stellt sich als Spiegelbild der Lebensweise und als Ergebnis der Erfordernisse seiner Bewohner dar."[30]

So finden sich immer der Zellentrakt, das sind die durch den Großen Kreuzgang verbundenen Häuschen (= Einsiedeleien) der Patres, weiters die dem Gemeinschaftsleben dienenden Baulichkeiten wie Kirche, Kapitelsaal und Speisesaal, die durch den Kleinen

---

[30] ZADNIKAR, Marijan: Die frühe Baukunst der Kartäuser, In: ZADNIKAR-WIENAND: Die Kartäuser, Köln, 1983, Wienand, S. 51/52.

Kreuzgang mit dem Zellentrakt verbunden sind, sowie ein Wirtschaftstrakt mit Zellen der Brüder.

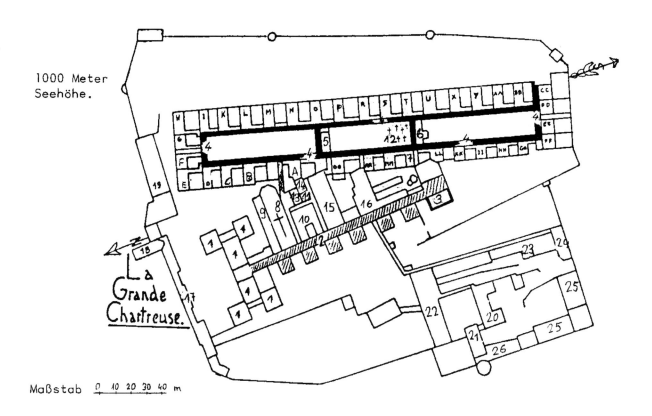

Nomenklatur:
1. Gästetrakt
2. Kreuzgang der Offizialen
3. Zelle des Reverendus Pater
4. Großer Kreuzgang
5. Totenkapelle
6. Bibliothek
7. Kapelle des hl. Ludwig
A, B, C, AA.... Zellen der Patres
8. Kirche
9. Familienkapelle
10. Kleiner Kreuzgang
11. Uhrturm
12. Friedhof

13. Kapitelsaal der Brüder
14. Kapitelsaal der Patres
15. Speisesaal
16. Küche
17. Haupttor
18. Kapelle der Damen
19. Waschhaus
20. Bäckerei
21. Alte Mühle
22. Alte Brennerei
23. Schmiede
24. Tischlerei
25. Ställe
26. Garage

Abb. 6: Grundriß der Großen Kartause. In: L'ordre des Chartreux, S. 30.

Nun zum Tagesablauf:

"Der Tagesablauf eines Kartäusers ist eine sinnvolle Verbindung von Einsiedlerleben, gemäßigt durch einige gemeinschaftliche Übungen. Den Schwerpunkt des Tages bildet das Gebet in seinen verschiedenen Formen. Es findet seine Nahrung im Studium der Heiligen Schrift und in der Lesung geistlicher Bücher. Der menschliche Geist kann seine Spannkraft aber nur bewahren, wenn ein kluger Ausgleich zwischen geistiger und entspannender körperlicher Tätigkeit stattfindet. Die Erfahrung lehrt,daß wir auf die Dauer nur gesund und glücklich in der Zelle leben können, wenn wir diesem Rhythmus folgen."[31]

1. Das Eremitendasein:

Als Einsiedler verbringt der Kartäuser den größten Teil des Tages und damit die meiste Zeit seines Lebens in der Zelle. Sie soll durch ihre Abgeschiedenheit von der Welt die äußere Voraussetzung für das Sich-treffen-Lassen durch Gott im Gebet und in der Betrachtung bilden. Als Vorbilder dienen dem Kartäuser die Propheten des Alten Bundes und Jesus Christus selbst:

"Sogar Jesus, unser Herr und Gott, dessen Tugend in der Verborgenheit keine Stütze finden und in der Öffentlichkeit keinen Schaden nehmen konnte, wollte uns durch sein Beispiel belehren. Deshalb wurde er, bevor er anfing zu predigen und Wunder zu wirken, durch Versuchungen und Fasten in der Einsamkeit gleichsam erprobt. Nach dem biblischen Bericht verließ er die Schar seiner Jünger und stieg allein auf einen Berg, um zu beten. Und als bereits sein Leiden bevorstand, entfernte er sich von den Aposteln, um in der Einsamkeit inständig zu beten. Durch dieses Beispiel gab er uns eindringlich zu verstehen, welchen Gewinn das Gebet aus der Einsamkeit zieht, wollte er doch beim Gebet durch niemanden, nicht einmal seine Apostel, gestört sein."[32]

Die Zellen:

Sie sind kleine Einsiedeleien, die durch den Großen Kreuzgang miteinander verbunden sind. In vielen Kartausen haben sie die Form einstöckiger Häuschen, bestehend aus vier Räumen mit einem kleinen Garten. Im folgenden werden die Zellen der Großen Kartause beschrieben.

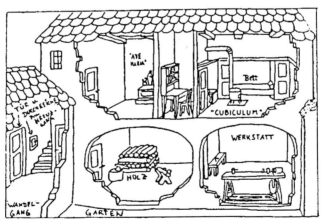

Abb. 7: Querschnitt einer Zelle. In: L'ordre des Chartreux, S. 45.

Über eine Treppe erreicht der Kartäuser zunächst ein im ersten Stock gelegenes Vorzimmer. Es wird AVE MARIA genannt, weil der Kartäuser hier jedesmal, wenn er eintritt,

---

[31] BLÜM, Hubertus Maria: Wie lebt der Kartäuser?, In: ZADNIKAR-WIENAND: Die Kartäuser, Köln, 1983, Wienand, S. 29.
[32] Statuta ord. cart., 2/9.

ein "Ave Maria" betet - die Kartäuser verehren ganz besonders die Mutter Gottes; sie und Johannes der Täufer sind die beiden Schutzpatrone des Ordens. Bis 1276 hatte das "Ave Maria" die Funktion einer Art Küche, in der sich die Kartäuser aus wöchentlich erhaltenen Rohmaterialien das Essen selbst zubereiteten.[33]

Der nächste Raum ist das CUBICULUM, der Gebets-, Wohn- und Schlafraum. Hier befinden sich das "Kleine Oratorium" (ein Chorstuhl für das Gebet), ein kleiner Arbeitsplatz (Schreibtisch, Bücherregal), das "Kleine Refektorium" (ein Eßplatz) und die Schlafstätte, ein Bretterverschlag mit einem Strohsack als Matratze.

Das Holz für den kleinen Eisenofen muß sich der Mönch selbst zerkleinern, es wird in einem Raum im Erdgeschoß gelagert.

Daneben befindet sich die Werkstätte, in der er sich durch körperliche Arbeit (zum Beispiel Drechseln, Emaillieren, Pyrographie, Buchbinden ...) den nötigen Ausgleich zur geistigen Tätigkeit schafft. Die gleiche Funktion hat auch die Arbeit im Gärtchen, das der Mönch nach seinen persönlichen Vorstellungen gestalten kann.

Die Arbeit hat aber noch einen tieferen Sinn, wie die Statuten zeigen:

> "Der Pater ist in seinem persönlichen Dienst dem göttlichen Gesetz der Arbeit unterworfen und flieht den Müßiggang, der nach der Lehre der Alten ein Feind der Seele ist.[..] Durch die Handarbeit übt sich der Mönch in der Demut und bringt den ganzen Leib in Dienstbarkeit, um dadurch besser die Festigkeit der Seele zu erreichen.[..] Die Arbeit ist ein Dienst, der uns mit Christus vereinigt, der nicht gekommen ist, sich bedienen zu lassen, sondern zu dienen."[34]

Schweigen, Gebet, Fasten:

Viele Stunden verbringt der Mönch in der Zelle im Gebet und mit dem Studium der Heiligen Schrift. Er hat die Einsamkeit gewählt, um Gott selbst immer eifriger zu suchen und mit ihm innerlich vereinigt zu sein, aber auch, um im Namen seiner Brüder in der Menschheitsfamilie vor Gott hinzutreten. Er hat das Schweigen gewählt, damit in ihm Raum werde für Gottes Wort. Dazu die Regel:

> "Möge er (= der Mönch) dabei (= bei der Beschäftigung) das stille Lauschen des Herzens pflegen, das Gott durch alle seine Türen und auf allen seinen Pfaden eintreten läßt."[35]

Die Verbindung mit Gott sucht der Mönch selbstverständlich auch in der Feier der Liturgie. Nach der Konventmesse, die nur an Sonn- und Festtagen konzelebriert wird, liest jeder Pater allein die Messe in einer der Kapellen.

Die Kartäuser unterwerfen sich strengen Fastenvorschriften, deren Sinn die Regel folgendermaßen erläutert:

> "Christus hat für uns gelitten und uns ein Beispiel gegeben, damit wir seinen Fußspuren folgen. Das tun wir, wenn wir die Mühsale und Ängste dieses Lebens auf uns nehmen, die Armut in der Freiheit der Kinder Gottes bejahen und dem Eigenwillen entsagen. Überdies sollen wir nach monastischer Überlieferung Christus beim Fasten in der Wüste folgen, indem wir den Leib züchtigen und gefügig machen, damit das Herz in Sehnsucht nach Gott erglüht."[36]

---

[33] vgl. La Grande Chartreuse, S. 179.
[34] Statuta ord. cart., 5/1,3,34.
[35] Statuta ord. cart., 4/2.
[36] Statuta ord. cart., 7/1.

An den Wochentagen ißt der Kartäuser allein in seiner Zelle, die Speise wird ihm durch eine Öffnung neben der Zellentüre von einem Bruder gereicht. - Der Kartäuser nimmt nur zwei Mahlzeiten pro Tag zu sich: ein ausgiebigeres Mahl mittags, ein karges Essen abends. Auf Fleischgenuß verzichtet er sein Leben lang, auf Milchprodukte an allen Freitagen sowie in der gesamten Advent- und Fastenzeit. Während des Ordensfastens, vom 14. September (Fest der Kreuzerhöhung) bis Ostern, gibt es nur eine warme Mahlzeit täglich, der abendliche Imbiß besteht aus Brot mit Wasser oder Wein. Gestattet es seine Gesundheit, fastet der Kartäuser wöchentlich zusätzlich bei Wasser und Brot.[37]

Es sei bemerkt, daß die Kartäuser häufig ein hohes Alter erreichen: Einer der ältesten Kartäuser war der 1204 im Alter von 126 Jahren verstorbene Bruder Aynard aus der Kartause Witham in England, ein Kartäuserbruder aus Gaming in Niederösterreich starb 116-jährig an den Folgen eines Sturzes vom Pferd; zwischen 1900 und 1962 wurden 25% der Mönche über 80, 10% über 85 und 2% über 90 Jahre alt.[38]

2. Das Leben in der Gemeinschaft:

Ohne zönobitische Komponente wäre das Kartäuserleben nicht denkbar:

> "Das Kartäuserleben ist eine harmonische Verbindung von einsamem und gemeinsamem Leben. Es ist schwerpunktsmäßig Einsiedlerleben, das in kluger Weise jedoch durch dreimaligen täglichen gemeinsamen Gottesdienst und zweimal wöchentlich durch gemeinsame brüderliche Erholung gemäßigt ist. Dadurch werden die Gefahren eines extremen Einsiedlerlebens vermieden. Wieviel nervliche Spannung ist nach einer frohen Erholung mit Mitbrüdern wie weggeblasen! Wieviel trägt die Rücksichtnahme auf die Mitbrüder zur Charakterformung bei!"[39]

Die Wichtigkeit des Gemeinschaftslebens betonen auch die Statuten:

> "Durch das einsame Leben in der Zelle oder in den Obedienzen wird das Herz vom Feuer der göttlichen Liebe entflammt und genährt. Sie ist das Band der Vollkommenheit und macht uns zu Gliedern eines einzigen Leibes. Diese gegenseitige Liebe können wir, wenn wir zu den festgesetzten Zeiten zusammenkommen, in Wort und Tat freudig unter Beweis stellen und dabei uns selbst zugunsten der Mitbrüder verleugnen."[40]

Die Orte des Zusammentreffens und gemeinschaftlichen Lebens sind die Kirche, der Kapitelsaal und der Speisesaal.

Die Kirche:
Charakteristisch für jede Kartäuserkirche ist der Lettner, wie er sich auch in zahlreichen mittelalterlichen Bischofs- oder Klosterkirchen findet. Diese von einem Durchgang und Fensteröffnungen durchbrochene Wand trennte früher die Patres und die Fratres:

> "Die strenge Hierarchie erlaubte den Klosterbewohnern keine gleichwertige Beziehung zum Altarraum, zu dem nur die Priestermönche Zutritt hatten. Auf diese

---

[37] vgl. La Grande Chartreuse, S. 241-244.
[38] vgl. La Grande Chartreuse, S. 187/188.
[39] BLÜM, Hubertus Maria: Einführung in die Spiritualität der Kartäuser, in: ZADNIKAR-WIENAND, Die Kartäuser, Köln, 1983, Wienand, S. 15.
[40] Statuta ord. cart. , 22/1.

Weise entstand der in die Länge gezogene Innenraum der Kirche, in der Reihenfolge von Ost nach West: Altarraum, Mönchschor, Chorschranke oder Lettner, Konversenchor."[41]

Heute hat der Lettner aufgrund eines neuen Verständnisses der Liturgie seine Funktion verloren oder fehlt überhaupt.

In der Kirche finden sich die Mönche vormittags zur gemeinsam gesungenen Konventmesse und nachmittags zur Vesper ein. Ursprünglich wurden Matutin und Laudes am frühen Morgen gesungen, im 15. Jahrhundert wurde der Beginn des nächtlichen Offiziums auf Mitternacht vorverlegt.

Der Meßritus der Kartäuser weicht etwas vom römischen Ritus ab. So werden die Opfergaben bei der Gabenbereitung mit einer eigenen Formel in besonderer Weise dargeboten, während des eucharistischen Gebetes werden die Arme gekreuzt, der Kelch wird nach der Wandlung nicht erhoben, und der Segen am Ende der Messe entfällt.[42]

Der Kapitelsaal:

Auch er ist ein wichtiger Ort brüderlicher Begegnung, die Mönche treffen sich dort in der Regel sonntags:

"Ein Ort von nicht geringer Würde ist das Kapitel des Hauses. Dort, wo wir einst als demütige Diener aller aufgenommen wurden, bekennen wir vor unseren Brüdern unsere seitdem begangene Schuld. Dort hören wir die heilige Lesung und beraten uns über alles, was sich auf das Gemeinwohl bezieht."[43]

Das Refektorium:

Im Speisesaal nehmen die Mönche an Sonn- und Feiertagen gemeinsam die Mahlzeit ein. Sie bewahren auch hier Stillschweigen und lauschen während des gesamten Mahles der Tischlesung.

Nach dem Essen, während der Rekreation, haben die Mönche erstmals Gelegenheit, miteinander zu sprechen. Der Erholung und dem Gedankenaustausch dient auch der wöchentlich einmal stattfindende Spaziergang:

"Wie der heilige Bruno sagt, wird der allzu schwache Geist, wenn er durch die strenge Zucht und das geistliche Bemühen ermüdet ist, oft durch die Lieblichkeit der Einöde und die Schönheit der Flur aufgerichtet und neu belebt. Daher gehen die Patres einmal in der Woche spazieren, ausgenommen die Karwoche. [..] Diese Unterhaltungen sind eingeführt, damit sie die gegenseitige Liebe fördern und eine Hilfe für die Einsamkeit bieten."[44]

---

[41] ZADNIKAR Marijan, a.a.O., S. 73.
[42] vgl. La Grande Chartreuse, a.a.O., S. 233.
[43] Statuta ord. cart., 22/3.
[44] Statuta ord. cart., 22/10, 13.

3. Der Tagesablauf (Große Kartause):[45]

> 7.00 h (Zelle): Prim, Gebet, Schriftlesung.
> 8.30 h (Zelle): Terz.
> 8.45 h (KIRCHE): Konventmesse. Einzelmesse in Kapelle.
> 10.45 h (Zelle): Sext, Studium, Arbeit.
> 12.00 h (Zelle): Mittagessen, Ruhe.
> 13.45 h (Zelle): Non, Studium, Arbeit.
> 16.00 h (Zelle): Vesper des Marienoffiziums.
> 16.45 h (KIRCHE): gemeinsames kanonisches Offizium. Dann Studium in der Zelle.
> 17.45 h (Zelle): Abendessen.
> 18.15 h (Zelle): Gebet.
> 18.45 h (Zelle): Komplet, Nachtruhe.
> 23.30 h (Zelle): Matutin des Marienoffiziums.
> 0.15 h (KIRCHE): gemeinsamer Gesang von Matutin, Laudes.
> 2.30 h (Zelle): Laudes der Heiligen Jungfrau, Nachtruhe.

Gedanken zum Tagesablauf:

"Die Kartäuser erheben sich um Mitternacht und versammeln sich in der Kirche zum Gebet. Es ist dies eine lange Nachtwache, Ostern ähnlich, in der Hymnen und Psalmen gesungen werden in Verbindung mit Lesungen aus der Bibel und den Kirchenvätern. Die Lieder werden nach alten, gregorianischen Melodien gesungen [..] Die Mönche beten zwei bis drei Stunden des Nachts, weil sich gerade zu dieser Zeit die Seele leicht sammeln und zu Gott erheben kann. [..] Nach sechs Uhr morgens erhebt sich der Mönch wieder. Dann folgt einer der Augenblicke, die ganz besonders tief von der schweigenden Begegnung mit dem Herrn geprägt sind: nach dem Gebet der Prim führt der Mönch Zwiesprache mit Gott."[46]

4. Die Stufen des Kartäuserlebens:

Die Patres:

Die hohen Anforderungen des Kartäuserlebens verlangen eine kluge und sorgfältige Auswahl der Bewerber.

"In der Regel nehmen wir keine Novizen auf, die das zwanzigste Lebensjahr noch nicht erreicht haben. Überdies sollen nur solche Bewerber aufgenommen werden, die nach dem Urteil des Priors und der Konventmehrheit ausreichende Schulbildung, Frömmigkeit und Reife besitzen und kräftig genug sind, um die Lasten des Ordens zu tragen und sich für die Einsamkeit wie auch für das Gemeinschaftsleben gut eignen."[47]

Wegen möglicher Anpassungsschwierigkeiten dürfen Bewerber, die älter als fünfundvierzig Jahre sind, nur mit Erlaubnis des Generalkapitels oder des Reverendus Pater aufgenommen werden.

Nach einer dreimonatigen Probezeit, dem POSTULAT, in der der POSTULANT alle geistlichen Übungen mitmacht, entscheidet die Gemeinschaft in geheimer Abstimmung, ob der Betreffende als Novize zugelassen wird.

---

[45] L'ordre des Chartreux, a.a.O., S. 53 (Änderungen sind möglich).
[46] Soif d'absolu, faim de Dieu, par un moine de la chartreuse de Montrieux, Bandol, 1983, Les Editions ARIS, S. 6-7.
[47] Statuta ord. cart., 8/3.

Der NOVIZE erhält ein weißes Ordenskleid mit kurzem Überwurf (Skapulier), das durch einen weißen Ledergürtel zusammengehalten wird. Am Skapulier ist eine Kapuze befestigt. (Diese Kleidung wurde zur Zeit Brunos in den Bergen der Dauphiné getragen.)[48] Weiters erhält er einen schwarzen Chormantel.

Nach der Aufnahme in den Orden geleitet der Prior den Novizen zu seiner Zelle, wo er ihn dem Novizenmeister anvertraut.

Nach zwei Jahren Noviziat werden die Gelübde der Armut, der Keuschheit und des Gehorsams zunächst für drei Jahre = ZEITLICHE PROFESS abgelegt. Der Jungprofesse bekommt ein langes Skapulier, das durch je ein Seitenband links und rechts zusammengehalten wird. Nach einer Erneuerung der Gelübde für weitere zwei Jahre erfolgt nach insgesamt circa siebeneinhalb Jahren Vorbereitungszeit die definitive Aufnahme in den Orden durch die FEIERLICHE PROFESS.[49]

Die Brüder:

Die Brüder leben meist in einräumigen Zellen, nehmen am Gottesdienst teil, beten in der Zelle und am Arbeitsplatz. Ihre sprachliche Kommunikation ist auf das Notwendigste beschränkt, die Arbeitszeit beträgt zwischen fünfeinhalb und sieben Stunden pro Tag, nachts beten sie von Mitternacht bis circa 1.45 Uhr. Ihre Bedeutung unterstreichen auch die Statuten:

> "Wie ein Leib, dessen Glieder nicht alle denselben Dienst verrichten, so besteht unser Orden von Anfang an aus Patres und Brüdern. Alle sind in gleicher Weise Mönche und haben demgemäß Anteil an der gleichen Berufung, nur unter verschiedenen Formen.[..] Sie (= die Brüder) widmen sich nicht allein der Einsamkeit, sondern auch in verstärktem Maß der Handarbeit und weihen so ihr Leben dem Dienst des Herrn."[50]

Es gibt zwei Gruppen von Brüdern:

Die Donatsbrüder: Sie können sich nach siebeneinhalbjähriger Probezeit (ein halbes Jahr Postulat, zwei Jahre Noviziat, fünf Jahre zeitliche "Donation" = Bindung an das Kloster ohne Gelübde) entweder durch die dauernde Donation in den Dienst des Klosters stellen oder die Donation alle drei Jahre erneuern.

Die Konversbrüder: Ihre Probezeit dauert ebenfalls siebeneinhalb Jahre, dann legen sie die ewigen Gelübde ab.

Die Kartäuserinnen:

In der zweiten Hälfte des 12. Jahrhunderts finden wir die ersten Kartäuserinnen. Der Tagesablauf der Nonnen entspricht im großen und ganzen dem der Patres; früher wurde dem Gemeinschaftsleben wesentlich mehr Zeit gewidmet, seit 1970 versuchen die Nonnen, ihre Lebensweise voll derjenigen der Mönche anzugleichen.

Auch hier gibt es Chorschwestern sowie Konvers- und Donatsschwestern. Ihr Habit ist wie der der Mönche, nur ist die Kapuze durch einen Schleier ersetzt.[51]

---

[48] vgl. La Grande Chartreuse, S. 210.
[49] vgl. La Grande Chartreuse, S. 204-210.
[50] Statuta ord. cart., 11/1.
[51] vgl. La Grande Chartreuse, S. 224/225.

5. Der Lebensunterhalt:

Die Kartäuser müssen sich selbst erhalten. Die Hauptlast ruht auf den Brüdern, die alle Arbeiten im Kloster und in der Landwirtschaft durchführen. Die Patres arbeiten, wie bereits erwähnt, nur in den Zellen, circa drei Stunden pro Tag.

Früher bildeten die Besitzungen der Kartausen die materielle Lebensgrundlage des Ordens (unter anderem Eisenabbau, Holzverkauf). Heute ist eine der Haupterwerbsquellen die Erzeugung der weltberühmten Chartreuse-Liköre.

Im Jahre 1605 übergab Marschall d'Estrées, ein Waffenbruder Heinrichs IV. von Frankreich, den Mönchen der bei Paris gelegenen Kartause Vauvert das Manuskript eines "Elexiers für ein langes Leben", das die Anleitung zur Mischung und Destillation von 130 Kräutern enthält. Das Manuskript gelangte in die Große Kartause, wo der Apotheker Bruder Jérôme Maubec 1755 erstmals das "Pflanzenelexier der Großen Kartause" herstellte. Auf seinem Sterbebett vertraute er Bruder Antoine das Herstellungsverfahren an, der es etwas modifizierte und kurze Zeit später auch die "Grüne Chartreuse" herstellte. 1838 erzeugte Bruder Bruno Jacquet die "Gelbe Chartreuse."

Heute werden die Liköre in Voiron hergestellt. Nur drei Brüder kennen die 130 Kräuter und das konkrete Herstellungsverfahren. Die Liköre, reine Naturprodukte, deren Färbung durch Kräuterzusätze erfolgt, lagern vor ihrer Abfüllung fünf Jahre in Eichenfässern.

V. Vom Sinn der kartusianischen Berufung

Immer wieder hat die katholische Kirche die Bedeutung der kontemplativen Orden hervorgehoben, so auch das 2. Vatikanische Konzil:

> "Die gänzlich auf die Kontemplation hingeordneten Institute, deren Mitglieder in Einsamkeit und Schweigen, anhaltendem Gebet und hochherziger Buße für Gott allein da sind, nehmen - mag die Notwendigkeit zum tätigen Apostolat noch so sehr drängen - im mystischen Leib Christi, dessen 'Glieder nicht alle den gleichen Dienst verrichten' (Röm. 12,4), immer eine hervorragende Stelle ein. Sie bringen Gott ein erhabenes Lobopfer dar und schenken dem Volk Gottes durch überreiche Früchte der Heiligkeit Licht, eifern es durch ihr Beispiel an und lassen es in geheimnisvoller apostolischer Fruchtbarkeit wachsen."[52]

Das Konzil macht deutlich, daß das "verborgene Leben" nicht eine egozentrische Weltflucht ist, sondern ein wichtiger Dienst an den Brüdern im Volk Gottes. Das gilt auch für die Rolle der Kartäuser:

> "Welchen Gewinn und göttlichen Genuß die Einsamkeit und das Schweigen in der Einöde ihren Freunden bereitet, das wissen nur die, die es erfahren haben. Diesen besten Teil haben wir jedoch nicht nur zu unserem eigenen Nutzen erwählt. Mit der Wahl des verborgenen Lebens verlassen wir ja die Menschheitsfamilie nicht. Indem wir nur für Gott da sind, erfüllen wir vielmehr eine Aufgabe in der Kirche, in der das Sichtbare auf das Unsichtbare, die Tätigkeit auf die Beschauung hingeordnet ist."[53]

Worin besteht nun konkret die Aufgabe der Kartäuser? Wie ist ein Dienst an Gott und den Menschen in dieser Form möglich?

Wie jeder Christ, versucht auch der Kartäuser, trotz menschlicher Begrenztheit und Schwäche, das größte Gebot zu erfüllen: "Du sollst den Herrn, deinen Gott, lieben mit ganzem Herzen, mit ganzer Seele und mit all deinen Gedanken. Das ist das wichtigste und

---

[52] Perfectae caritatis, in: RAHNER-VORGRIMLER, Kleines Konzilskompendium, Freiburg, 1969[6], Herder, S. 321.
[53] Statuta ord. cart., 34/1.

erste Gebot. Ebenso wichtig ist das zweite: Du sollst deinen Nächsten lieben wie dich selbst."(Mt. 22,37-39). Es gibt viele Wege, diese Liebe zu leben; einer davon ist der der Kartäuser.

Die Liebe zu Gott findet ihre Verwirklichung im Gebet, in der Betrachtung, der Liturgie und der Askese.

> "Unter der Leitung des Heiligen Geistes hat der Kartäuser sich von Christus verführen lassen, um mit ihm den Vater im Tiefsten seines Herzens zu lieben."[54]

Und aus dieser Liebe zum Vater entspringt die Liebe zu den Brüdern in der Welt:

> "Jeder Christ wird eingeladen, so stark wie möglich diese Gotteserfahrung zu erleben; dies ist aber das exklusive Ziel des Kartäusers, und es ist auch der Grund seines Verhaltens, das am Anfang sonderbar scheinen kann, sich von seinen Brüdern zurückzuziehen, um sie besser lieben zu können."[55]

Aus der Gottsuche in Einsamkeit und Schweigen ergibt sich nämlich eine Verbundenheit mit den übrigen Menschen, die man als eine dreifache Solidarität bezeichnen kann:

Zunächst ist der Kartäuser solidarisch mit allen, die ehrlichen Herzens auf der Suche nach dem Absoluten sind. Durch sein geduldiges und bescheidenes Warten auf den Anruf Gottes zeigt er, daß die Gottesbegegnung nicht durch Techniken (etwa östlicher Weisheitslehren) erzwingbar ist, sondern daß sie aus christlicher Sicht ein unverfügbares Geschenk Gottes ist:

> "Deshalb gehört es zur biblisch-christlichen Methode unabdingbar, daß der Mensch darin eingeübt wird, zu erfahren, daß er sich durch keine Übung, keine Form der Bereitschaft die Ankunft Gottes verschaffen, erzwingen kann. Somit muß christlicher Weg zu Gott notwendig die Erfahrung der 'desolatio', der Nichterfahrung des Kommens Gottes einschließen. Der Grad der inneren Reinheit und Bereitschaft kann zweimal der gleiche sein: das eine Mal wird mir eine Erfahrung der Zuwendung und Nähe Gottes zuteil werden, das andere Mal nicht. In Jesu Parabeln kann man einfach wachen, ohne zu wissen, wann der Herr oder Bräutigam kommt."[56]

Durch die schmerzliche Erfahrung der Abwesenheit Gottes, die auch der Kartäuser macht, ist er mit all jenen verbunden, die an der scheinbaren Absurdität der Welt und des Daseins leiden. Die beglückende Erfahrung der Nähe Gottes hingegen läßt auch die Brüder wissen, daß der Mensch nicht in einem kalten Universum alleingelassen ist, sondern daß das Streben nach Sinn und Glück ein erreichbares Ziel hat: den liebenden Gott.

Die zweite Komponente kartusianischer Solidarität beruht auf der Lehre des Apostel Paulus vom mystischen Leib Christi:

> "[..] strebt danach, besonnen zu sein, jeder nach dem Maß des Glaubens, das Gott ihm zugeteilt hat. Denn wie wir an dem einen Leib viele Glieder haben, aber nicht alle Glieder denselben Dienst leisten, so sind wir, die vielen, EIN Leib in Christus, als einzelne aber sind wir Glieder, die zueinander gehören. Wir haben unterschiedliche Gaben, je nach der uns verliehenen Gnade." (Röm., 12,3-6)

---

54 GRAUWE, Jan de: Historia et spiritualitas cartusiensis, Destelbergen, 1983, Ed. Jan de Grauwe, S. 10.
55 GRAUWE, Jan de, a.a.O., S. 9/10.
56 BALTHASAR, Hans Urs von, In der Fülle des Glaubens (Lesebuch), Freiburg, 1980[2], Herder, S. 320/321.

Die Akte eines Gliedes aber betreffen alle anderen:

> "Wenn darum ein Glied leidet, leiden alle Glieder mit; wenn ein Glied geehrt wird, freuen sich alle anderen mit ihm." (1. Kor. 12,26).

Ebenso gilt aber: Wenn der Kartäuser vor Gott tritt, wenn er sich Gott durch Gebet und Arbeit, Betrachtung und Askese hingibt, so tut er dies auch im Namen seiner Brüder und für sie. Seine Hingabe wird zur Hingabe aller:

> "Wenn wir daher wirklich Gott anhangen, verschließen wir uns nicht in uns selbst. Im Gegenteil: unser Geist wird offen und unser Herz wird so weit, daß es das ganze Weltall und das Heilsmysterium Christi zu umfassen vermag. Getrennt von allen, sind wir eins mit allen, damit wir stellvertretend für alle vor dem lebendigen Gott stehen."[57]

Es gibt noch einen dritten Bereich, in dem sich die Solidarität des Kartäusers zeigt: die brüderliche Ermahnung durch sein Beispiel, sich auf das Wesentliche zu besinnen.

> "Wir stellen fest, daß sehr viele Menschen ziemlich oberflächlich leben; unsere heutigen Lebensverhältnisse haben viel damit zu tun. Dennoch sind viele unzufrieden: ihr tiefstes Streben wird nicht erfüllt. Am Ort der Stille - dem Herzen, der Bibel nach - befindet sich das wahre Zentrum der Seele. Dort will Christus uns begegnen. Die Einsamkeit, die Stille, die 'Menschenflucht' sind für den Mönch die unentbehrlichen Mittel, um zum Tiefsten von sich selbst hinabzusteigen. Dies ist sein Apostolat."[58]

Jedes Apostolat impliziert ein Zeugnis-Geben. So ist auch das verborgene und entbehrungsreiche Leben des Kartäusers ein Zeugnis und eine Mahnung: Der Mensch soll seine Hoffnung nicht auf vergängliche Werte setzen, sondern auf Den, der seine Liebe durch Jesus von Nazareth geoffenbart hat:

> "Durch unsere Profeß streben wir einzig nach Dem, der ist. Dadurch geben wir der Welt, die sich zu sehr in den irdischen Dingen verstrickt, Zeugnis, daß es außer Ihm keinen Gott gibt."[59]

Zusammenfassend kann man sagen:

> "Wie für alle Mönche und für alle Christen ist das Ziel des Kartäuserlebens die Vollkommenheit der Liebe, so wie sie Jesus durch seine Worte, sein Leben, seine Taten und besonders durch seinen Tod am Kreuz gelehrt hat. Der Kartäuser geht dazu einen ganz bestimmten Weg: den des inneren Lebens, eines Lebens in Einsamkeit, das soviel als möglich der Betrachtung gewidmet sein soll [..]. Dieser Weg [..] ist verwirrend, wenn man ihn nur äußerlich betrachtet, denn er scheint jeden Horizont, jede Offenheit für seine Menschenbrüder, für die gesamte Kirche, zu verschließen. Und doch ist es ein befreiender Weg für diejenigen, die ihn im Glauben und in Beharrlichkeit beschreiten, und allein ihr Beispiel und ihre Erfahrung können seinen Wert bestätigen."[60]

---

[57] Statuta ord. cart., 34/2.
[58] GRAUWE, Jan de, a.a.O., S. 10.
[59] Statuta ord. cart., 34/3.
[60] Soif d'absolu, faim de Dieu, S. 33.

Diese Erfahrung formuliert ein Mönch aus der Kartause Montrieux folgendermaßen:

"Die Kartäuser führen ein Leben des Gebetes und der Arbeit.
Von der inneren Freiheit fasziniert,haben sie die Einsamkeit gewählt, wo sie freiwillig große Beschränkungen auf sich nehmen, einzig und allein, um für das Absolute offen zu sein.
Indem sie abgeschlossen von der Welt arm, einfach und ehelos leben, um für die brüderliche Gemeinschaft verfügbarer zu sein, erfahren sie ständig im Gebet und in der Meditation den Ruf, innerlich zu wachsen.
Das Wort Gottes erfüllt ihre Stille.
Durch die Arbeit sind sie solidarisch mit allen, die sich abmühen, wo immer es sei.
Die Tiefe ihrer Seele zieht es zu immer weiteren Horizonten, wo sich schließlich das Bild Gottes im Antlitz seines gekreuzigten und auferstandenen Christus abzeichnet.
So sind sie, inmitten der Menschen und doch vor der Welt verborgen, die unausrottbare Erinnerung daran, daß der Mensch von Gott kommt, der ständige Hinweis darauf, daß er auf Gott ausgerichtet ist, der Schutz der persönlichen Freiheit, die heute immer mehr bedroht wird, die brennende Sehnsucht nach dem Ewigen, die Gewähr,daß ein innerer Fortschritt trotz äußerer Einschränkungen möglich ist.
So sind sie der Zelle verpflichtet, um sich in Gott zu entfalten."[61]

---

[61] Les chartreux en Provence, par un moine de la chartreuse de Montrieux, Bandol, Les Editions Aris.

Die Ordenshäuser (Stand 1994):

FRANKREICH:
La Grande Chartreuse, 38380 Saint-Pierre de Chartreuse.
Chartreuse de Portes, 01470 Benonces.
Chartreuse de Montrieux, 83136 Méounes-lès-Montrieux.
Chartreuse de Sélignac, 01250 Simandre.
Chartreuse Notre Dame, 04110 Reillane (Nonnen).
Chartreuse de Nonenque, Marnhagues-et-Latour, 12540 Cornus (Nonnen).

ITALIEN:
La Certosa, 88029 Serra San Bruno.
Certosa di Farneta, 55050 Maggiano.
Certosa di Vedana, 32037 Sospirolo (Nonnen).
Certosa di Riva, 10060 Riva di Pinerolo (Nonnen).
Certosa di San Francesco, 10051 Avigliana (Nonnen).
Certosa della Trinità, 17010 Dego (Nonnen).

SPANIEN:
Cartuja Santa Maria Porta Coeli, 46118 Porta Coeli (Valencia).
Cartuja de Santa Maria de Montalegre, 08391 Tianu (Barcelona).
Cartuja de Santa Maria de Miraflores, Apartado 43, 09080 Burgos.
Cartuja de Santa Maria de la Defensiòn, 11406 Jerez de la Frontera.
Cartuja de Aula Dei, 50192 Zaragoza.
Cartuja de Santa Maria de Benifaçà, 12599 Puebla de Benifasar, Castellon de la Plana (Nonnen).

DEUTSCHLAND:
Kartause Marienau, 88410 Bad Wurzach Seibranz.

ENGLAND:
Saint Hugh's Charterhouse, Parkminster, Partridge Green, Horsham (Sussex) RH13 8 EB.

SLOWENIEN:
Kartuzija Pleterje, 68310 Sentjernej Slovenija.

PORTUGAL:
Cartuxa de Santa Maria de Scala Coeli, 7000 Evora.

SCHWEIZ:
Chartreuse de la Valsainte, 1654 Cerniat.

USA:
Charterhouse of the Transfiguration, Arlington, 05250 (Vermont).

BRASILIEN:
Mosteiro Nossa Senhora Medianeira, 98160 Ivorá R S.

Literaturverzeichnis:

BALTHASAR, Hans Urs von: In der Fülle des Glaubens (Lesebuch), Freiburg, 1980[2], Herder.

BLIGNY, Bernard: Saint Bruno, le premier chartreux, Ouest-France, 1984.

BLÜM, Hubertus Maria: Einführung in die Spiritualität der Kartäuser.

derselbe: Wie lebt der Kartäuser? In: ZADNIKAR-WIENAND: Die Kartäuser. Köln, 1983, Wienand.

FRANKL, Viktor E.: Der Mensch vor der Frage nach dem Sinn, München, 1980[2], Piper.

FRANZEN August: Kleine Kirchengeschichte, Freiburg,1968[2], Herder.

FROMM, Erich: Haben oder Sein, München, 1981[8], dtv 1490.

GRAUWE, Jan de: Historia et spiritualitas cartusiensis, Destelbergen, 1983, Edition Jan de Grauwe.

La Grande Chartreuse par un Chartreux,Voiron,1976[12].

Les Chartreux en Provence, par un moine de la chartreuse de Montrieux; Bandol, Les Editions Aris, "s.a.".

L'ordre des Chartreux, Saint-Laurent-du-Pont, 1978[5].

RAHNER-VORGRIMLER: Kleines Konzilskompendium, Freiburg, 1969[6], Herder.

RAVIER, André: Saint Bruno le Chartreux, Paris, 1981[2], Editions Lethielleux.

ROSSMANN, Heribert: Die Geschichte der Kartause Aggsbach, Analecta Cartusiana 29/30, Salzburg, 1976.

Soif d'absolu, faim de Dieu, par un moine de la Chartreuse de Montrieux, Bandol, 1983, les Editions Aris.

Statuta ordinis cartusiensis (1991) deutsche Ausgabe.

ZADNIKAR, Marijan: Die frühe Baukunst der Kartäuser, in: ZADNIKAR-WIENAND: Die Kartäuser, Köln, 1983, Wienand.

ZAHN, Lothar: Herbert Marcuse: Die Utopie der glücklichen Vernunft, in: SPECK, Josef: Grundprobleme der großen Philosophen, Philosophie der Gegenwart IV, Göttingen, 1981, UTB 1108.

Die Bibelzitate entstammen der Einheitsübersetzung der Heiligen Schrift, die Übertragung der Texte aus dem Französischen wurde vom Autor selbst vorgenommen.

Wichtige Darstellungen des Kartäuserlebens:

BÖSEN, Willibald: Auf einsamer Straße zu Gott - Das Geheimnis der Kartäuser, Freiburg, 1987, Herder.

HELLY, Ange: Bruno von Köln - der Vater der Kartäuser, Würzburg, 1992, Echter.

LOCKHART, Robin Bruce: Botschaft des Schweigens - Das verborgene Leben der Kartäuser, Würzburg, 1987, Echter.

POSADA, Gerardo: Der heilige Bruno, Vater der Kartäuser, Köln, 1987, Wienand.

EIN LEBEN DES GEBETS FÜR GOTT UND DIE MENSCHEN

EIN KARTÄUSER VON MONTRIEUX

Auf den folgenden Seiten sollen das Ziel der kartusianischen Berufung und die Wege zu ihrer Verwirklichung skizziert werden. Sie sind der von einem Mönch der Kartause Montrieux verfaßten Broschüre: "Soif d'absolu, faim de Dieu" - Durst nach dem Absoluten, Hunger nach Gott - entnommen.

SPIRITUALITÄT

Bemühen wir uns tiefer zu durchdringen, was das Wesen des Lebens eines Kartäusers ausmacht, seine Freude, seinen Wert und seine Fruchtbarkeit. Verborgen hinter einer scheinbaren Gleichförmigkeit des Tagesablaufs und auch der zentralen spirituellen Ausrichtung herrscht in Wirklichkeit viel Freiheit, was seine konkrete Verwirklichung anbelangt. Es gibt in der Tat keine spezifische Ordensspiritualität, die allen offiziell auferlegt wäre, wie das in anderen religiösen Gemeinschaften der Fall ist; **die Statuten** des Ordens **ermöglichen** im Gegenteil **durch ihre Reichhaltigkeit das Ergreifen verschiedener Optionen im Streben nach evangelischer Vollkommenheit**. Man hatte lange Zeit sogar die Gewohnheit, jeden Novizen jeweils einem erfahrenen Mönch anzuvertrauen, der Unterweisung und Formung den Neigungen und Fähigkeiten des Kandidaten gemäß gestaltete.

Angesichts der Homogenität des Geistes jedoch, die bestimmend ist für die Lebensform in einer Kartause, hat sich im Laufe der Jahrhunderte eine Art Tradition entwickelt hinsichtlich der Art und Weise, das innere Leben aufzufassen und zu leiten. Von eben dieser Tradition wollen wir nun sprechen, und dies unter besonderer Hervorhebung ihrer Flexibilität und ihrer Fähigkeit, Elemente, die anderen Spiritualitäten oder geistigen Strömungen entliehen sind, in sich aufzunehmen. Der Mönch findet sich von Anfang an in einer Situation der Einsamkeit, größtenteils seiner eigenen Entscheidung überlassen. Er braucht infolgedessen die Unterstützung, ja den Schutz von Richtlinien, die auf einer langen Erfahrung beruhen.

GEBETSLEBEN

Die Einsamkeit ist das charakteristische Element der Kartause. Für Außenstehende ist das zugleich das Merkmal, das am meisten Verwirrung stiftet: Beweis dafür, daß gerade in diesem Punkt, besser als in allen anderen, die Berufung der Neuen erprobt wird. Wenn Gott jemanden in die Kartause ruft, dann ist es, um *"ihn in die Wüste hinauszuführen und zu seinem Herzen zu sprechen"* (Hos 2,16). Inspiriert durch diese Schriftstelle, lautet der Beginn der Statuten des Ordens in der Neufassung von 1991: *"Zum Lobe der Herrlichkeit Gottes hat Christus, das Wort des Vaters, durch den Heiligen Geist von Anfang an Menschen ausgewählt, um sie in die Einsamkeit zu führen und in inniger Liebe mit sich zu vereinigen."* (Statuten der Kartäuser (1991), Kap. 1,1).

Ein ganzes Kapitel, zusammengestellt aus den ältesten Texten der ersten Kartäuser, wurde zum Ausdruck der Wertschätzung des einsamen Lebens: *"Nahezu alle großen und tiefen Geheimnisse wurden den Dienern Gottes nicht im Tumult der Menge offenbart, sondern wenn sie allein waren (...) 'Er sitze allein und schweige', sagte Jeremia über den Einsamen. Damit wies er auf fast alle Güter hin, die an unserer Lebensweise die besten sind."* (Stat., 2, 3. 6).

Die äußere Einsamkeit ist durch die Klausur und das Leben in einer Zelle realisiert. Die Anforderungen hierzu sind ziemlich streng, da sie eine fast völlige Trennung von der

Die Kartause Montrieux: Gesamtaufnahme (Kartause Montrieux)

Außenwelt und ihren zentralen Interessen auferlegen, begleitet vom fest in den Statuten verankerten Stillschweigen. All dies dient jedoch nur dem Ziel, zur inneren Einsamkeit zu verhelfen und sie zu bewahren. Der Kartäuser versucht so gut wie möglich, all das von seinem Geist fernzuhalten, was nicht Gott ist oder was nicht zu ihm führt: *"Die Klausur würde aber zu einer pharisäischen Gesetzespraxis, wenn sie nicht ein Zeichen jener Reinheit des Herzens wäre, der allein die Anschauung Gottes verheißen ist. Um dorthin zu gelangen, braucht es ein großes Maß an Verzichtsbereitschaft, vor allem hinsichtlich der natürlichen Neugierde für menschliche Angelegenheiten. Lassen wir also unseren Geist nicht durch die Welt schweifen auf der Suche nach Neuigkeiten und Gerüchten: Unser Teil besteht vielmehr darin, verborgen im Mysterium des Angesichtes Gottes zu verweilen."* (Stat., 6,4).

Wie es diese Texte schon spüren lassen, ist das kartusianische Eremitenleben, das heute nahezu als einziges in der katholischen Kirche in institutionalisierter Form existiert, ganz auf das kontemplative Gebet hingeordnet. Seine asketische Form ist dabei jedoch nicht das Ziel, sondern es hat seinen Wert lediglich als Mittel, wie auch die äußere Einsamkeit den, der sich ihr aussetzt, nur zu dieser anderen, inneren Einsamkeit hinführen soll, die man oft als "Reinheit des Herzens" bezeichnet. Wesentlich ist zu bemerken: Die Verzichtleistung, die das Leben in der Zelle mit sich bringt, und die Art des Gebetes sind eng miteinander verbunden: Beide sind Ausdruck ein und derselben Liebe zu Gott, die nicht wachsen kann in der Seele ohne diese von allen anderen Anhänglichkeiten zu befreien: *"Was nützte dieser friedvolle Ort, wenn er nur unserem Leibe als Aufenthalt diente, dabei aber die Unruhe in unserem Herzen regierte?"* (Dionysius der Kartäuser). Der heilige Gregor der Große sagte schon in demselben Sinne: *"Eremitagen errichten, das bedeutet das Ungestüm der Leidenschaften aus dem Inneren des Herzens zu vertreiben und, in Sehnsucht nach der einzigen, der himmlischen Heimat, nach der Liebe des inneren Friedens zu streben"*.

"Das, was notwendig ist, ist die Einsamkeit des Herzens und des Geistes: wenn ihr sie nicht besitzt, seid ihr keine Einsiedler, und wäret ihr allein auf der Welt". (J. Ruysbroeck). Solange eine Seele mit ihrem 'Ich' disputiert, sich mit ihren Empfindlichkeiten beschäftigt, sich an fruchtlose Gedanken und realitätsfremde Wunschträume verliert, vertut sie ihre Kräfte, ist sie noch nicht auf Gott hin orientiert, harmonisiert sie noch nicht mit ihm. Sie bleibt allzu menschlich. Wenn dann die Gnade sie berührt, ist es nicht ein göttliches Echo, das sie hervorbringt, sondern pure Dissonanz. - Vor allem hier nun muß das Beispiel des heiligen Bruno die Aufmerksamkeit erregen: *"Meister Bruno, ein Mann von Herzenstiefe"* - so hatte Guigo, 5. Prior der Großen Kartause, ihn bestimmt. In der Tat hat es ihm an Schwierigkeiten und Prüfungen nicht gefehlt - bis hin zu dem Auftrag, die Große Kartause zu verlassen und sich zur Unterstützung des Papstes nach Rom zu begeben. Sein Herz war indessen so tief gegründet, daß es von diesen Aufregungen nicht in Unruhe versetzt wurde. Von daher diese Beständigkeit der Seele, diese stille und anbetende Freude, die so oft an die Oberfläche trat in dem Ausruf : *"0h Bonitas!" ("Oh Güte!")*. Die Einfachheit, ganz so zu sein, bleibt für die Menschen der sicherste Weg zu Gott.

"Das Feuer der Gebete, die Tiefe der Meditationen, die Verzückung in der Kontemplation, das Taufbad der Tränen haben keine mächtigere Hilfe als die Einsamkeit (...). Der Herr in eigener Person wollte das erste lebendige Vorbild unseres Ordens sein, als er sich, allein in der Wüste, dem Gebet hingab." (Stat., 2,10f.).

"In dieser Eremitage sollte man die Gewohnheit annehmen eines ruhigen Hinhörens mit dem Herzen, das Gott ermöglicht, auf allen Wegen und durch alle Pforten hindurch zu ihm zu gelangen." (Stat., 4,2).

Dieses Gebet kann nicht aus dem Herzen aufsteigen ohne einen klugen Gebrauch der Mittel, die bis auf die älteste eremitische Tradition zurückgehen - wie z. B. Lektüre, Studium, manuelles Arbeiten - und die das Gleichgewicht herstellen in einem Leben, das der hohen Spannung der Gottessuche ausgesetzt ist, und wovon die folgenden Seiten ausführlicher handeln sollen.

Die Kartause Montrieux: Die Mönche unterwegs zur Kirche
(Kartause Montrieux)

LITURGISCHES LEBEN

Die Einsamkeit ist also das erste Charakteristikum des 'Kartusianischen Propositums', der Lebensweise dieses Ordens also. Die Liturgie ihrerseits ist deren regulierendes Element, sie ist aber auch die Quelle eines recht gut entwickelten Kommunitätslebens, das den Stunden in der Zelle zu einem gewissen Ausgleich verhilft. Durch die drei täglichen Zusammenkünfte des Konvents werden Tag und Jahr des Mönches Gott geschenkt, im Lichte der großen christlichen Glaubensgeheimnisse und ihres zyklischen Verlaufs: Advent und Weihnachten, Fasten- und Osterzeit, sowie die Zeit nach Pfingsten, in der man in besonderer Weise den Heiligen Geist ehrt, der in der Welt wirkt. Diese liturgische Prägung geht so weit, daß sie entsprechend ihrer unterschiedlichen Phasen der Existenz eine je andere 'Tonart' verleiht. Von einem großen Soziologen wurde der Begriff der "jahreszeitlichen Variationen" geprägt, die Gemeinschaften mit traditionsreichem Lebensstil aufwiesen; dieses Phänomen macht sich in besonderer Weise beim Kartäuser bemerkbar, der nachhaltig von der Liturgie geformt wird.

Alles in allem widmen sich die Patres jeden Tag fünf bis sechs Stunden, manchmal sogar länger, dem liturgischen Gebet, von dem ein recht großer Teil, nämlich die sog. kleinen Horen und das ganze Marienoffizium in der Zelle verrichtet wird. An die Brüdermönche stellt das Offizium unter der Woche weniger Anforderungen, aber an Sonn- und an allen liturgischen Festtagen nehmen sie an jedem Chorgebet in der Kirche teil. Gerade diese Aufgaben bewirken, sichtbar und feierlich und in Verbindung mit dem Gebet Christi, die Verschmelzung des Gebetslebens aller Mitglieder der Kommunität und die Teilhabe am allgemeinen Gebet der Kirche. Die Statuten des Ordens legen darauf großen Wert, und sie beschreiben sehr gut die zweifache Bewegung, eine Art "Atmung" könnte man sagen, die sein Gebet beseelt:

"Die Zusammenkünfte des Konvents geben jedem die Gelegenheit, in Worten und Taten, selbstvergessen seine Liebe für die Mitbrüder zu erweisen." (Stat. , 22,1). *"Im Laufe der Jahrhunderte haben unsere Väter darüber gewacht, daß unser Ritus unserer eremitischen Berufung und der reduzierten Größe unserer Kommunitäten angepaßt bleibt."* (Ebd., 41,3). Ein Novize wird sofort den markanten Unterschied zu der Liturgie bemerken, die er von zu Hause her gewöhnt ist, vor allem an großen Festen, wo die kartusianische Nüchternheit der Zeremonien überraschen kann.

*"Umgekehrt **findet** das Gebet der Kommunität, das durch die **gottesdienstliche Feier** unser eigenes geworden ist, **im einsamen persönlichen Vollzug seine Verlängerung,** wo Gott ein inniges Opfer des Lobes dargebracht wird, jenseits von dem, was Worte sagen können."* (Stat., 41,4). Aber **in beiden Fällen gilt**: ***"Das universelle Gebet der Kirche äußert sich vermittels unserer Lippen. Denn das Gebet Christi ist eines, und dieses ist es auch, was die Liturgie in jedes einzelne der Glieder Christi einfließen läßt. Zudem macht die Liturgie bei den eremitischen Mönchen auf besondere Weise das Wesen der Kirche offenbar, in der das Menschliche auf das Göttliche ausgerichtet und ihm untergeordnet ist, sowie das Sichtbare auf das Unsichtbare und die Aktion auf die Kontemplation."*** (Stat., 41,2).

Die Kartause Montrieux: Nachtoffizium im Chor (Kartause Montrieux)

Die Kartause Montrieux: Nachtoffizium im Chor (Kartause Montrieux)

Wenn sich die ganze Kommunität in der Kirche versammelt, **trägt die Feier der heiligen Messe**, an einigen feierlichen Anlässen auch ihre Konzelebration, **den ganzen Tag und verleiht ihm seinen Sinn**. In diesem Moment ist sie die lebendige Quelle, der der Glaube, die Hoffnung und die Liebe entspringen. *"Die kartusianische Kirchengemeinde wurzelt und findet ihren Ruhepunkt in der eucharistischen Opferfeier, welche Zentrum und Höhepunkt unseres Lebens ist, das 'Manna' des spirituellen Exodus, der uns in der 'Wüste' durch Christus zum Vater heimführt."* (Stat., 11,7f.).

"DIE ARBEIT: EIN SEHR EFFEKTIVES MITTEL, UM ZU VOLLKOMMENERER CHRISTLICHER LIEBE VORANZUSCHREITEN"

Der Orden der Kartäuser wurde ins Leben gerufen, als sich durch andere Neugründungen eine scharfe Reaktion auf den behäbigen Reichtum der Kirche erkennbar machte, dadurch, daß die Handarbeit, von den anderen Mönchen aufgegeben, wieder zu Ehren gebracht wurde. Dies geschah durch die Mönche von Molesmes, Vorfahren der Zisterzienser. **Die Kartäuser** ihrerseits konnten so ohne Schwierigkeiten **das Prinzip täglicher körperlicher Arbeit** übernehmen. Die Statuten bestätigen es: *"Manchmal bringt die Last der Arbeit den Gedankenfluß wie ein Anker zum Stehen und ermöglicht dem Herzen ohne Anspannung des Geistes lange Zeit in Gott zu verweilen. Die alte monastische Tradition hält die Arbeit für ein sehr wirksames Mittel, um durch die Praxis der Tugenden zur 'caritas', zur christlichen Liebe, voranzuschreiten."* (Stat., 5.3; 15,2).

Wie dieser Text zeigt, ist uns die Arbeit nicht einfach nur von den Erfordernissen des Lebens aufgenötigt, sondern sie ist auch von anderen Motiven der Askese und schlicht von der Suche nach dem inneren Gleichgewicht inspiriert. In diesem Sinne ist sie für beschaulich Lebende kostbar, deren Psyche und Geist sonst einer zu großen Spannung ausgesetzt wären. In allem, was das monastische Leben ausmacht, sollte sich der Mensch als Ganzheit von Leib, Seele und Geist wiederfinden. Andererseits ist die Forderung nach Einsamkeit bei den Mönchen, die ihre Zellen um den großen Kreuzgang herum haben, also bei den 'Zellenmönchen', nicht leicht mit Arbeiten, die in Gemeinschaft oder außerhalb der Zelle ausgeführt werden, vereinbar. Deshalb ist gegenwärtig die manuelle Tätigkeit in Kartausen nicht im selben Maß entwickelt wie in einigen anderen klösterlichen Gemeinschaften.

Worin bestehen nun eigentlich konkret die handwerklichen Arbeiten, die man ausführt? Die Zellenmönche arbeiten in der Zelle; im allgemeinen beschäftigen sie sich mit Dingen, die ohne großen materiellen Aufwand zu bewerkstelligen sind, auch wenn ihnen heutzutage im Bedarfsfall auch Maschinen hohen Perfektionsgrades zur Verfügung gestellt werden können. Eine weitgehende Abstimmung auf die Veranlagungen eines jeden ist hier möglich, angefangen mit den klassischen monastischen Tätigkeiten wie Herstellung von Ikonen, Kunsttischlerei, Buchbinden und Bildhauerei bis hin zu den modernsten, denken wir an den breiten Fächer der Produktion und Vervielfältigung von Druckschriften u.s.f.. Entsprechend ihrem Temperament geben andere Mönche der intellektuellen Beschäftigung einen größeren Raum. Allerdings muß gesagt werden, daß ihre Einsamkeit, getrennt von Interessenzentren und Werten, die die Aufmerksamkeit der Welt fesseln, nicht gerade viel zum Vorantreiben von Forschungen mit lediglich wissenschaftlichem Charakter beiträgt. Wären diese denn praktisch auch möglich in wirklich gelebter Einsamkeit, angesichts der langen Stunden intensiven Gebets, der Härten des Fastens und ganz allgemein des angespannten und anspruchsvollen Lebens eines Kartäusers? Schließlich gibt es noch die, denen ihre Funktionen im Dienst der Kommunität (Prior, Prokurator, Novizenmeister, Sakristan) nur wenig Zeit für andere Arbeiten lassen.

Die Brüdermönche räumen ihrerseits der manuellen Arbeit einen viel größeren Platz ein. Sie führen diese in Werkstätten des Klosters aus, die sicherlich in moderner Weise ausgerüstet sind, aber natürlich auf dem bescheidenen Niveau, das den Bedürfnissen des Hauses entspricht. Wichtig sind: Metallwerkstatt, Bauarbeit, Schreinerei, Elektrohandwerk;

und für den Agrarbereich: Gemüse- und Obstgarten. Jeder Brudermönch hat eine Obedienz (man könnte übersetzen 'Fachgebiet'), deren Funktionieren er gewährleistet. So wird auf die vielfältigen Bedürfnisse einer Kommunität, die auf materieller Ebene trotzdem 'arm' lebt, reagiert und ihr eine gewisse Unabhängigkeit ihrer Umwelt gegenüber ermöglicht. Unter heutigen Bedingungen ist diese Unabhängigkeit allerdings geringer als sie in den Anfängen des Ordens war, wo jedes Kloster sich einer fast gänzlichen Autarkie erfreute. Nicht vergessen wollen wir, an dieser Stelle noch die Obedienzen anzuführen, die für das tägliche Leben natürlich unabdingbar sind: Küche, Wäscherei, Schneiderei, Backstube ...

Die Arbeitsstunden 'unterbrechen' nicht das Gebet, sie ändern bloß seinen Modus: *"Die innere Sammlung wird den Frater bei der Arbeit zur Kontemplation führen. Um sie zu erlangen, kann er bei seinem Tun stets zu kraftvollen Stoßgebeten seine Zuflucht nehmen und selbst manchesmal die Arbeit zur Anbetung unterbrechen. Um die innere Sammlung zu schützen, soll man den Brüdermönchen keine Beschäftigungen zuweisen, die dazu beitragen könnten, sie ihrem monastischen Lebensentwurf zu entfremden."* (Stat. ,15, IOf.). Gerade diese Forderungen verleihen solchem Tun seinen stets einfachen Stil und seinen gleichmäßigen, streßfreien Rhythmus.

LECTIO DIVINA

Jeder Kartäuser kann und muß sich tagsüber eine ausreichende Zeitspanne für gehaltvolle Lektüre reservieren, die auf seinen geistlichen Nutzen hinorientiert ist. Es handelt sich dabei vor allem um die 'lectio divina' dieses friedvolle 'Ruminieren' (eigentlich:'Wiederkäuen') der Heiligen Schrift oder religiöser Texte, welches das beste Nährmittel der Meditation ist, von der es sich im Grunde genommen nur wenig unterscheidet. Dieser Art Lektüre also wird der größte Teil der für die geistige Bildung bestimmten Zeit gewidmet.

Die Lektüre ist notwendig, auch wenn die konkreten Bedürfnisse eines jeden stark voneinander abweichen können. Die Statuten sagen überdies: *"Es ist ein Irrtum, zu glauben, daß man das Studium der Bibel vernachlässigen oder später sogar aufgeben könnte, um dann trotzdem die Vereinigung mit Gott mit Leichtigkeit zu erringen (...) Durchforschen wir die göttlichen Geheimnisse mit dem Durst nach Erkenntnis, der, von der Liebe erzeugt, die Liebe entzündet."* (Stat., 5,2).

/Bildlegende: "Studium des Wortes Gottes. Der Durst nach Erkenntnis entsteht aus Liebe."/

Eigentlich sollten diese Lesestunden eher zu einer gewissen Weisheit, dem integralen Bestandteil der Beschauung, führen, als zur Züchtung 'gelehrter' oder 'kultivierter' Menschen.

Neben der lectio divina haben Studien im eigentlichen Sinn ebenso ihren Platz; da aber nichts Solides ohne methodische Durchführung entstehen kann und gegenwärtig alle Zellenmönche zum Priestertum bestimmt sind, ist während der ersten Jahre im Kloster eine größere Zeitspanne eingerichtet worden für Studien gemäß der kirchlichen Studienordnung: Philosophie, Theologie (Dogmatik, Moral, Exegese ...) u.s.w.. Diese Studien werden in der Einsamkeit durchgeführt, unter der Leitung eines eigens zu diesem Zwecke ausgewählten Mönches, oder auch in Zusammenarbeit mit Professoren des Priesterseminars der Diözese, das ganz in der Nähe liegt, allerdings in beiden Fällen mit einer sehr beschränkten Zahl von Unterrichtsstunden. Wenn eine solche Arbeitsmethode auch beim Studenten eine besondere Motivation voraussetzt, so ermöglicht sie ihm doch auf der anderen Seite eine viel persönlichere Aneignung des behandelten Stoffes, der auf besondere Weise sein Inneres berührt hat und ihn in Kontakt mit Gott bringt - welch unschätzbarer Vorteil gegenüber dem klassischen scholastischen System!

Für die Fratres, bei denen die Einführung eines wirklichen Studienzyklus' vor nicht allzu langer Zeit vorgenommen wurde (seine endgültige Gestalt ist gegenwärtig noch

Gegenstand großer Bemühungen), nehmen die Studien weniger Zeit in Anspruch. Sie sind auf eine ausreichende Anzahl von Jahren verteilt, um den Aufbau eines solid-'würzigen' Grundwissens (vgl. die Herkunft des lat. Wortes 'sapientia' (= Wissen, Weisheit) von 'sapere' (= schmecken nach, einen feinen Geschmack haben- auch im übertragenen Sinne)) zu gewährleisten.

So verstanden sollen **Lesen und Studieren allen eine bessere Einsicht ins Glaubensmysterium geben**, den Mönch dazu bereiten, aus der ganzen spirituellen Substanz heraus zu leben, die im Fleischwerden des Wortes Gottes miteingeschlossen ist, ihn innerlich in Verbindung bringen mit dem, was Jesus für uns auf Erden getan und gelitten hat, ihn schon jetzt auf gewisse Weise teilnehmen lassen am Leben des Auferstandenen und ihn dadurch befähigen, die Früchte der Heilstat Jesu in der Welt immer neu heranwachsen zu lassen. Ist es nicht so, daß die Kirche immer schon und gerade wieder auf dem II. Vatikanischen Konzil, sowie in den Verkündigungen der Päpste danach, mit Nachdruck auf die Bedeutung der Fürbitte, der Sühne und Wiedergutmachung und der Mitteilung göttlichen Lebens in der Welt verwies, welche doch in besonderer Weise das Anliegen der 'Kontemplativen' ist, das heißt der Menschen, die ganz dem Gebet und der Buße leben?

WIEDER MAN SELBST WERDEN

Zu jeder Epoche war das monastische Leben durch eine recht strenge Askese gekennzeichnet, das heißt durch ein Gefüge von genau umschriebenen Praktiken bewußter Einschränkung, die mit Großzügigkeit und Ausdauer, aber auch mit der Umsicht, die die Erfahrung gelehrt hatte, ausgeführt wurden. Diese Praktiken waren dazu geeignet, dem Mönch einen freien Geist in einem gleichsam 'gezähmten' Leib zu geben, und passend, um ihn ohne Umwege zu dem Ziel zu führen, das er sich vorgenommen hatte - dem verborgenen Leben in Gott. Außerdem erlaubten sie ihm, *"in seinem Leibe zu ergänzen, was am Sühneleiden Christi für seine Kirche noch fehlt"*, wie es der Völkerapostel Paulus sagt (Kol. 1,24).

Aus Feingefühl oder vielleicht auch aus dem Unvermögen heraus, das Unaussprechliche in Worte zu fassen, haben die Mönche nur selten dieses 'Leben in Gott' beschrieben. Darin waren sie sicherlich zurückhaltender als andere geistliche Autoren. Jedoch gliederten sie andererseits in ausführlicher Weise die Mittel auf, zu diesem Leben zu gelangen. Es ist nicht ganz ausgeschlossen, daß sie in ihren Darstellungen teilweise der Versuchung unterlagen, durch rhetorische Übertreibungen die Bewunderung des Lesers zu erheischen. Die prinzipiellen Elemente der Askese der Kartäuser begegnen uns in der Beschreibung ihres Lebensablaufs. Das nächtliche Aufstehen und der begrenzte Schlaf sind ohne Zweifel unter die anstrengendsten Gepflogenheiten zu rechnen, die keine Kompromisse gestatten, weil sie dem Tag seinen Rhythmus geben.

Wenn auch die Klausur und die Einsamkeit weniger aufreibend sind, stellen sie auf lange Sicht eine echte Herausforderung dar. Dazu kommt das Fasten, diese alte christliche Tradition, die heutzutage, falls überhaupt, dann höchstens noch als Schlankheitskur durchgeführt wird. In Kartäuserklöstern behalten Fasten- und Adventszeit auch weiterhin ihren Bußcharakter. Jeder Freitag ist außerdem ein Abstinenztag im strengen Sinne, d.h., daß man sich normalerweise mit Brot und Wasser begnügt; falls man möchte, kann man auch Salz hinzunehmen. Eine kluge Anpassung an die physische Konstitution des modernen Menschen, den man wohl als weniger widerstandsfähig einstufen muß als den des Mittelalters, hat die altertümliche Strenge gemildert und dennoch das Bemühen um Askese grundsätzlich fortbestehen lassen. Der Novize gewöhnt sich Schritt für Schritt an diese strengen Anforderungen, ja er erfüllt sie mit der Zeit sogar ohne noch sonderlich an sie zu denken und macht gerade aus dem, was seiner Natur am meisten abverlangt, ein Mittel, die Liebe zu entflammen.

Die Askese des äußeren Menschen wäre noch zu wenig ohne die des inneren, d. h.

diese bewußte und großzügige Einübung der Tugenden, im besonderen der aktiven
Nächstenliebe gegenüber den Mitbrüdern. Von da nehmen Unkompliziertheit und Freude
ihren Ursprung und von da strahlen sie aus. All dies nun führt zur 'Reinheit des Herzens', der
Verwirklichung echter menschlicher Ausgeglichenheit, die auf das Wesentliche konzentriert
und befreit ist von einer allzu großen Sorge um das eigene Ich. Der treue und hochherzige
Kartäuser gelangt zu einem geistlichen Leben, dessen Schwungkraft weder von der
Sensibilität abgetrennt ist noch andererseits einfach reine Gefühlssache wäre. Sie besteht
vielmehr aus einem Elan, der aus den Tiefen der Seele stammt. Die Statuten präzisieren
(13,1): *"Um dorthin zu gelangen, ist großer Verzicht erforderlich."*

Genau nach dieser Reinheit des Herzens nun, wo man nicht mehr an sich selber denkt,
muß der Mönch streben, weil sie die Tür zur Kontemplation und zum Wachsen in der Liebe
ist. Indem er beständig und ein Leben lang seine Gedanken, Taten, seine Sehnsucht nach Gott
und das Bemühen um Askese miteinander verbindet, versucht er der Mensch zu werden, *„der
sich selbst gewonnen hat"* (Paul VI.), an dem die Früchte des Heiligen Geistes sichtbar
werden.

Weit davon entfernt, ihn auf seine eigenen Grenzen festzulegen, **bringt die asketische
Lebensweise den Kartäuser mit dem Heilswerk Christi in Verbindung**. Sie hat auch die
wichtige Rolle der Wiedergutmachung in der Kirche: *"Durch die Buße nehmen wir am
erlösenden Tun Christi teil. Er hat die Menschen, die von der Sünde gefesselt und
niedergedrückt waren, vor allem durch sein Gebet zum Vater und seine Selbsthingabe gerettet.
Indem wir wirklich versuchen, uns mit diesem tiefsten Aspekt der Erlösung zu vereinen, und
trotz unseres Verzichts auf sichtbare Aktivitäten, leisten wir ein hervorragendes Apostolat."*
(Stat., 34,4).

ENTSPANNUNG

In einem so ausgefüllten Leben wäre eine zu große geistige Anspannung gefährlich.
Die Regel hat indessen hier vorgesorgt, indem sie in ausreichendem Maße Zeiten der
Entspannung mit einplante; schon jeder Tag enthält eine freie Zeit. Sonntags treffen sich die
Patres am frühen Nachmittag zur gemeinsamen Rekreation. Montag nachmittags gehen sie
aus zu einem langen Spaziergang, 'spatiamentum' genannt, der sie in den Wald und die
umliegende Hügellandschaft der Provence führt. Außerdem ist das ein gesundes
Körpertraining und eine Möglichkeit zu brüderlichem Austausch. Einmal im Monat nehmen
die Fratres an einer der Rekreationen sowie an einem der Spaziergänge teil. Da sie täglich mit
Außenarbeiten beschäftigt sind, was für sie schon einen Faktor von körperlichem Einsatz und
gleichzeitig geistiger Entspannung darstellt, schätzen sie es, den Sonntag auszunützen, um in
der Zelle zu bleiben. Sie spüren nicht dasselbe Bedürfnis nach Ausgang wie die
Zellenmönche, deren Lebensraum doch recht beschränkt ist.

*"Wenn die Strenge der Disziplin und die geistlichen Übungen ihn zu belasten
beginnen, findet der Mönch durch den Reiz abgelegener Winkel und in der landschaftlichen
Schönheit oftmals Erholung und neue Kraft."* (Stat., 25,10). Aber Entspannung will nicht
heißen Zerstreuung der Seele oder die Befriedigung allzu weltlicher und unfruchtbarer
Neugier: Die isolierte Lage Montrieux' gestattet leicht Spaziergänge ohne Begegnungen.

Auf diese Weise organisiert, führt das 'propositum' der Kartäuser, also ihr
'Lebensprojekt', könnte man sagen, zu einer gewissen Ausgeglichenheit des Daseins, über die
man sich nicht ungestraft hinwegsetzen kann, einer Ausgeglichenheit zwischen
Gebet, Studium, Arbeit und Entspannung. Jedes unkluge Vorgehen kann in diesem Belang
weitreichende Konsequenzen für das geistliche Vorankommen und sogar für die physische
und psychische Gesundheit haben.

"GETRENNT VON ALLEN; UND DOCH VEREINT MIT ALLEN" DIE KARTÄUSER IN KIRCHE UND WELT

Die Kartäuser ziehen sich also vom geschäftigen Treiben der Welt und sogar von den äußeren Aktivitäten der Kirche zurück. Kann man eine solche Wahl rechtfertigen - vor allem heutzutage, wo soviel Bedarf an spirituellem Beistand besteht?

Der winzige, geistlich gesehen aber wichtige Platz, den der Kartäuserorden in der Kirche einnimmt, ist so oft selbst von ihren höchsten Autoritäten unterstrichen worden, daß wir nicht besser auf diese Frage antworten können als dadurch, daß wir einige neuere Texte zitieren, die so eindeutig sind, wie man es nur wünschen kann.

Die Bulle "Umbratilem" Papst Pius' XI. ist dabei gewissermaßen die Charta unseres kontemplativen Lebens: *"Diejenigen, die sich mit unermüdlichem Eifer dem Gebet und der Buße widmen, tragen mehr noch als die, die durch ihre Arbeit den Acker des Herrn bestellen, zum Vorankommen der Kirche und zum Heil der Menschen bei."*

Im Dekret "Perfectae Caritatis" des II. Vat. Konzils über die zeitgemäße Erneuerung des Ordenslebens lesen wir: „*Diejenigen religiösen Institute, die für Gott allein da sind, nehmen im mystischen Leib Christi immer eine hervorragende Stelle ein, mag die Notwendigkeit zum tätigen Apostolat auch noch so sehr drängen."* (Kap.7). **Das beschauliche Leben gehört zur Vollgestalt der Kirche**.

Paul VI.: *"Die Kontemplation und das unablässige Gebet müssen als die primären weil ursprünglichen Dienste angesehen werden, die ausgeübt werden zum Nutzen des ganzen Weltalls."*

Von Johannes Paul II. stammt das Folgende: "Die Kontemplativen bringen Gott ein vorzügliches Lobopfer dar, ehren das ganze Volk Gottes durch die vielfältigen Früchte der Heiligkeit, spornen es an durch ihr Beispiel und bewirken so sein Wachstum durch apostolische Fruchtbarkeit (...) Das kontemplative und mystische Erbe der Kirche ist außergewöhnlich groß und tiefgründig, deswegen ist es notwendig, daß die Klöster es kennenlernen, pflegen und andere darin unterweisen."

Diese Unterweisung ist gut von den Statuten beschrieben, in deren 34. Kapitel zu lesen ist: *"Mit der Entscheidung für das verborgene Leben verlassen wir die Menschheitsfamilie ja nicht. Indem wir nur für Gott da sind, erfüllen wir vielmehr eine Aufgabe in der Kirche, in welcher das Sichtbare auf das Unsichtbare, die Aktivität auf die Kontemplation hingeordnet sind (...) Die Bindung an Gott, wenn sie echt ist, verschließt uns nicht in uns selbst, sondern öffnet unseren Geist und macht unser Herz weit, bis er das ganze Weltall und das Geheimnis der Erlösung durch Christus umfaßt. Getrennt von allen, sind wir dennoch eins mit allen. Dadurch können wir stellvertretend für alle vor dem lebendigen Gott einstehen."* (Stat., 34,1-2).

"WIR HABEN DIE WELT FÜR IMMER VERLASSEN" DIE BERUFUNG ZUM KARTÄUSER: IHRE FUNDAMENTE, IHRE ANFORDERUNGEN

Nach dieser ersten Einleitung zum kartusianischen 'propositum' kann es scheinen, daß dieses Leben, so weit entfernt von den üblichen Gewohnheiten und so wenig modern in seinem gemächlichen Ablauf, schwierig und unzugänglich ist. Das ist aber nicht der Fall. Sicherlich wird es immer ein wenig außergewöhnlich bleiben, vor allem wegen der ihm eigenen Einsamkeit. In ihrer ganzen Geschichte waren die Kartäuser niemals so zahlreich wie die anderen Orden zur selben Zeit. Aber das widerspricht nicht der anderen Tatsache, daß das **Leben des Kartausers** durch seine Eigenschaften der Einfachheit und der Offenheit für **denjenigen, der der Berufung auf großherzige Weise antwortet, ideale Entfaltungsmöglichkeiten bietet**. Dazu kommt: Wer 'Berufung' sagt, meint damit einen 'Anruf' Gottes, der den, der ihn in seiner Seele vernimmt, gewiß zu dem Ort führt, wo die Lebensweise die Realisierung dessen ist, was Gott ihn hat ersehnen lassen.

In der oben schon zitierten Passage des Prologs der Statuten ist das übrigens zum Ausdruck gebracht: *"Zum Lobe der Herrlichkeit Gottes (...) haben wir die Welt für immer verlassen, um ohne Unterlaß in der Gegenwart der göttlichen Majestät zu sein."*

Wie kann man **eine solche Berufung erkennen**? Es ist eher selten, daß sie sich unvermittelt offenbart - wenngleich man sich auch schlagartig darüber im klaren sein, kann. Sie beinhaltet meistens eine mehr oder weniger lange Reifezeit, die in einem Gefühl des Angezogenseins, das anfänglich oft sehr vage ist, von einer quasi angeborenen Sympathie für einen solchen Lebensstil ihren Ausgang nimmt. Lebensumstände, Begegnungen, Nachdenken und Gebet verstärken diese Anziehungskraft, die sich letztlich bestimmen lassen muß durch das, 'was an unserem Leben das Beste ist': die Ruhe des Herzens, die Einsamkeit, die Stille und das brennende Verlangen nach dem Göttlichen.

Zu einem gegebenen Zeitpunkt muß sich diese Bestimmung zeigen, die auf einer klaren Entscheidung und einem festen Willen beruht. Sie sollte auch, möglicherweise viele Jahre später erst, jeder Versuchung von Unbeständigkeit und Entmutigung widerstehen können. *"Der Mönch übereignet sich Gott nur dann als vollkommene Gabe, wenn er seinem Vorhaben während seines ganzen Lebens treu bleibt. Durch die Profeßgelübde wird er zum Mitglied der Kommunität als der Familie, die Gott ihm gibt; er soll sich dort mit Leib und Seele und auf Dauer niederlassen."* (Stat., 30,1).

Es genügt nicht, dieses Angezogensein nur zu verspüren, mag es auch noch so überzeugend sein oder scheinen. Die Statuten machen ehrlicherweise das Zugeständnis: *"Um wirklich und nicht nur dem Namen nach Kartäuser zu werden, reicht die Willenskraft allein nicht aus; es braucht auch gewisse Begabungen, an denen man eine Berufung durch Gott erkennen kann."* (Ebd., 9,3) : Liebe zur Einsamkeit, Gebets- und Glaubensgeist - letzterer ist die vorrangige Tugend um nicht durch die Schwierigkeiten des Anfangs des monastischen Lebens ins Stolpern zu geraten. Zudem braucht es aber auch noch eine gute Gesundheit, menschliche Ausgeglichenheit und eine ausreichende emotionale Reife, um die Schwere der zu fällenden Entscheidung abwägen zu können. Schließlich sollte man jung genug sein, um sich an ein völlig neues Leben gewöhnen und sich prägen lassen zu können durch die Ausbildung, die erteilt wird. Viele Hindernisse können beseitigt und viele Enttäuschungen vermieden werden, wenn der junge Mönch nach Öffnung des Herzens den Oberen gegenüber bestrebt ist und von Anfang an versucht, sein Ideal in Anpassungsfähigkeit, Einfachheit und Optimismus zu leben sowie im Geist heiligen Eifers.

In der Praxis ist es nicht so einfach, von fern die wahre Natur seiner Neigungen und noch weniger seine eigenen Fähigkeiten zu beurteilen. Deswegen sind in einer Kartause einige Exerzitien von kürzerer oder längerer Dauer in der Regel sehr nützlich, um den Ruf Gottes zu erkennen. Im übrigen kommt es dem Oberen und der Kommunität, die den Kandidaten aufnimmt, zu, diesbezüglich eine endgültige Entscheidung zu treffen.

"Leicht ist der Weg, der zu Gott führt, weil man, um auf ihm voranzukommen, sich nicht besondern entlasten muß (...) Die Seele des Mönches wird dann sein wie ein ruhiger See, dessen Quellen dem reinsten Grund des Geistes entspringen, und der wie ein ungetrübter Spiegel nur noch Christi Bild zurückstrahlt." (Stat., 33,7.13,15).

GOTT SUCHEN IN SEINEM INNERN

"Gott selbst intensiver suchen im eigenen Innern, Ihn rascher finden und auf vollkommenere Weise besitzen (...) *Unser Hauptanliegen und unsere Berufung bestehen darin, die Stille und Einsamkeit der Zelle zu wahren (...) Jener, der sich durch dieses Leben formen läßt, versucht aus seiner ganzen Existenz ein kontinuierliches Gebet zu machen."* (Stat., 1,4; 4,1; 3,2).

Sei es in der Meditation oder beim Studium, bei der Arbeit oder bei einer anderen Gelegenheit, selbst noch bei den gewöhnlichsten Beschäftigungen ist es das **Ideal des Kartäusers, ohne Unterlaß vor dem Angesicht Gottes zu verweilen**: So auch ein altes östliches Ideal der ersten Eremiten: *"Haltet euch beständig vor Seinem Antlitz auf, indem ihr an Ihn denkt und euch in eurem Herzen an Ihn erinnert (...) Bei den Menschen wird ein regelmäßiges Zusammensein durch die körperliche Anwesenheit bedingt. Das beständige Zusammensein mit Gott besteht aus einer Meditation der Seele und der Hingabe im Gebet."* (Isaak von Ninive).

Ein Ideal, das vollständig von der kartusianischen Tradition übernommen wurde: *"Die prinzipielle Bemühung eines Kartäusers ist es, eine möglichst beständige Verbindung mit Gott aufrechtzuerhalten, dergestalt, daß der Gedanke an Gott fest dem Herzen eingeprägt ist, so daß er ihn bei keiner Beschäftigung, an keinem Ort, zu keiner Zeit vergißt, sondern daß sein Geist immer auf Ihn ausgerichtet bleibt."* (Dionysius der Kartäuser).

Monotonie? Nicht einen Augenblick! *"Welchen Nutzen, welche göttliche Freude die Einsamkeit und Stille der Wüste denen bereitet, die sie lieben, wissen nur die, die sie erfahren haben (...) Hier verleiht Gott seinen Streitern den ersehnten Lohn für die Mühen des Kampfes, einen Frieden, den die Welt nicht kennt,und die Freude im Heiligen Geist."*(Stat., 6,16). So jubilierte der heilige Bruno am Ende seines Lebens - seit neun Jahrhunderten haben die Kartäuser nicht aufgehört, derselben Meinung zu sein.

NB: Im Rahmen der Übersetzung wurden einige kleine Aktualisierungen des Originals vorgenommen. Dessen Autor hat die vorliegende Übertragung ganz durchgesehen und ist damit einverstanden.

Chartreuse de Montrieux, in der Fastenzeit 1994.

Gelobt sei Jesus Christus!

AGGSBACH DORF - IN DER WACHAU UND IM DUNKELSTEINERWALD

GERHARD FLOSSMANN

Einordnung und Lage

Aggsbach Dorf, in dem sich die ehemalige Kartause "Zur Pforte unserer lieben Frau" befindet, liegt am rechten Donauufer und im Dunkelsteinerwald. Es darf nicht mit dem gegenüber, auf dem linken Donauufer liegenden Ort Aggsbach Markt verwechselt werden. Zur genaueren amtlichen Lokalisierung: Aggsbach Dorf ist eine Katastralgemeinde der Marktgemeinde Schönbühel-Aggsbach im politischen Bezirk Melk des Landes Niederösterreich.

Die Siedlung befindet sich in der letzten Weitung des Aggsbaches, knapp vor der Einmündung in die Donau, und an der Donaulände, die durch die nahe an den Fluß herantretenden Steilhänge wenig Platz für eine dichte Bebauung bietet. Die Kartause wiederum liegt an der Einmündung eines Seitentales des Aggsbaches, im sogenannten Wolfsteingraben.

Der Dunkelsteinerwald ist vom geologischen Aufbau, von den klimatischen Verhältnissen und auch vom Aussehen her eine natürliche Einheit. Die Donau hat sich im malerischen Tal der Wachau in das kristalline "Urgestein" der Böhmischen Masse des Waldviertels eingeschnitten und den Dunkelsteinerwald richtiggehend abgetrennt. Der Höhenrücken reicht vom Donaudurchbruch nach Osten und Süden bis etwa zu einer Linie Krems, Göttweig, Statzendorf, Hafnerbach, Loosdorf und Melk.[1]

Bis in das 18. Jahrhundert war für das westliche Gebiet des heutigen Dunkelsteinerwaldes der Name Aggswald üblich. Geographen und Geologen führten im vorigen Jahrhundert die jetzige Bezeichnung nach einem aus sehr dunklem Amphibolit-Gestein gebildeten Bergrücken bei Hohenegg für die gesamte geologische und natürliche Einheit auf den Karten und damit auch amtlicherseits ein.[2]

Die zur Donau und zum Alpenvorland hin entwässernden, größeren und kleineren Bäche haben sich tief in die Hochfläche eingeschnitten. Die Hochfläche, die von diesen malerischen Engtälern erreicht wird, ist typisch für die "Waldviertler" Erscheinungsform. Das etwas rauhere Klima auf den Anhöhen und die auf Grund des Gesteinsuntergrunds etwas ungünstigeren Bodenverhältnisse ließen eine eigentümliche, aber besonders reizvolle Wald-Wiesen-Ackerlandschaft mit einem sehr hohen Forstanteil entstehen.

Wie schon aus dem Titel dieses Beitrags ersichtlich, orientiert sich der Einzugsbereich des Ortes nach der Donau und nach den Tälern des Aggsbaches und des Wolfsteinbaches. Der für die frühere, mittlere und neuere Geschichte zugehörige Rechts- und Herrschaftsbereich hatte seine Zentren in der ehemaligen Feste Wolfstein, in der Kartause Aggsbach und in den Pfarrzentren Aggsbach Markt und Spitz jenseits der Donau sowie in der Pfarre Gansbach, in der jüngeren Neuzeit im Kloster Göttweig. Von geringerer Bedeutung waren die Einflußzentren Schönbühel, Aggstein und die Pfarre Gerolding.

1850 entstand die Ortsgemeinde Aggsbach mit den Katastralgemeinden Aggsbach, Aggstein, Gschwendt, Siedlgraben und Wolfsteingraben mit knapp unter 600 Einwohnern (1869 598 Einwohner). Sie gehörte zum Gerichtsbezirk Melk und der Bezirks-hauptmannschaft St. Pölten. Nachdem 1896 die Bezirkshauptmannschaft Melk errichtet worden war, wurde der Melker Gerichtsbezirk mit seinen Gemeinden dieser zugeordnet. Im Zuge der Reorganisation der Gemeindeordnung und der Zusammenlegung von

---

[1] FLOSSMANN 1994, 15.
[2] Histor. Stätten 186; HÄUSLER 1978, 13.

Kleingemeinden aus finanziellen und raumplanerischen Erwägungen verband sich 1969 Aggsbach Dorf mit Schönbühel zur Gemeinde Schönbühel-Aggsbach.[3]

Vor- und Frühgeschichte

Die Talöffnung zur Donau und umgekehrt der Aufstieg zu den Anhöhen des Dunkelsteinerwaldes hat mit Sicherheit eine sehr frühe Besiedlung dieses Gebietes zur Folge gehabt. Einige Spuren und Überreste lassen dies nicht nur vermuten: Hinweise gibt es auf eine altsteinzeitliche Station, weiters eine im Schotter, westlich vom Ort im Jahre 1954 gefundene Lochaxt, die aber auch eingeschwemmt worden sein kann. Eindeutig verweisen jedoch Funde auf eine bronzezeitliche Besiedlung (im 2. Jahrtausend v. Chr.) auf dem Luftberg, der durch seine strategisch günstige Lage mit einer anschließenden breiten Verebnung für die ackerbauliche Nutzung zu einer dauerhaften Besiedlung einlud.[4]

Dem Luftberg gegenüber liegt, direkt über der Schiffstation von Aggsbach Dorf, auf einem schmalen Felsgrat eine durch Wallstufen gesicherte Anlage, die mit Hilfe der zahlreichen Keramikfunde auf die ausgehende Jungsteinzeit (um 2000 v. Chr.) und die La Tène-Zeit (400 - 15 v. Chr.) zu datieren ist. Sie dürfte im Hoch- und Spätmittelalter wiederbesiedelt worden sein.[5]

Ebenso gesichert ist die Besiedlung während der Römerzeit. Die Donau bildete die Nordgrenze des römischen Reiches, die jedoch in der Wachau nicht von einer durchgehenden Straße begleitet war. Die steilen Felsabstürze vom Plateau des Dunkelsteinerwaldes zum Donautal verhinderten die Anlage von beständigen Verkehrswegen, die durch die jährlich auftretenden Hochwässer stets gefährdet waren. Die heutige, durchgehende Straße entstand in der ersten Hälfte des vorigen Jahrhunderts. Militärisch gefährdet waren nur jene Stellen auf der rechten Donauseite, an denen die Strömung vom Gegenufer herüberstrich und wo eine ebene Fläche zum Anlanden vorhanden war. Dies war der Fall in Aggsbach Dorf, in Arnsdorf und unterhalb von Rossatz. An den beiden letzteren Orten wurden Wachtürme, sogenannte Burgi, festgestellt, in Bacharnsdorf sogar noch als bestehender Hochbau. Die Zufahrt erfolgte durch die nach Osten und Süden aufsteigenden Seitentäler der Donau, von einer quer durch den Dunkelsteinerwald und einer am Außenrand von Mautern nach Melk bzw. zur übergeordneten Militärstraße führenden Etappenstraße, deren Verlauf streckenweise noch gut zu verfolgen ist.[6]

Überraschenderweise ist in Aggsbach Dorf ein reicher "Schatz" an Hinweisen auf die Römer übriggeblieben. 1804 wurden aus einer Schottergrube 439 römische Silbermünzen und 1857 wieder 96 Münzen aus der Mitte des zweiten bis zur ersten Hälfte des 3. Jahrhunderts nach Christus, 1875 aus derselben Grube eine Urne und 1981 aus der Donau ein Sesterz aus der Zeit des Kaisers Commodus (180-192 n. Chr.) geborgen. 1936 legte man in Aggstein beim Feuerwehrdepot drei Körpergräber aus dem zweiten nachchristlichen Jahrhundert frei. Wo der Wachturm, der Burgus lag, ist leider nicht mehr festzustellen. Vermutlich stand er im Bereich der Mündung des Aggsbaches in die Donau und wurde bei einer der zahlreichen Überschwemmungen weggerissen. Als bei der sogenannten Blashauskapelle - etwa in der Mitte des Wegstückes nach Schönbühel - 1990 Erneuerungsarbeiten durchgeführt wurden, kamen bei den Erdarbeiten einige römische Scherben und Ziegel zum Vorschein. Es waren deutlich die Mauerreste von zwei Steinbauten zu erkennen, die jedoch nicht weiter untersucht wurden. Möglicherweise war hier der römische Burgus gestanden.[7]

---

[3] HARRER 1990, 468, 474.

[4] FELGENHAUER 1951, 157 ff.; FÖ 6 (1967) 9; FÖ 29 (1990) 193; FÖ 31 (1992) 423.

[5] SCHWAMMENHÖFER (o.J.), 5; PÖCHHACKER 1986/90 unter Aggsbach; MELZER 1990, 129, 136, 147 FLOSSMANN 1994, 256 f.

[6] SCHWEICKHART 1837, 125; JOPPICH 1967; JOPPICH 1969, 88 ff.; HÄUSLER 1978, 25 ff.

[7] STIEGLITZ 1973, 49; ROSSMANN 1976, 40 f.; HÄUSLER 1978, 26; MELZER 1990, 150; FÖ 30 (1991) 279. Zur Blashauskapelle siehe unter der mittelalterlichen Geschichte des Ortes.

Die ersten Nennungen

Nach den Awarenfeldzügen fand in der ersten Hälfte des 9. Jahrhunderts eine Neuorganisation der rechtlichen und besitzmäßigen Verhältnisse im Osten des Karolingischen Reiches statt. Das Interesse der weltlichen und geistlichen Grundherrschaften in Bayern und Franken fiel dabei auf den niederösterreichischen Donauraum, der für sie einerseits aus machtpolitischen und militärisch-strategischen Gründen, aber auch als klimatisch begünstigtes Weinbaugebiet von Bedeutung erschien. Offenbar hatte sich die Tradition des Weinbaus über die Zeit des Niedergangs der vorangegangenen Jahrhunderte herübergerettet. Es waren durchaus geistliche Institutionen, die in der Wachau Besitz erhielten: das Erzbistum Salzburg, die Bistümer Passau und Freising sowie die Königsstiftungen Herrieden, Niederaltaich, Tegernsee, Metten und später noch Kremsmünster. Sie wurden teils mit weiten Gebieten beschenkt, die mehr oder weniger genaue Grenzziehungen erfuhren.[8]

Am 6. Oktober 830 bestätigte König Ludwig der Deutsche in Regensburg dem Kloster Niederaltaich auf die Bitten des Abtes seinen Besitz *Uuahauua* und bei *Accusabah* beiderseits der Donau. Schon 811 war dem Kloster ein Besitz von 40 Königshuben im Bereich der nahegelegenen Pielachmündung bestätigt worden. Es war also im Raum der heutigen Wachau bereits präsent.[9]

Die für Aggsbach Dorf wichtige Quellenstelle lautet in der Urkunde folgendermaßen: *...nec non et alium locum nuncupantem Accusabah iuxta ripam Danubii cuius mensura est in longitudine miliarium unum et similiter in latitudine, nec non et campum unum, qui continet mansum unum, quem interiacet causa Frisingensis ecclesiae. Has itaque res cum mancipiis, domibus, aedificiis, vineis, terris silvis pratis, pascuis, aquis aquarumve decursibus... dominationem raedictae ecclesiae perpetualiter ad habendum conferimus, ...*[10] Es handelt sich um einen Besitz, der auf der linken Donauseite vom Tal des Mißlingbaches - östlich von Spitz bis Aggsbach Markt und bis zu den Anhöhen des Jauerlings reichte, und auf dem rechten Flußufer um einen "weiteren Ort am Ufer der Donau, der Aggsbach genannt wird, im Ausmaß von einer Quadratmeile, zusammen mit einem Feld, darauf ein Gut, das durch einen Besitz der Freisinger Kirche geteilt wird". Das überantwortete Gebiet war schon von Karl dem Großen dem Kloster übergeben und von diesem offenbar bereits besiedelt und kolonisiert worden, weil die darauf befindlichen "Güter, Häuser, Gebäude, Weingärten, Ländereien, Wälder, Wiesen, Weiden, Bäche und Talschaften" eigens als Schenkungsgut und Eigentum des Klosters genannt werden. Wie spätere Wirtschaftsaufzeichnungen des Klosters eindeutig beweisen, bezog sich dieser Besitz auch auf das rechte, östliche Donauufer. Welches Aggsbach - ob Markt oder Dorf - dem anderen den Namen gab, ist jedoch nicht mehr feststellbar. Vieles spricht jedoch für die ursprüngliche Bezeichnung des Aggsbaches im Aggswald, die später auf den Ort Aggsbach Markt am nördlichen Donauufer übertragen wurde·[11]

Der Name leitet sich vom Althochdeutschen *ackus*, die Axt, ab. Etymologisch bedeutet der ursprüngliche Gewässername daher "der Bach, der durch ein Gebiet fließt, das mit der Axt geschlägert wurde".[12] Auch dies verweist auf die ältere Bezeichnung des Aggsbaches im Aggswald auf der linken Donauseite.

Die Oberhoheit der Ungarn über das Donaugebiet in der ersten Hälfte des 10. Jahrhunderts dürfte keine nachhaltige Wirkung auf die Besitzverhältnisse in diesem Raum gehabt haben. Jedenfalls scheinen fast dieselben Besitzer in der Wachau nach 955 ungeschmälert in ihrem Eigentum wieder auf. Vermutlich waren während der Jahrzehnte der fremden Herrschaft die Kontakte zu den Ländereien im Ostland nicht abgerissen. Die Klöster

---

[8] WOLFRAM 1980, 15 ff.; WINTER 1989, 158.
[9] ROSSMANN 1976, 47; WINTER 1989, 160.
[10] Mon.Germ. Hist. Dipl. Karol. 1, Nr. 2; Mon. Boica 31a, Nr. 2, 58 f; ROSSMANN 1976, 49; LECHNER (1982/83), 71 f. Zur Urkunde selbst vgl. LECHNER 1982/83, 71, Anm. 10.
[11] LECHNER 1982/83, 79; Histor. Stätten 187, 594; HONB 1, 6, A26.
[12] HONB 1, 7, A27; SCHUSTER 1989/94, 144, A 26.

und geistlichen Herrschaften hatten in ihrem unmittelbaren Einflußbereich und in ihrer Stellung zum Kirchenherrn in dieser Zeit jedoch meist tiefgreifende Änderungen hinnehmen müssen. Sie wurden teils säkularisiert oder zu bischöflichen Eigenklöstern "degradiert", ihre auswärtigen Besitzungen kamen damit in die Verfügungsgewalt anderer, neuer Herren. Dabei ist im Verlauf des Hochmittelalters zu verfolgen, daß auf den nunmehr festgefügten Herrschaften - die neu hinzugekommenen geistlichen Besitzer konnten keine eigenen Herrschaftsbereiche mehr aufbauen -, der Ausbau der obrigkeitlichen Strukturen durch Weltliche erfolgte: Adelsgeschlechter, von Landesfürsten über hochfreie Familien bis zu Ministerialen, errichteten nun mit ihren ritterlichen Gefolgsleuten auf kleineren und größeren Burgen und Festungsanlagen weltliche Herrschaftsbereiche. Zur "Machtübernahme" in den geistlichen Besitzungen dürfte dabei der Vogtei über die Bistümer und Klöster eine wesentliche Rolle zugekommen sein. Die Inhaber der Vogteien übten ihre Rechte natürlich auch über die Außenbesitzungen der ihnen anvertrauten geistlichen Institutionen aus und nutzten dies zur Festigung ihrer Stellung in diesen Bereichen.[13]

Das dem Kloster Niederaltaich von Karl dem Großen geschenkte und von Ludwig dem Deutschen 830 bestätigte Besitztum in der Wachau und in Aggsbach erscheint im Hochmittelalter nur mehr teilweise in Eigenbesitz des Klosters, obwohl der letztliche Besitzanspruch weiterhin bestehen geblieben war. Der größere Teil der genannten Güter war unter den direkten Einfluß weltlicher Herren gekommen. Die Neuformierung der Besitzrechte war vermutlich nicht gewaltsam vor sich gegangen, sondern dürfte mit den veränderten rechtlichen Verhältnissen des Klosters selbst zu sehen sein. Niederaltaich war nämlich 1152 von Kaiser Friedrich I. dem Hochstift Bamberg als Eigenkloster unterstellt worden, wodurch die Vogteirechte an dieses übergingen. Vögte blieben aber weiterhin hochfreie Grafengeschlechter und durch Erbgang ab etwa der Mitte des 13. Jahrhunderts die Herzöge von Bayern. Sie dürften sich ihren Einfluß durch die Übertragung der Lehenschaft über die Güter in der Wachau abgesichert haben und sie an das damals vermögendste und mächtigste Geschlecht in der Wachau, an die Kuenringer, weitergegeben haben. Daran war das Kloster selbst interessiert, weil es durch die Bestellung der hier sitzenden Schutzherrn mehr Sicherheit und eine bessere Betreuung erwarten konnte. Der Wachauer und Aggsbacher Besitz war also vermutlich vom Kloster an die Vögte verliehen und von diesen als Afterlehen weitergegeben worden. Damit erklärt sich die überraschende Situation, daß ein "ausländischer" Fürst Herrschaftsansprüche innerhalb des österreichischen Herzogtums stellen konnte. Diese Herrschaftsansprüche wurden zunächst für sehr tiefgreifend angesehen, man hielt den bayerischen Besitz im Aggswald für eine eigene exterritoriale Grafschaft. Heute weiß man, daß die bayerischen Fürsten zwar versuchten, ihren Einfluß in dieser Richtung auszuweiten, aber über die Stellung eines normalen Lehensbesitzers im Lande nicht hinauskamen. Die eigentlichen "Machthaber" auf dem geistlichen Besitz im Aggswald wurden aber die österreichischen Afterlehner.[14]

Wie der Übergang vom reinen Kirchenbesitz auf die weltliche Herrschaftsausgestaltung im Niederaltaicher Besitz tatsächlich vor sich gegangen war, ist nicht mehr genau nachzuvollziehen. Jedenfalls werden von den Forschern hochfreie Familien genannt, die als Hauptvögte zu Lehensträgern wurden und diese Rechte weitervererbten: Dazu werden gezählt: die Grafen von Ebersberg, die 1045 ausstarben, die Grafen von Formbach als deren Erben, ausgestorben 1158, und die sicher bezeugten Grafen von Bogen, die 1242 ausstarben. Sie wurden von den bayerischen Herzögen als Verwandte beerbt. Für den Niederaltaicher Besitz auf der rechten Donauseite tauchte als Lehensträger auch eine hochfreie Familie von Aggsbach auf, weiters eine Familie von Aggswald-Gansbach, die

---

[13] LECHNER 1982/83, 74; WINTER 1989, 160 f.
[14] LECHNER 1982/83, 74 f., 88 ff., 94, 98; WINTER 1989, 163 f.; Histor. Stätten 186; WELTIN 1976, 290, 313 f.

wiederum mit dem reich begüterten Geschlecht der Formbacher verwandt gewesen sein könnte, und die um Wolfstein-Gansbach im Aggswald einen eigenen Herrschaftsbereich besessen oder aufgebaut hatte. Dieser dürfte mit dem Niederaltaicher Besitzkomplex in irgend einer Form einen Zusammenhang gehabt oder eine Einheit gebildet haben.[15] In diesem Herrschaftskomplex Aggsbach-Wolfstein-Gansbach überwog der Vogtei- und Lehensanspruch über die Altaicher Besitzungen, weil anders die Nachfolge der bayerischen Herzöge - und in der weiteren Folge die der Kuenringer -, in dicsen Aggswaldgütern nicht gefolgert werden könnte.

Die Vogtei umfaßte im wesentlichen die Ausübung der Gerichtsbarkeit und auch eine entsprechende Schutzfunktion: Die hohe Gerichtsbarkeit des Landgerichtes Spitz reichte über die Donau bis in den Aggswald herüber. Sie wurde von den bayerischen Herzögen an die Kuenringer weiterverliehen. Dieses Landgericht darf nicht mit dem Landgerichtsbezirk zwischen dem Tullnerfeld und der Erlauf verwechselt werden, das durch eine Verpfändung an die Erben der Kuenringer, an die Maissauer, gekommen, zwischen 1357 und 1430 von Wolfstein aus verwaltet und daher Wolfsteiner Landgericht genannt worden war. Nach der Entmachtung der Maissauer um 1430 war die Verwaltung dieses landesfürstlichen Landgerichts nach Markersdorf verlegt worden. Erst im Jahre 1487 war der Landgerichtsbezirk für die Herrschaft Wolfstein von Kaiser Friedrich III. an Wolfgang Mühlwanger von Wolfstein verliehen worden und später sogar wieder nach Markersdorf an die landesfürstliche Landgerichtsschranne zurückgefallen. 1623 kaufte der Erzbischof von Salzburg das Landgericht südlich der Donau, das bis dahin zur Herrschaft Spitz gehört hatte. Das hohe Gericht über die Orte Aggstein und Aggsbach mit insgesamt 14 Häusern wurde ab diesem Zeitpunkt vom salzburgischen Verwaltungszentrum in der Wachau, von Arnsdorf, aus ausgeübt.[16]

Die aus der Vogtei abgeleitete Schutzfunktion wurde von den hohen Adeligen durch den Bau von Burgen und Befestigungsanlagen vollzogen und dokumentiert. Diese Herrschaftszentren - zur Verteidigung und Verwaltung errichtet - waren im Aggsbach-Aggswaldgebiet in Aggsbach Dorf selbst, in Aggstein, durch die Feste Wolfstein und wahrscheinlich durch eínen Ansitz in Gansbach gegeben.

Im 12. Jahrhundert nannte sich ein Geschlecht nach Aggsbach. Zwischen 1115 und 1136 erscheint mehrmals ein Manegold von Aggsbach und 1182/94 ein *Liupoldus de Akispach* mit seinem Sohn. Diese ursprünglich in Donauwörth ansässige Familie war hochfrei und dürfte später in den abhängigen Ministerialenstand abgesunken sein, denn Mitglieder der Manegoldfamilie erscheinen ab 1180 bis in das 13. Jahrhundert als Lehensträger der Bischöfe von Passau auf der Feste Schönbühel. Die hochfreien Manegolde waren möglicherweise mit den schon genannten hochfreien Familien verwandt oder verschwägert, die sich in der Vogtei über das Kloster Niederaltaich beerbten. Über sie oder eine Nachfolgefamilie kam die Lehenschaft und die Vogtei möglicherweise an die Familie von Aggswald-Gansbach und von diesen schließlich an die Herzöge von Bayern.[17]

Wie schon festgehalten, war eine bereits in urgeschichtlicher Zeit, westlich der Einmündung des Aggsbaches auf dem schmalen Grat zur Donau, befestigte Anlage, die vermutlich im Hochmittelalter wiederbefestigt worden war. Eine Mauer entlang des Felskammes umschloß einen Hof, in dem die Fundamente zweier Gebäude festgestellt werden konnten. Die dabei aufgesammelten Keramikstücke konnten in die Zeit vom 14. bis in das 16. Jahrhundert datiert werden. Ob diese Feste mit dem im Jahre 1396 genannten "Haus zu Akspach" identisch ist, läßt sich nicht festlegen. Ansitze mit der Bezeichnung "-bach" sollten eigentlich am Bach oder im Tal gelegen sein. Möglicherweise könnte auch das Haus Nr. 5 in Aggsbach Dorf ein ehemaliger Ansitz gewesen sein. Jedenfalls wird dieses frühere

---

[15] LECHNER 1982/83, 79 ff., 94 ff., 97; WINTER 1989, 163 f.

[16] SCHÜTZNER 1948, 233; ROSSMANN 1976, 73; GB 15 (1977) 26; LECHNER 1982/83, 92.

[17] FRA II/4, Nr. 103 und NR. 212 f.; FRA II/8, 36, 41, 83; FRA II/69, 235, 532; Histor. Stätten 184, 186; HÄUSLER 1978, 122 und 200.

Kelleramtsgebäude vor dem ummauerten Hof des Wirtschaftstraktes der Kartausengebäude als sogenannter "Turmhof" mit einem kleinen Ansitz angesehen. Der mehrgeschoßige Viereckturm hat eine Durchfahrt mit einem Tonnengewölbe. Unter der Dachtraufe fällt die gemalte Bänderung und in einem Sgraffito die Jahreszahl 1650 auf.

1398 nannte sich ein Thoman Haekchl, 1405 ein Andre der Hager und 1441 ein Albrecht der Puschinger nach Aggsbach. 1469 belehnte Herzog Ludwig von Bayern den Harting Hamader mit dem Sitz in Aggsbach. Ob sich diese Gefolgsleute nach dem diesseitigen Aggsbach Dorf oder dem jenseitigen Aggsbach Markt nannten, kann ebenfalls nicht mehr festgestellt werden.[18]

Ungeklärt ist die frühe Rechts- und Herrschaftsgeschichte der Feste Aggstein. Wahrscheinlich hatten um 1100 die schon genannten hochfreien Manegolde die Burg errichtet, jedenfalls hatten sie Eigenbesitz in Aggsbach. Von diesen könnte die Herrschaft an die Aggswald-Gansbach-Familie gekommen sein, die ab 1181 hier aufscheinen. Falls letztere stammesgleich mit den Kuenringern sein sollten - wie angenommen wird -, so ist in der Folge ebenfalls der weiter direkte Erbgang im 13. Jahrhundert als Afterlehner der bayerischen Herzöge anzunehmen. Auch das Kloster Niederaltaich hatte auf dem schmalen Streifen an der Donau bei Aggstein Besitz. Aus all dem ist zu schließen, daß die bayerische Lehenschaft auf den in der karolingischen Zeit übertragenen Besitzkomplex des Klosters zurückgeht. Auf und um die Aggstein konnte sich jedoch im Spätmittelalter der österreichische Landesfürst durchsetzen und die bayerischen Lehensrechte beschneiden. Denn 1429 belehnte Herzog Albrecht V. seinen Kammermeister Jörg Scheck vom Wald mit dem "öden Haus, genannt Akstain, im Wolfsteiner Landgericht gelegen", das wegen einer Unbotmäßigkeit gebrochen worden war, mit dem Recht, es wieder aufzubauen.[19]

Wolfstein und Gansbach gehörten im Hochmittelalter zum Einflußbereich der hochfreien Familie der Aggswald-Gansbacher, die zu einem großen Sippenverband gehörten, dem auch die Herren von Kuffern, Murstetten und Erla angehörten. In den letzten Jahrzehnten des 12. Jahrhunderts erscheinen die edle Matrone Jutta mit ihren Söhnen Otto und Adalbero, die sich nach *Kamzisepach* bzw. *Gamcibach* nannten. Schließlich dürften auch die Kuenringer zu diesem Geschlecht gehört haben: Das Wappen mit der Axt und die Gleichheit der Vornamen der Aggswalder mit denen der Kuenringer lassen dies als fast gesichert erscheinen. Um 1200 dürften die Kuenringer das Erbe der Gansbacher im Aggswald angetreten haben. Ob bei diesem die bayerischen Lehen aus dem niederaltaichischen Besitz bereits dabei waren oder ob sie erst wegen deren dominierender Stellung in diesem Raum vom bayerischen Herzog zusätzlich belehnt worden waren, kann heute nicht mehr festgestellt werden. Jedenfalls erwies sich in der Folge der Besitz Wolfstein-Gansbach als sehr geschlossene Einheit.[20]

Der gesamte ehemalige Besitzkomplex des Klosters Niederaltaich rechts der Donau erscheint ab 1180 in der Hand der Herren von Aggswald-Gansbach, also jener Familie, aus der die Kuenringer herkamen oder mit der sie identisch waren. Im 13. Jahrhundert hatten die Kuenringer als Afterlehner der bayerischen Herzöge schließlich nicht nur diesen, sondern auch den linksufrigen Teil der altaichischen Besitzungen zwischen Spitz und Aggsbach Markt unter ihre Rechtshoheit bringen können. Mit ihren ritterlichen Gefolgsleuten übten sie herrschaftliche Besitzrechte aus, die durch Abgaben und Dienste der Untertanen abgegolten wurden. Die Erschließung des Waldes und des Ackerlandes und die Versorgung mit Nahrungs- und Betriebsmitteln sowie die Sicherung des Lebensnotwendigen durch die Herrschaft brachte eine Ausweitung der grundherrlichen Rechte durch entsprechende Ansprüche wie den Wildbann, das Berg(bau)regal, Fischrechte, Straßen- und Wasser-

18 FRA II/59, 178, 329; FRA II/69, 568; FRA II/81, Nr. 1079 f.; GB 9 (1911) 62; BÜTTNER 1973, 136; PÖCHHACKER 1989/91, 5 (1991).
19 HÄUSLER 1978, 200 f.; LECHNER 1982/83, 80 f.; Histor. Stätten 185.
20 FRA II/8, 82 f.; FRA II/69, 530, 532; Histor. Stätten 186, 257; HÄUSLER 1978, 118 f., 200; LECHNER 1982/83, 79 f.

wegrechte durch Mauten und Urfahrrechte, Handwerks- und Mühlenrechte, die Marktrechte, Weinbau- und Waldrechte und vieles andere mehr. Die direkten "Betreiber" des kuenringischen Besitzkomplexes in der Wachau waren die vielen ritterlichen Gefolgsleute, die zur Burghut auch die Verwaltungsaufgaben übernommen hatten. Die Geschichte dieser Gefolgsleute ist im Aggswald daher mit der der grundherrlichen Ansitze in Aggsbach Dorf (?), Aggstein, Wolfstein und Gansbach (?) zu verfolgen. Sie sind, soweit quellenmäßige Belege vorliegen, bereits erfaßt und beschrieben worden.[21] An der engeren "Geschichte" des unteren Aggsbachtales waren sie zwar beteiligt, an der eigentlichen Entwicklung selbst jedoch kaum mitbestimmend.

Die Kuenringer oder ihre hochfreien Ahnen waren vermutlich im 11. Jahrhundert in die babenbergische Mark an die Donau gekommen und später durch die Übernahme von landesfürstlichen Ämtern zu abhängigen Ministerialen geworden. Sie nannten sich - erstmals bekannt aus der Zeit um 1125/30 - nach ihrer Feste Kühnring bei Eggenburg. Die Kuenringer begründeten ihre Macht durch die Rodungstätigkeit im Waldviertel, durch Eigenbesitz in der Wachau, vor allem der Burg Dürnstein, und durch die Übernahme der Vogtei- und Lehensrechte über Klostergüter in der Wachau, allen voran als Afterlehner der bayerischen Herzöge über den Besitz des Klosters Niederaltaich. Sie stiegen zu den mächtigsten Adeligen des Landes auf, die als treue Diener der Landesherrn immer wieder besondere Aufgaben zu erfüllen hatten. Beispielsweise bei der Festsetzung und Bewachung des englischen Königs Richard Löwenherz durch Hadmar II. von Kuenring im Auftrag Herzog Leopolds V. in den Jahren 1192/93. Seine Söhne hatten sich um 1230 an die Spitze einer Adelsbewegung gegen den Landesfürsten gesetzt und wurden durch eine voreingenommene Berichterstattung zu Raubrittern erklärt, die vom Landesherren gemaßregelt werden mußten. Ihren Beinamen, die "Hunde", hatten sie übrigens von ihrer Mutter Euphemia aus der Familie der Hunde von Mistelbach ererbt. Aus dieser Auseinandersetzung mit dem Landesfürsten rühren auch die bekannten Sagen um die Aggstein und die Niederwerfung der Hunde von Kuenring. Trotz der Niederlage wurde die Familie wieder in Gnaden aufgenommen und konnte weiterhin ihre Machtposition in der Wachau ausüben.

Sie kamen aber auch mit den ersten Habsburgern in Konflikt, zunächst als Parteigänger des Böhmenkönigs Ottokar gegen König Rudolf von Habsburg (1277/78) und als Führer eines Adelsaufstandes gegen das strenge Regiment König Albrechts I. (1295/96). Wahrscheinlich wurde damals die Aggstein zerstört, und Leutold von Kuenring mußte Wolfstein sowie Spitz auf fünf Jahre an Eberhard von Wallsee, den Günstling des Königs, übergeben. Die Kuenringer erlangten wieder das Wohlwollen des Landesfürsten und fügten sich in der Folge dessen ehrenvoller Bevorzugung. 1355 starb die in der Wachau vermögende Dürnsteiner Linie mit Leutold von Kuenring aus. Der rechtsufrige Besitz an der Donau und im Aggswald wurde unter den Erben aufgeteilt: Die offenbar noch öde Burg Aggstein blieb zunächst bei der Seefelder Linie der Kuenringer, kam aber 1408 an die Liechtensteiner und von diesen an die Maissauer, die den größten Teil des kuenringischen Erbes in der Wachau übernommen hatten.[22]

Die zum Herrenstand Österreichs gehörende Familie der Maissauer war auf Grund ihres Besitzes zu einem der mächtigsten Geschlechter des Landes aufgestiegen und mit entsprechenden Ämtern im landesfürstlichen Dienst ausgestattet worden. Anna von Kuenring, die Tochter des letzten Dürnsteiner Kuenringers, brachte ihren Anteil am Erbe ihrem Mann Heidenreich von Maissau zu. Heidenreich erhielt auch - gegen eine finanzielle Abgeltung - das durch den Tod Leutolds frei gewordene Amt eines obersten Schenken in Österreich. Zusätzlich bekam Heidenreich 1368 für seine treuen Dienste die Würde des Landmarschalls zuerkannt. Unter ihm, dem Gründer der Kartause, konnten 1364 Versuche des öster-

---

[21] SCHÜTZNER 1948, 232 ff.; BÜTTNER 1973, 136, 171, 178; ROSSMANN 1976, 62 ff.; HÄUSLER 1978, 113 ff., 125 ff., 200 ff.; LECHNER 2982/83, 75, 95f.; WINTER 1989, 164 f.; PÖCHHACKER 5 (1991); FLOSSMANN 1994, 26 ff., 256 ff.; Histor. Stätten 186, 257.

[22] LECHNER 1976/92, 90 ff., 188, 332, Anm. 28; ROSSMANN 1976, 61 f., 67 ff.; HÄUSLER 1978, 200 ff.

reichischen Landesfürsten, die Lehenshoheit des bayerischen Herzogs über den Aggswald zu durchlöchern, erfolgreich abgewehrt werden. Die Eigenschaft des Gutes und Dorfes Aggsbach war daher mit Zustimmung des bayerischen Lehensherrn an die Kartause übertragen worden. Dennoch waren von dem umstrittenen Erbe Leutolds, trotz der Lehenshoheit Bayerns, offenbar bestimmte Anteile und Rechtsansprüche an andere Geschlechter gefallen, wie dies am Besitzgang der Feste Wolfstein nachzuweisen ist.

Einen schweren Rückschlag erlitten die vermögenden Maissauer im Jahre 1429. Otto von Maissau, wohl der mächtigste Mann im Lande, wurde verhaftet und der Verschwörung gegen den Landesfürsten und des Landesverrats angeklagt. Dem Landmarschall waren seine Verhandlungen mit den im nördlichen Niederösterreich eingefallenen Hussiten, vermutlich zum Schutz seiner Güter in diesem Landstrich, zum Verhängnis geworden. Otto wurde zwar wieder in Gnaden aufgenommen, er mußte jedoch einen großen Teil seiner Güter abtreten, verkaufen oder zu Lehen nehmen. Er starb zurückgezogen, in völliger Bedeutungslosigkeit im Jahre 1440. Mit ihm ging auch das Geschlecht der Maissauer zu Ende.[23]

Nun hatte der Landesfürst an der Donau freie Hand, trotz der bayerischen Lehenshoheit: Schon 1429 wurde die Aggstein mit dem Recht des Wiederaufbaus an Georg Scheck von Wald übertragen. Die Feste wurde wiedererrichtet, in den folgenden Jahrzehnten zum Raubnest im Widerstand gegen den Kaiser und Anlaß für die zahlreichen Legenden um die ehrwürdigen Gemäuer. In der Folge immer wieder an Adelige verliehen oder verpfändet, blieb die Burg ab dem 17. Jahrhundert schließlich unbewohnt und verfiel. Die Verwaltung wurde 1685 mit der der Herrschaft Schönbühel vereinigt und von dort aus durchgeführt.

Wolfstein mit Gansbach war 1430 von Otto von Maissau an die Tursen von Tiernstein veräußert und ab diesen - stets mit Zustimmung der bayerischen Lehensherrn - immer wieder weiterverkauft worden. In den gegenreformatorischen Auseinandersetzungen am Beginn des Dreißigjährigen Krieges wurde Ludwig von Starhemberg, der Besitzer von Wolfstein, als Rebell seiner Güter für verlustig erklärt, und die Grundherrschaft mit den Rechten über die Pfarre Gansbach zunächst pfandweise und 1629 durch Kauf dem Kloster Göttweig übergeben. Die mit den übrigen Gütern des Klosters vereinigte Verwaltung der Herrschaft Wolfstein wurde nun in den Gurhof bei Gansbach verlegt, und die schon damals unbewohnte Burg verfiel zur Ruine. Die Lehensbindung an die bayerischen Herzöge hatte sich schon längst gelockert. Bei der Übertragung der Besitzungen im Aggswald verzichteten sie daher auf die Lehenshoheit über dieses Gebiet zu Gunsten des Klosters. Der Abt des Stiftes Göttweig mußte sich verpflichten, auf ewige Zeiten wöchentlich eine Messe für die bayerischen Landesfürsten zu lesen.[24]

Neben den schon genannten Resten von Befestigungsanlagen haben sich in Aggsbach Dorf noch einige Zeugen erhalten. 1974 wurden bei Böschungsarbeiten für die Zufahrt zu einem Holzlagerplatz zwei frühmittelalterliche Gräber zerstört. Dabei kamen zahlreiche Tonscherben mit einer Wellenbandzier zum Vorschein. 1951 hatte man eine Schwertklinge am nordseitigen Fuß des Blashausberges gefunden. Sie stammt aus der Zeit des 13., bis Anfang des 14. Jahrhunderts. Schließlich konnten 1964 beim Abbruch der Trennmauer zwischen der schwarzen Küche und einem ehemaligen Pferdestall im Einkehrgasthaus "zur Post" in Aggsdorf Dorf Nr. 22 620 Silbermünzen gefunden werden. Die Münzen waren in einem stark zerschlissenen Säckchen aus grobem Leinen aufbewahrt gewesen. Als Versteckzeit werden die achtziger Jahre des 15. Jahrhunderts angenommen. Die Masse der Münzen bestand aus österreichischen Pfennigen der Zeit zwischen 1300 und 1480, es waren aber auch Münzen aus Salzburg, Bayern, der Oberpfalz, Böhmen, Mähren und Ungarn, ja sogar aus Aquileja dabei.[25]

In den Grenzbeschreibungen der Herrschaft Schönbühel erscheint immer wieder als markanter Punkt das "Blashaus" zwischen den beiden Orten Schönbühel und Aggsbach. Noch

[23] ROSSMANN 1976, 70 ff.; HÄUSLER 1978, 122 f.; GUTKAS 1983, 129.

[24] SCHÜTZNER 1948, 234 ff.; BÜTTNER 1973, 138 f., 172 ff.; ROSSMANN 1976, 74 ff.; HÄUSLER 1978, 121, 202 ff.; FLOSSMANN 1994, 29, 260 f.

[25] FÖ 6 (1967) 144; FÖ 8 (1974) 248 f.; MELZER 1994, 157 und 159.

heute wird dort ein kleiner Graben der Blashausgraben genannt und eine Kapelle als Blashauskapelle bezeichnet. Dort gefundene Mauerreste - im Jahre 1669 werden dort Ruinen erwähnt - haben immer wieder Aufmerksamkeit erregt. Die Kapelle ist eine jener 15 Rosenkranzkapellen, die 1652 zwischen Schönbühel und Maria Langegg errichtet worden waren. Sie ist die zweite Station von den sieben noch erhaltenen. Gleich westlich daneben sind noch die Grundmauern eines quadratischen Baues mit den Seitenlängen von etwa zwölf Metern auszunehmen, danach fällt das Gelände mit einer Steilstufe zur Donauaue ab. Dies war mit größter Sicherheit das als „unteres Blashaus" genannte Gebäude. Da nirgends die Reste eines oberhalb, also höher liegenden Blashauses gefunden werden können, ist anzunehmen, daß dieses zweite Blashaus donauaufwärts gelegen war. Tatsächlich gibt es aus dem 17. Jahrhundert die Überlieferung von einem Mauerwerk an der Stelle des Klosters Schönbühel. Von hier aus ist das Donautal bis Aggstein zu überblicken. Beim Blashaus handelt es sich vermutlich um eine Warte oder Wachstation, von der Sicht- und Lautzeichen weitergegeben wurden. Wahrscheinlich diente sie zur Vorankündigung von donauabwärtsfahrenden Schiffen für die Wassermautstelle bei Aggstein. Die akustischen Zeichen, die in Aggstein wahrscheinlich nicht gehört werden konnten, dürften den vorbeifahrenden Schiffen als Hinweis auf die kommende Maut gegolten haben. Die Maut war bereits zur Zeit der Kuenringer als landesfürstliches Regal eingehoben worden. Sie war 1570 in Besitz der Herrschaftsinhaber gekommen und erst 1783/85 als eine der letzten niederösterreichischen Privatmauten eingestellt worden. Das stattliche Mauthaus in Aggstein erinnert an diese wichtige Einnahmequelle der Herrschaft.

Eine weitere Aufgabe der Blashäuser bestand vermutlich darin, die Schiffe vor Hindernissen im Fluß zu warnen. Dazu gehörten die beiden Felsköpfe in der Donau vor dem Schloß Schönbühel und eine beim unteren Blashaus vorgelagerte, langgestreckte, durch einen flachen Donauarm abgetrennte Insel. Die bei Erdarbeiten bei der Blashauskapelle zum Vorschein gekommenen römischen Fundstücke lassen darauf schließen, daß die Wacht- und Sichtstation möglicherweise schon zur Sicherung des römischen Limes gedient haben könnte.[26]

Das Überfuhrrecht, die Urfahr, von Aggsbach Markt nach Aggsbach Dorf war im Besitz des Pfarrers von Spitz und von diesem um 60 Pfennig zu Burgrecht ausgegeben worden. Die Kartause konnte dies im Laufe der Zeit von den verschiedenen Teilinhabern erwerben. Zum Urfahr, ihr gehörte ein Haus, um das 1403 eine Anhörung und Entscheidung durch Friedrich den Haindorfer, Burggrafen von Wolfstein, notwendig war: Die Urfahr war vom Spitzer Pfarrer an einen Untertanen in Aggsbach Dorf vergeben worden, das zugehörige Haus gehörte jedoch dem Kloster und unterstand der Jurisdiktion der Herrschaft Wolfstein. 1408 mußten sich der Prior und Konvent des Kartäuserklosters verpflichten, den Pfarrer zu Spitz über die Donau zu fahren, insbesondere wenn er zum Messelesen in die Nikolauskirche und zur Krankenölung über die Donau mußte, weiters am Fest Maria Himmelfahrt, zum Kirchweihfest in Aggsbach Markt am jeweiligen Sonntag nach dem Martinstag und für Begräbnisse, die in Aggsbach Markt stattfinden sollten. Die Einkünfte aus dem Urfahrrecht waren aber bescheiden, sie betrugen um die Mitte des 16. Jahrhunderts bei 10 fl, wobei geklagt wurde, daß der Überfuhrdienst vom Prior nicht durchgeführt werde.[27]

Pfarre und Kirche

Im unteren Aggsbachgraben stießen mehrere Pfarrbereiche aufeinander. Auf Grund der genannten Schenkung an das Kloster Niederaltaich gehörte der Besitzkomplex - auch auf der rechten Donauseite - zur Altaichischen Pfarre Spitz. Dies betraf zumindest die Häuser an der Donau von der Einmündung des Aggsbaches bis Aggstein. Die donauabwärts liegenden

---

[26] HÄUSLER 1973, 146 ff., mit reichen Literaturangaben; FÖ 30 (1991) 279.
[27] FRA II/69, Nr. 10, 187, 193, 198, 211-213, 220, 223, 237; GB 9 (1911) 61; GB 15 (1977) 13, 16, 20; ROSSMANN 1976, 84 f.

Häuser des Dorfes Aggstein gehörten zunächst zur Mutterpfarre St. Michael und wurden später zu Spitz umgepfarrt. Ende des 11. Jahrhunderts und in einer von Bischof Reginmar für das Kloster Göttweig um 1124 ausgestellten Besitzbestätigung wird der Aggsbach als die südliche Grenze der Pfarre Mautern angegeben. Vermutlich bereits um die Mitte des 12. Jahrhunderts errichteten die Aggswald-Gansbacher bzw. Kuenringer eine eigene Pfarre in Gansbach, der der südliche Teil der Mutterpfarre Mautern einschließlich der Herrschaft Wolfstein zugeteilt war. Die Pfarre blieb ein bayerisches Lehen und wurde 1630 mit Wolfstein dem Stift Göttweig inkorporiert. Südlich des Aggsbaches schloß das Gebiet der Mutterpfarre Melk an. Aus dieser wurde 1165 die Pfarre Gerolding ausgegliedert, der der genannte Bereich zusammen mit der passauischen Lehensherrschaft Schönbühel zugeschlagen wurde. 1384 konnte Heidenreich von Maissau mit Zustimmung des passauischen Domkapitels die Pfarre Gerolding tauschweise an sich bringen und übertrug sie 1387 an die Kartause Aggsbach. Die Kartäuser, die nun das Präsentationsrecht und die Vogtei über die Pfarre Gerolding hatten, setzten dort Weltpriester ein. Nach der Aufhebung des Klosters wurde Gerolding der Verwaltung des Religionsfonds unterstellt bis die Klosterkirche 1784 zu einer Lokalkaplanei mit einem eigenen Seelsorgebereich erhoben wurde.

Bis 1784 gehörte das Dorf an der Donau mit den südlichen Häusern von Aggstein also zur Niederaltaicher Stiftspfarre Spitz und deren Tochterpfarre Aggsbach Markt. Das obere Dorf Aggsbach bis in den Wolfsteingraben am linken Ufer war bei der Pfarre Gerolding und die rechtsufrigen Häuser mit Wolfstein bei der Pfarre Gansbach. Die Aufteilung des relativ engen Siedlungsbereiches im Aggswald zwischen vier Pfarren hatte natürlich immer wieder zu Reibereien und Kompetenzstreitigkeiten geführt. Man unterschied genau das untere Dorf an der Donau vom oberen Dorf Aggsbach, das auch "Aggsbach klosterhalben" genannt wurde, und die Häuser bei der Kartause im „Heidenreichstal" von den Häusern um Wolfstein. Nach 1784 war das gesamte Dorf zu einer Pfarre zusammengefaßt worden. Zur Pfarre gehören seit diesem Jahr neben Aggsbach Dorf noch die Häuser von Aggstein, Wolfstein, Siedelgraben und Gschwendt.[28]

Die Ufersiedlung hatte mit einer St. Nikolauskapelle ein eigenes kirchliches Zentrum erhalten, die bereits im 13. Jahrhundert genannt wird. Sie stand den Schiffahrtsleuten zur Verfügung - der hl. Nikolaus ist Patron der Schiffer -, aber auch den dortigen Pfarrkindern von Aggsbach Markt-Spitz. Angeblich war die Kirche so groß, daß sie 400 bis 500 (!) Gläubigen Platz geboten hat. Für sie wurden an Sonn- und Feiertagen und zwei- bis dreimal in der Woche eine Messe gelesen. Bei der Kapelle stand ein Gasthaus, das 1462 von der Kartause aufgekauft und zu einer stiftlichen Taverne ausgebaut worden war. Um die Kirche befand sich ein kleiner Friedhof, der jedoch nur als Teilfriedhof der Pfarrkirche Aggsbach Markt gegolten hat. Dort befand sich nämlich der pfarrechtlich zuständige Friedhof, auch für die Pfarrmitglieder in Aggsbach Dorf am diesseitigen Donauufer. Wer sich im Pfarrfriedhof beerdigen lassen wollte, mußte laut Übereinkunft mit dem Pfarrer von Spitz von der klösterlich aggsbachischen Überfuhr über die Donau transportiert werden. Der Friedhof bei der Nikolauskapelle war wegen der komplizierten und aufwendigen Überfuhr des Leichnams und auch der Hinterblieben und Trauergäste eingerichtet worden. 1716 beanspruchte die Kartause die Nikolauskapelle und den Friedhof für sich. Man wollte einen Bogengang von der Taverne als Zugang für die Kapelle errichten. Der Pfarrer von Aggsbach Markt konnte jedoch seine pfarrlichen Rechte über die Nikolauskirche nachweisen, worauf die Kartäuser in der Zechstube der Taverne eine Hauskapelle einrichteten, in der auch Frauen an der hl. Messe teilnehmen konnten. Gegen diesen neuerlichen Angriff gegen seine Rechte protestierten der Pfarrer und das Kloster Niederaltaich neuerlich. 1727 wurde der Kartause vom Passauer Konsistorium gestattet, bei einem Hochwasser der Donau und falls die Nikolauskirche nicht benützbar ist, für alte und gebrechliche Personen beiderlei Geschlechts in der Hauskapelle

---

[28] Hippolytus 1 (1858) 258 ff.; GB 4 (1890) 294 ff.; GB 9 (1911) 61 ff.; GB 15 (1977) 8 ff.; WOLF 1955, 167 f.; ROSSMANN 1976, 79 ff.; Histor. Stätten 257 f.

eine Frühmesse lesen zu dürfen. Es wurde jedoch ausdrücklich festgelegt, daß keine feierlichen Gottesdienste abgehalten werden dürften. Diese besondere Erlaubnis mußte außerdem jährlich von der Kanzel aus verkündet werden.

1396 stiftete Otto Flezer einen Jahrtag an der Nikolauskapelle mit Gülten von seinem Haus und einem Weingarten, "Flözer" genannt. Der später zu einem Acker umgebrochene Weingarten wurde 1750 nach einem Wolkenbruch weggeschwemmt. 1778 verkaufte das Kloster Niederaltaich das "Fletzerackerl" von der "Filiale" St. Nikola an die Kartause. Eine größere Stiftung aus dem Jahre 1176 sah hier ein eigenes Benefizium vor, um einen ständigen Seelsorger an der Nikolauskirche zu haben. Die Stifterin, eine Bürgerin aus Stein, sah vor, daß die Präsentation des Benefiziaten dem Pfarrer von Stein zustehen sollte. Das Legat ging 1784, nach Aufhebung des Klosters, an die neugegründete Lokalkaplanei und spätere Pfarre Aggsbach über.

Das Kloster Niederaltaich hatte auf ihren Gütern in der Wachau das Recht, den Zehent einzuheben. Den Zehent um und bei der Nikolauskapelle hat das Kloster jedoch meist gegen die Zahlung eines Geldbetrages vergeben. Erstmals wird dies bereits im 13. Jahrhundert in den Jahren 1257 und 1278 vermeldet. 1447 verkaufte Altaich den Zehent an die Kartause Aggsbach um einen sehr hohen Betrag. Der erkaufte Zehent wird genau begrenzt mit *gelegen in Spitzer pfarr zu sand Nickla: von erst zu Ackspach klosterhalben und des pachs, item ze Niedern Ackstain und auf den hoven auf dem achstain.*
Bei einer großen Überschwemmung um Allerheiligen des Jahres 1787 reichte das Wasser bis zu den Fenstern der Kapelle im ersten Stock. Sie wurde so schwer beschädigt, daß sie kurz darauf abgebrochen werden mußte.[29]

Nachdem Konrad Balthasar von Starhemberg die Feste und Herrschaft Aggstein 1685 erworben und mit seinem Besitz Schönbühel vereinigt hatte, kümmerte er sich auch um deren seelsorgliche Betreuung. Gegen den Widerstand des Pfarrers von Aggsbach Markt und des Klosters Niederaltaich erhielt er die Erlaubnis, in Aggstein beim Mauthaus eine Nikolauskapelle zu errichten. In dieser wurde an jedem Sonn- und Feiertag eine hl. Messe gelesen. Ebenso führte er den in der Reformationszeit abgekommenen Gottesdienst in der Burgkapelle Aggstein wieder ein. Für diesen und die Betreuung der Nikolauskapelle beim Mauthaus stiftete der Starhemberger bei dem von ihm gegründeten Servitenkloster in Schönbühel ein Benefizium für einen sechsten Priester, der für die beiden Seelsorgestellen zuständig sein sollte.[30]

Auch auf der Feste Wolfstein gab es eine Burgkapelle, die 1392 erstmals genannt wird, jedoch schon früher bestanden haben dürfte. Auf der dem hl. Jakobus dem Älteren gewidmeten Kapelle wird später immer wieder ein Burgkaplan genannt. Der hl. Jakobus wurde in Wolfstein vor allem als Wetterpatron verehrt. Eine Sage berichtet, daß die Gansbacher den Wolfsteinern das gute Wetter neideten und daher den Heiligen entführten. Dieser kehrte jedoch in einer stürmischen Winternacht wieder an seine alte Heimstätte zurück, weil es ihm in Gansbach nicht gefallen hatte. Die Burgkapelle zu Wolfstein wurde von den Maissauern bestiftet und ausgestattet.[31]

Wirtschaftliche Entwicklung

Aus den vorhandenen Überlieferungen, hauptsächlich Verkaufs- und Übergabeurkunden, ist zu ersehen, daß das untere Dorf um die Nikolauskapelle und das Dorf Aggstein von der Versorgung der Schiffsleute und von der Schiffahrt selbst lebte. In Aggstein mußten die Schiffe wegen der Maut anlanden und in Aggsbach Dorf waren die an das

---

[29] FRA II/69, Nr. 212, Nr. 280, Nr. 379 f.,Nr. 400, Nr. 403; GB 4 (1890) 302 f.; Hippolytus 1 (1858) 256 f.; GB 15 (1977) 15 f., 13; ROSSMANN 1976, 83 ff.
[30] HÄUSLER 1978, 204 f.
[31] FRA II/69, Nr. 114, Nr. 144, Nr. 152 f., Nr. 382; ROSSMANN 1976, 62 ff.; HÄUSLER 1978, 118; HASELBÖCK 1994, 186 f.; FLOSSMANN 1994, 29.

gegenüberliegende Ufer übersetzenden Schiffe gesichert und betreut worden. Für die Bergfahrt war der Treppelweg auf dem anderen Donauufer angelegt, weil auf der Ostseite nur bei Aggsbach Dorf und Aggstein ein kurzes freies Uferstück für den aufwendigen Treidelbetrieb in Frage kam, donauaufwärts und donauabwärts fielen die Steilwände fast senkrecht in die Donau ab.

Die Versorgung der Schiffahrtsleute war also hauptsächlich auf den donauabwärtsfahrenden und zur Maut anlandenden Schiffsverkehr ausgerichtet. Die Überfuhr zum gegenüberliegenden Ufer hat offensichtlich eine intensivere Verbindung zur Befriedigung der Nachfrage in Aggsbach Markt hergestellt, als man wegen der starken Strömung und der Breite des Flusses bisher anzunehmen bereit war. Angeblich führte Martin Schißler um 1572 von Aggsbach Markt in Aggsbach Dorf das sogenannte "Fliessteinen" ein, das Aufwärtsziehen der Reisenden in kleinen Booten, wobei die Boote von Männern vom Ufer aus gezogen wurden. Das Fließsteinfahren hat in der Folge mehrere Schiffmeister als Nachfolger in Aggsbach Dorf gefunden. Die Tradition der Personenbeförderung wurde offenbar von der Donau-Dampfschiffahrts-Gesellschaft wieder aufgenommen. 1873 bis 1877 hatte Aggsbach Markt eine Schiffstation, die dann nach Aggsbach Dorf verlegt wurde.[32]

Im oberen Dorf und im Wolfsteingraben waren weitere Handwerker angesiedelt, die die Wasserkraft der Bäche nutzten, also Hammerschmieden, Sägen und mehrere der früher üblichen Kleinmühlen. Vereinzelt erscheinen im Umkreis des Klosters und der Feste Wolfstein auch Gewerbetreibende für den täglichen Bedarf wie Fleischer und Bäcker, aber auch Gastwirte, die sogenannten Leutgeben. Um 1910 gab es im Aggsbach- und Wolfsteingraben noch fünf Kleinmühlen, ein Hammerwerk und zwei Sägen. Das Hammerwerk und die Sägen blieben bis in die zweite Hälfte unseres Jahrhunderts bestehen.[33]

Ein großer Teil der Bevölkerung lebte - sich selbst versorgend - von der Landwirtschaft. Besonders erwähnenswert ist jedoch der Weinbau, der auf den südschauenden Hängen, insbesondere am Luftberg, bis auf die Anhöhen starke Verbreitung hatte. Die Terrassen sind heute noch im offenen Ackerland oder im Wald auszunehmen. Es wird sogar ein Safranzehent erwähnt - Safran war als Färbemittel und Gewürz sehr begehrt, jedoch auch sehr arbeitsaufwendig -, dürfte hier jedoch nicht sehr intensiv gepflanzt worden sein. Schon vor der letzten Jahrhundertwende zeichnete sich der Niedergang und das Ende des Weinbaus ab. Grund dafür waren neben dem Eindringen der Reblaus, vor allem die doch schlechteren, mit der zentralen und unteren Wachau nicht vergleichbaren klimatischen Verhältnisse und die sehr hohe Arbeitsintensität beim Bergwein. Nur einzelne Weingärten blieben am Luftberg bis in die Zeit nach dem Zweiten Weltkrieg bestehen.

Der Ackerbau auf Getreide dürfte eher beschränkt, die Bewirtschaftung von Wiesen und Weiden doch mehr verbreitet gewesen sein. Weiden und Heufutter brauchte man nicht nur für die eigenen Tiere, sondern vor allem für die Versorgung der im Schiffsdienst eingesetzten Treidelpferde.

Kennzeichnend für den geringen Getreideanbau, vor allem im Wolfsteingraben, ist die Sage um den hl. Wolfgang. Am Fuße der Ruine Wolfstein steht ein Bildstock vor einem eigenartig geformten Felsblock. Im Bildstock hängt ein Bild des hl. Wolfgang als "Spatzenschreck". Diese Bezeichnung im Volksmund rührt von einer Überlieferung her, die erzählt, daß der Heilige bei seiner Wanderung nach Ungarn hier auf dem Stein sitzend sein karges Mahl verzehren wollte. Spatzen und Elstern hätten ihm jedoch das Brot vom Mund weggeschnappt. Wütend und mit dem Fuß aufstampfend - der Fußabdruck ist heute noch im Stein zu sehen - habe er das gefiederte Volk verflucht und für alle Zeiten aus dem Graben verbannt. Tatsächlich gibt es im Wolfsteingraben keine Elstern und nur selten Spatzen oder

---

[32] GB 4, 297; GB 15 (1977) 20.
[33] Top.v.NÖ 2, 11; RICEK 1912, 120 f.

andere Vögel. Dies dürfte jedoch weniger eine Folge des Fluchs, sondern eher eine Folge des fehlenden Getreideanbaus sein.[34]

Um 1830 beschreibt der Topograph Franz Xaver Schweickhart die Lebens- und Wirtschaftsverhältnisse im Aggsbach- und Wolfsteingraben folgendermaßen: "Die hiesigen Einwohner bestehen bloß in einigen Bauern, mehrenteils in Kleinhäuslern, Holzhauern, Handwerkern und Schiffleuten. Die erste Klasse beschäftigt sich mit der Landwirtschaft; es werden Weizen, Korn, Gerste, Hafer und Mais gebaut, wozu mittelmäßige Gründe vorhanden sind, die wenig Elementar-Beschädigungen erleiden; dann gibt es einige Weingärten, auch Obst, besonders Äpfel und Pflaumen, und (sie) halten auch insoferne eine Viehzucht, als (es) ihr Haus- und Wirtschaftsbedarf fordert, wobei die Stallfütterung eingeführt ist. Der Ort Aggsbach liegt in einem überaus schönen Tale, ... worin die Häuser meist mit Schindeldächern und rückwärts mit Hausgärten versehen, zerstreut neben der Donau und im Tale sich befinden, und welches Tal, das sich in einer Länge von einer Viertelstunde von waldigen, mitunter saatenreichen Anhöhen begrenzt, romantisch darstellt, von gut erhaltenen Holz-Commerzialwegen durchschnitten wird. An Gewässern ist die nahe Donau vorhanden, dann der Aggsbach, Ganzbach und Mitterbach, welche drei sich bei Aggsbach vereinigen und in die Donau sich ergießen. An diesem vereinigten Bache stehen ein Eisenhammer und drei Mühlen. Die Fischerei in der Donau sowohl, als auch in den Bächen, welche schmackhafte Forellen liefern, gehört der Herrschaft Aggsbach. ... Noch bemerken wir, daß zu beiden Seiten des Tales ein Mühlwerk, wie schon gesagt, und weiter oben, unweit dem Schlosse (= Kartause) der vorerwähnte Eisenhammer steht". Damals wurden in Aggsbach Dorf 52 Häuser mit 62 Familien gezählt. In diesen lebten 135 Männer und 162 Frauen sowie 64 schulfähige Kinder. An Viehbestand gab es 16 Pferde, 40 Ochsen, 126 Kühe, 10 Schafe, 30 Ziegen und 120 Schweine.[35]

Der Wald versorgte die Bauerngüter mit Bau- und Brennholz. Im 18. und 19. Jahrhundert erlangte der Wald jedoch eine ganz wesentliche Rolle in der überregionalen Brennholzlieferung. Im obersten Wolfsteingraben beginnt das sogenannte "Besengäu". Dieser umfaßt die kleinen Ortschaften und Einzelgehöfte bis hinauf auf die Anhöhen des Dunkelsteinerwaldes. Die Bezeichnung ist auf die Arbeit des Besenbindens und Korbflechtens zurückzuführen, die man in langen, früher sehr schneereichen Wintern zu einem Nebenerwerb ausgebaut hatte. Seinerzeit hat man den Holzreichtum auch für die Herstellung von Dachschindeln, Weinstecken, Holzschuhen und Holzkohle in Kohlenmeilern genutzt. Heute sind diese Hausgewerbe zur Gänze verschwunden. Bis in die Zwischenkriegszeit wurde von hier aus, den Bach abwärts, Holz bis zur Donau geschwemmt und von dort nach Wien geflößt oder mit dem Schiff transportiert. Um 1830 berichtet F. X. Schweickhart, daß Aggsbach einer der bedeutendsten Holzstapelplätze an der Donau war, zu dem jährlich 8000 bis 10000 Klafter Scheiter aus den umliegenden Wäldern zugeführt und verschifft worden waren. Der Holzreichtum der Gegend hat offenbar auch dazu bewogen, hier in der Kartause eine Forstschule zu führen, die zwischen 1876 und 1909 „Zöglinge für den niederen Forstdienst herangebildet" hat. Die forstliche Nutzung dieses Gebietes ist nach wie vor bedeutend, kommt jedoch nicht mehr an die Bedeutung früherer Zeiten heran, sie hat sich völlig verändert. Vor allem hat sie ihre Bedeutung als größter "Arbeitgeber" dieser Region verloren.[36]

In der zweiten Hälfte des 20. Jahrhunderts wurde der Ort durch eine völlige Umstrukturierung des Arbeitsplatzangebotes zu einer Auspendlergemeinde. Einerseits kam es zu einem starken Rückgang der selbständigen Arbeitgeberbetriebe, andererseits wurden durch Rationalisierungen und durch die Automation die Arbeitsplätze stark reduziert. Die Mehrzahl der Berufstätigen muß daher auswärts der Arbeit nachgehen. Der Zug zur Natur und die

---

[34] FRA II/69, Index Acker, Weingarten, Wiese etc.; Top.v.NÖ 2, 11; RICEK 1912, 120; GB 15 (1977) 22; HÄUSLER 1978 116; HASELBÖCK 1994, 187; FLOSSMANN 1994, 28.

[35] SCHWEICKHART 1837, 7, 117 ff.

[36] SCHWEICKHART 1837, 125; RICEK 1912, 121; HÄUSLER 1978, 115 f.; FLOSSMANN 1994, 27.

zunehmende Freizeit hat der Gemeinde eine neue Einnahmequelle beschert, den Ausflugs- und Urlaubertourismus. Maßgebend dafür waren die erholsamen natürlichen Gegebenheiten und die Lage in einer äußerst geschichtsträchtigen Region mit einigen herrlichen, kulturhistorisch bedeutsamen Denkmälern.

LITERATUR

BÜTTNER Rudolf (1973): Burgen und Schlösser: Dunkelsteinerwald. Burgen und Schlösser Niederösterreich II/2. Wien 1973.

FLOSSMANN Gerhard (1994): Der Bezirk Melk. Band 2. Melk 1994.

FÖ = Fundberichte aus Österreich. Hrsg. Bundesdenkmalamt, Abt. für Bodendenkmalpflege, Wien.

FRA = Fontes rerum Austríacarum. II. Abt.. Diplomataria et Acta. Hrsg. Histor. Kommission der Akademie der Wissenschaften. Wien 1849 ff.

GB = Geschichtliche Beilagen zum St. Pöltner Diözesan-Blatt (früher zu den Consistorial-Currenden) der Diözese St. Pölten. St. Pölten 1878 ff.

GUTKAS Karl (1983): Geschichte des Landes Niederösterreich. 6. Aufl. St. Pölten 1983.

HARRER Anton (1990): Die Gemeinden des Bezirkes Melk. In: Der Bezirk Melk. Band 1. 465 - 477. Melk 1990.

HASELBÖCK Lucia (1994): Von Palmbuschen und Pilgerscharen. Brauchtum und Volksfrömmigkeit im Dunkelsteinerwald. Wien 1994.

HÄUSLER Wolfgang (1973): Die "Blashäuser" von Aggstein. In: Das Waldviertel 22 (1973) 146 - 150.

HÄUSLER Wolfgang (1978): Melk und der Dunkelsteinerwald. Wien-München 1978.

Hippolytus. Theologische Monatsschrift der Diöcese St. Pölten, 1 (1858) ff.

Histor. Stätten: Handbuch der Historischen Stätten. Österreich. Band 1. Donauländer und Burgenland. Hg.: Karl Lechner. Stuttgart 1970, Nachdruck 1985.

HONB = Historisches Ortsnamenbuch von Niederösterreich, verfaßt von Heinrich Weigl unter Mitarbeit von Roswitha Seidelmann, Karl Lechner und Fritz Eheim, 8 Bände, Wien 1964 - 1981.

JOPPICH Julius (1967): Altstraßen im Raum St. Pölten - Melk. In: Mitteilungsblatt des Kulturamtes der Stadt St. Pölten 16 (1967).

JOPPICH Julius - Kainz Franz (1969): Beiträge zur Altstraßenforschung im Dunkelsteinerwald. In: Unsere Heimat 40 (1969) 88. 105.

LECHNER Karl (1976/92) Die Babenberger. Veröffentlichungen des Instituts für österreichische Geschichtsforschung 23. Wien 1976. 4. Aufl. Wien 1992.

LECHNER Karl (1982/83): Die herzoglich-bairischen Lehen im Lande unter der Enns. In: Jahrbuch für Landeskunde von Niederösterreich 48/49 (1982/83) 70-98.

MELZER Gustav (1990): Die Bodendenkmäler des Verwaltungsbezirkes Melk. In: Der Bezirk Melk. Band 1, Melk 1990. S. 125 - 171.

PÖCHHACKER Herbert A. (1986-1990): Die Befestigungsanlagen des Bezirkes Melk. Maschinschr. Manuskript. Scheibbs 1986 -1990.

PÖCHHACKER Herbert A. (1989/91): Wehranlagen, Erdwerke und Herrensitze im Bezirk Melk. In: Heimatkundliche Beilage zum Amtsblatt der Bezirkshauptmannschaft Melk 7 - 9 (1989), 3 - 5 (1990), 3 - 4 (1991).

RICEK L. G. (1912): Heimatkunde des Bezirkes Melk. Wien 1912.

ROSSMANN Heribert (1976): Die Geschichte der Kartause Aggsbach bei Melk in Niederösterreich. 2 Bde. Analecta Cartusiana 29/30. Salzburg 1976.

SCHÜTZNER Hubert (1948): Dunkelsteiner Heimatbuch. Hafnerbach 1948.

SCHUSTER Elisabeth (1989/94): Die Etymologie der niederösterreichischen Ortsnamen. Historisches Ortsnamenbuch von Niederösterreich, Reihe B. 3 Bände. Wien 1989 - 1994.

SCHWAMMENHÖFER Hermann (o.J.): Prähistorische Befestigungen in Niederösterreich. Maschinschr. Manuskript vervielfältigt. (o. J.)

SCHWEICKHART Franz Xaver (1837): Darstellung des Erzherzogthums Österreich unter der Enns, etc. VOWW. 8 Bde. Wien 1837.

STIEGLITZ Herma (1973): Militär und Befestigungen am österreichischen Limes. In: Katalog zur Ausstellung "Die Römer an der Donau", S. 45 - 57. Katalog des NÖ Landesmuseums NF. 55, Wien 1973.

Top.v.Nö. - Topographie von Niederösterreich. 8 Bde. (A - P). Wien 1877 - 1928, 1988.

WELTIN Max (1976): Zur Entstehung der niederösterreichischen Landgerichte. In: Jahrbuch für Landeskunde von NÖ 42 (1976) 276 - 315.

WINTER Otto Friedrich (1989): Besitz- und Herrschaftsstrukturen in der Wachau auf der Basis von Königsschenkungen an baierische Stifte und Klöster. In: Die bayerischen Hochstifte und Klöster in der Geschichte Niederösterreichs. Studien und Forschungen aus dem Niederösterreichischen Institut für Landeskunde 11 (1989) 157 - 172.

WOLF Hans (1955): Erläuterungen zum historischen Atlas der österreichischen Alpenländer II. Die Kirchen- und Grafschaftskarte. 6. Teil Niederösterreich. Wien 1955.

WOLFRAM Herwig (1980): Die Karolingerzeit in Niederösterreich. Wissenschaftliche Schriftenreihe Niederösterreich 46 (1980).

ABRISS ZUR GESCHICHTE DER KARTAUSE AGGSBACH

META NIEDERKORN-BRUCK

Die Gründung der Kartause Aggsbach, in der *Provincia Alemanniae superioris* gelegen, fällt ebenso, wie die der beiden anderen Kartausen Niederösterreichs, Mauerbach und Gaming, in die erste Hälfte des 14. Jahrhunderts, und somit in das Zeitalter der stärksten Verbreitung des Kartäuserordens im südostdeutschen Raum.[1] Allerdings handelt es sich bei diesem Kloster nicht um eine landesfürstliche Gründung, wie dies bei den Kartausen Mauerbach und Gaming der Fall ist. Mauerbach wurde im April 1316 von Herzog Friedrich dem Schönen gemeinsam mit seinen Brüdern Rudolf und Hartmann gestiftet,[2] Gaming wurde von Herzog Albrecht II. gemeinsam mit seiner Gemahlin Johanna von Pfirt im Jahr 1330[3] gegründet. Aggsbach dagegen wurde von den Maissauern, von Heidenreich von Maissau, dem obersten Schenk und Landmarschall in Österreich, und dessen Gemahlin Anna gestiftet. Die Stiftungsurkunde wurde am 13. Jänner 1380 ausgestellt;[4] wielange jedoch der Gründungsvorgang schon vorbereitet wurde, zeigt die Tatsache, daß bereits im Jahre 1373 der Grundstein zur Errichtung der Kartause gelegt wurde.[5] 1376 übertrugen die Herzoge Otto, Stephan, Friedrich und Johann von Bayern jenen Teil ihres niederösterreichischen Besitzes, der vom Stifter dem Kloster geschenkt worden war, der Kartause als Seelgerät zu freiem Eigen;[6] dies war notwendig, da die Kartause auf einem Lehen, welches die Maissauer von den bayerischen Herzogen hatten, errichtet worden war. In der Stiftungsurkunde von 1380 wird bei der Ortsangabe für die Stiftung diese Übertragung nochmals erwähnt: ... *und stifften ayn chloster gelegen pey dem dorffe, das da heizzet Akhspach, auf dem grunt, den wir von den hochgeporn fursten, den hertzogen ze Bayrn ze lehen heten, die uns denselben grunt und swas wir zu der egenanten unserr stifft gegeben haben, das daselbs ze Akhspach gelegen ist und von in lehen ist gewesen, zu derselben stifft geaygent habent, als ir brief sagent ...*

Die ersten Mönche in Aggsbach stammten, ebenso wie in Gaming, aus der Kartause Mauerbach, geführt wurden sie vom späteren Prior[7] der Kartause, Johannes Fleischesser,[8] der

---

[1] Vgl. James Hogg, Die Ausbreitung der Kartäuser. Geschichtliche Entwicklung, in: Walter Hildebrand, Die Kartause Gaming. Ausstellung anläßlich der Wiederherstellung des Herzogsgrabes. Herzog Albrecht II. und die Kartause Gaming (1985) 101-112, bes. 107. - Siehe auch Hubert Jedin, Atlas zu Kirchengeschichte (1987) Tafel 51: Die Ausbreitung der Kartäuser bis 1500.

[2] Vgl. Alphons Lhotsky, Geschichte Österreichs seit der Mitte des 13. Jahrhunderts (1281-1358) (= Veröffentlichungen der Kommission für Geschichte Österreichs Wien 1967) 241f.

[3] Vgl. hiezu Winfried Stelzer, Herzog Albrecht II. und seine Grablege in der Kartause Gaming, in: Walter Hildebrand, Kartause Gaming. Ausstellung anläßlich der Wiederherstellung des Herzogsgrabes (1985) 123-129, bes. 123.

[4] Vgl. Adalbert Fuchs, Urkunden und Regesten zur Geschichte der aufgehobenen Kartause Aggsbach (= FRA II 59, 1906) S. IX, und Nr. 38 (Stiftungsurkunde).

[5] FRA II 59 Nr. 25, S. 23. Von dieser Urkunde ist lediglich eine Notiz im Archivkatalog der Kartause erhalten.

[6] FRA II 59, Nr. 31, S. 34-35.

[7] Zur Priorenreihe von Aggsbach vgl. Rossmann, Geschichte passim, der sich auf eine "Liste der Prioren" stützt, welche in einer ehemaligen Aggsbacher Handschrift überliefert ist. Siehe dazu in erster Linie die Aufzeichnungen des Melker Benediktiners Ignaz Franz Keiblinger, Zur Geschichte der Kartause Aggsbach (Stiftsarchiv Melk, Patres 7, Karton 31, Handschriften Nr. 3.) Am Ende seiner Aufzeichnungen zur Priorenreihe vermerkt Keiblinger: "Hucusque series priorum Aggsbacensium in codice sive manuscriptorum res Aggsbacenses attinentium collectione Gottwici asservata". - Zur Verlagerung einiger ehemaliger Aggsbacher Handschriften nach der Aufhebung der Kartause in die Bibliothek des Stiftes Göttweig vgl. die Angaben weiter unten.

[8] Vgl. Rossmann, Aggsbach 96ff.

dem Rittergeschlecht der Fleischess[9] angehörte. Herzog Albrecht III. befreite die Kartause von herzoglicher Gerichtsbarkeit, natürlich die Hochgerichtsbarkeit ausgenommen.[10]

Recht rasch nach ihrer Besiedlung erhielt die Kartause durch verschiedene Stiftungsergänzungen die Möglichkeit, die Zahl der Konventualen über jene hinaus zu erhöhen, wie sie den Ordensstatuten entsprochen hätte. So etwa durch eine Stiftung von insgesamt 100 Pfund Wiener Pfennige durch den Sohn des Gründers, Hans von Maissau, im Jahr 1389;[11] im Rahmen einer Visitation, welche durch Prior Leonhard von Mauerbach und Friedrich von Gaming im Jahr 1434 durchgeführt worden war, bekam Aggsbach schließlich die Erlaubnis, über die vorgesehene Zahl von 13 bzw. 15 Konventualen hinaus, sogar bis zu zwanzig Priestermönche aufzunehmen.[12] Dies war wohl die nachträgliche Einholung einer Erlaubnis dafür, die Mönche der Kartause Mariengarten in Smichow bei Prag, welche im Zuge der Hussitenstürme zerstört worden war, aufzunehmen. Aus diesem Kloster, und nicht, wie in der Literatur oft fälschlich angenommen, aus Aggsbach, stammt jene „Marienklage", die in der Literaturgeschichte den Namen der Handschriftenheimat trägt.[13]

Während der gesamten Zeit des Bestehens der Kartause Aggsbach, bestanden rege Kontakte zwischen ihr und dem nahen Benediktinerkloster Melk. Recht gut unterrichtet sind wir über die intensiven Kontakte, die während der zweiten Hälfte des 15. Jahrhunderts zwischen beiden Häusern bestanden. Damals standen der Melker Konventuale, der auch immer wieder das Amt des Priors versah, Johannes Schlitpacher,[14] der Protagonist der Melker Reform, und der Kartäuser Vinzenz[15] (von Aggsbach) in regem Briefkontakt.[16] Auf Befehl des Landesherrn, Kaiser Friedrichs III., wurde im Jahr 1483 der Kartäuser Wolfgang Schaffenrath, der in den Jahren von 1474 bis 1483 insgesamt dreimal der Kartause Aggsbach als Prior vorgestanden war,[17] als Abt in Melk eingesetzt.[18]

Schon während der ersten Hälfte des 15. Jahrhunderts setzt eine Blütezeit der Kartause sowohl in geistig-geistlicher als auch in wirtschaftlicher Hinsicht ein, die bis ins beginnende 16. Jahrhundert dauerte und während des gesamten weiteren Bestehens der Kartause nie mehr wieder erlangt wurde.[19] Dieser Eindruck ergibt sich auch aus der Durchsicht des Aggsbacher Bibliothekskataloges, dessen eigentlicher Katalogteil - im Gegensatz zum Index - während

---

[9] Vgl. Gerhart Marckhgott, Der niedere Adel des Machlandes im späten Mittelalter (Diss. phil. Wien 1978) 59-62.

[10] Vgl. Rossmann, Aggsbach 109. - Fuchs, UBLOE IX, Nr. 696.
- Fraß, Die Klosterimmunität der Kartäuser (Diss. phil. Wien 1927).

[11] Vgl. Urkundenbuch der Kartause Nr. 91 S. 97-99: "... so hab ich in gebn bereit hundert phunt phenning meins guetz und auch darczu wil ich in demselben gotzhaus pawen zwo zell, darinn denselben zwain zelln nach meinem toed hinfur ewikleich phlegund und wartund sein mit gwant, mit speis, mit aller irr notdurft und zugehoerung ze gleicher weis, als goetleich und irs ordens ist, also daz die priester fuerbas mer sein denn dreiczehn, die mein vatter seliger hat gestifft..."

[12] Vgl. Rossmann, Geschichte 164.

[13] Vgl. die Angaben hiezu bei Hans Eggers, Aggsbacher Marienklage, in: Verfasserlexikon Bd. 1, 2. Auflage 1978, Sp. 27-75. Der Text wurde in den Deckeln einer im Jahr 1416 in Aggsbach geschriebenen Handschrift überliefert.

[14] Vgl. Meta (Niederkorn-)Bruck, Studien zu einem Profeßbuch des Stiftes Melk (1418-1452), in: Stift Melk - Geschichte und Gegenwart 4 (1985) 77-202.

[15] Vgl. Edmond Vansteenberghe, Un écrit de Vincent d'Aggsbach contra Gerson. (= Beiträge zur Geschichte der Philosophie des Mittelalters, Supplementband 1913).

[16] Vgl. dazu Meta Niederkorn-Bruck, Die Melker Reform im Spiegel der Visitationen (=Mitteilungen des Instituts für Österreichische Geschichtsforschung, Ergänzungsband 30, 1994) S. 64-68.

[17] Vgl. hiezu die Angaben Ignaz Keiblingers (Stiftsarchiv Melk, Bestand 7: Patres, Karton 31) Nr. 3, fol. 2r ff. "Wolfgangus, professus in Aggspach, Prior ad 5(!) annos, hic ex ordinatione Friderici III imperatoris et dispensatione pontificis abbas factus est Mellicensis".

[18] Vgl. dazu Meta Niederkorn-Bruck, Der Kartäuser Wolfgang I. Schaffenrath als Abt von Melk (1483-1497). Ein Beitrag zur Klosterpolitik Kaiser Friedrichs III., in: Die Ausbreitung kartäusischen Lebens und Geistes im Mittelalter 1 (= Analecta Cartusiana 63,1, 1990) 90-116.

[19] Siehe dazu auch Rossmann, Aggsbach 325.

der zweiten Hälfte des 15. Jahrhunderts angelegt worden ist.[20] Aus dem Katalog erfährt man, daß ein älteres Bücherverzeichnis in der Kartause existierte.

Der durch die Ausbreitung des Protestantismus allgemein hervorgerufene Niedergang des monastischen Lebens, wurde auch in Aggsbach deutlich spürbar.[21] Bereits um die Mitte des 16. Jahrhunderts wurde anläßlich einer Visitation (1544) festgestellt, daß die Gemeinschaft in der Kartause sich lediglich aus dem Prior, drei Patres und zwei Konversen zusammensetze.[22]

Im Verlauf der ersten Hälfte des 16. Jahrhunderts geriet das Kloster überdies infolge der Auseinandersetzungen der Habsburger mit den Türken und der daraus resultierenden Steuereinhebungen in immer größer werdende finanzielle Schwierigkeiten;[23] der Bericht des Klosterrates aus dem Jahr 1568 ergab allerdings für Aggsbach lediglich die Summe von 400 fl. Schulden und die Verpfändung von Gütern im Wert von insgesamt 2300 fl.[24]

Nicht geringe Probleme entstanden den österreichischen Kartäusern etwa gleichzeitig durch die immer deutlicher spürbare Einflußnahme des Landesherrn auf ordensinterne Angelegenheiten. Bis in die Mitte der 16. Jahrhunderts war die Kartause ausschließlich ordensintern, d. h. von "Mitbrüdern" visitiert worden, während der folgenden zwei Jahrhunderte erfolgten Visitationen sowohl vom Orden her, als auch durch vom Landesherrn bzw. vom Klosterrat beauftragte Visitatoren, die sehr oft nicht einmal Geistliche waren.[25] Im Jahre 1642 versuchte Kaiser Ferdinand III. die Tätigkeit ausländischer Visitatoren zu verbieten, mußte diese Bestimmung jedoch dahingehend abändern, daß die Visitatoren als "Besucher" zugelassen werden durften.[26] Kaiser Leopold I. band die Tätigkeit ausländischer Kartäuser als Visitatoren daran, daß um Erlaubnis für die Überprüfung einer Kartause, die innerhalb seines Herrschaftsbereiches gelegen war, angesucht wurde.[27]

Erst im Verlauf der ersten Hälfte des 17. Jahrhunderts erholte sich das Kloster in geistlicher und finanzieller Hinsicht soweit, daß auch die Prioren wieder aus den eigenen Reihen gewählt werden konnten.[28]

Der Aufschwung des geistlichen Lebens begünstigte auch die schriftstellerische Tätigkeit des Matthias Thanner,[29] der gemeinsam mit Georg Eichenlaub, der 1644 in Aggsbach das Amt des Priors übernahm,[30] aus der Kartause Freiburg im Breisgau, welche sie infolge der Wirren des 30jährigen Krieges verlassen mußten, nach Aggsbach gekommen war. Thanners Oeuvre umfaßt Übersetzungen und selbständige theologische und iuristische Werke. Er starb 1647 oder 1648 in Aggsbach.[31]

Ab 17. Juli 1670 waren die Prioren der Kartausen Mauerbach, Gaming und Aggsbach zugleich Mitglieder des Prälatenstandes, sie durften nun ausschließlich in Gegenwart von landesfürstlichen Kommissären gewählt und erst nach Zustimmung des Landesfürsten eingesetzt werden.[32] Die Wahl bedeutete nun auch nicht mehr, wie in der Ordensregel vorgesehen, eine Wahl für drei Jahre, sondern auf Lebenszeit. Der Gaminger Konventuale Theodor Wiedemann beschäftigte sich im 18. Jahrhundert ebenso wie mit der Geschichte von Gaming auch mit jener von Aggsbach;[33] seine Arbeiten dienten etwa hundert Jahre später

---

[20] Vgl. die Edition durch Theodor Gottlieb, in MBKÖ 1 (Graz 1915) S. 525-610, bes.526.

[21] Siehe hiezu Rossmann, Aggsbach 234-236.

[22] Vgl. Rossmann, Aggsbach 234.

[23] Vgl. Rossmann, Aggsbach 230f.

[24] Vgl. Rossmann, Aggsbach 245.

[25] Vgl. Rossmann 244f.

[26] Rossmann 268-269.

[27] Vgl. Rossmann, Aggsbach 289.

[28] Rossmann, Aggsbach 270f

[29] Vgl. auch die Angaben bei Bernhard Pez, Bibliotheca ascetica VIII (Regensburg 1725) praefatio Nr. 1-2.

[30] Vgl. dazu die Angaben Keiblingers in der Priorenreihe fol. 5v.

[31] Vgl. Rossmann, Aggsbach 272-283.

[32] Vgl. Rossmann, Aggsbach 289.

[33] Vgl. die im Stiftsarchiv Melk verwahrten Abschriften der Wiedemann-Forschungen, welche Ignaz Franz Keiblinger angefertigt hat. Stiftsarchiv Melk Patres 7, Karton 31.

dem Melker Benediktiner Ignaz Keiblinger als Grundlage für seine Studien zur Geschichte der Kartause.

Kurz vor dem Verbot Kaiser Josefs II. und der Aufhebung der Kartause wurde diese durch den Prior (Prälaten) Johann Baptist Jerumb, der die wirtschaftliche Situation des Hauses wieder zum Besseren wandte, im Rokokostil umgestaltet.[34] Das Aufhebungsgesetz vom 12. Jänner 1782 traf auch die Kartause Aggsbach. Sie wurde mit 23. Jänner für aufgehoben erklärt. Zur "ordnungsgemäßen" Abwicklung des Vorganges wurde eine Aufhebungskommission bestellt, die unter der Leitung des Joseph Freiherrn von Waldstätten nach Aggsbach kam.[35] Der letzte Prior, Bruno Endters, starb 1784 in Melk.[36] Die Handschriften wurden in die Stiftsbibliothek Göttweig, ausgesuchte Handschriften, die schmal überlieferte Texte enthielten, und seltene Inkunabeln in die Hofbibliothek und der Hauptbestand entsprechend der kaiserlichen Verfügung vom 23. September 1782, wonach die Bibliotheken der aufgehobenen Klöster von den Universitätsbibliotheken der gleichen Provinz übernommen werden sollten, der Universitätsbibliothek Wien eingegliedert.[37]

Jene Handschriften und Archivalien, die für die Verwaltung der Güter nötig waren, sollten einstweilen im Hause verbleiben und vom neuen Eigentümer übernommen werden.

Quellen und Literatur:

Ungedruckt:
Ignaz Franz Keiblinger, Zur Geschichte der Kartause Aggsbach. Keiblingers Handschriften Nr. 3. Stiftsarchiv Melk, Patres 7, Karton 31.

Gedruckt:
Adalbert Fuchs, Urkunden und Regesten zur Geschichte der aufgehobenen Kartause Aggsbach (= Fontes Rerum Austriacarum II 59, 1906).
Heribert Rossmann, Die Geschichte der Kartause Aggsbach bei Melk in Niederösterreich (= Analecta Cartusiana 29 und 30, 1976).

L. Koller, Neue Beiträge zur Geschichte der Kartause Aggsbach, in: Monatsblatt des Vereins für Landeskunde von Niederösterreich 8 (1909) 275-280, 303-306 und 9 (1910) 3-8.

Joseph Lampel, Zur Geschichte der Kartause Aggsbach, in: Blätter des Vereins für Landeskunde von Niederösterreich N.F. 33 (1899) 351-361.

Max Vancsa, Geschichte Nieder- und Oberösterreichs, 2 Bände (1905/27).

A. Müller, Personalien zur Geschichte der niederösterreichischen Kartausen Mauerbach, Gaming und Aggsbach, in: Blätter des Vereins für Landeskunde von Niederösterreich N.F. 11 (1877) 166-171.

---

[34] Vgl. Rossmann, Aggsbach 298.
[35] Vgl. Rossmann, Aggsbach 311ff.
[36] Vgl. dazu Keiblinger, Nachtrag zur Priorenreihe. "Bruno Endters, professus Aggsbac., rector ab anno 1776 usque ad 23. Iannuarii 1782, quo die carthusia abolita est, cuius ultimus rector die 29 Augusti 1784 in oppido Mellicensi mortuus ibidemque in ecclesia parrochialis crypta sepultus est."
[37] Vgl. Rossmann, Aggsbach 317. - Zum Schicksal der Bibliotheken aufgehobener Klöster vergleiche insbesondere S. Laschitzer, Die Verordnungen über die Bibliotheken und Archive der aufgehobenen Klöster in Österreich, in: MIÖG 2 (1881) 403-440; zu Aggsbach siehe dort bes. S. 413. - Zum Schicksal der Handschriften vgl. auch Theodor Gottlieb, MBKÖ 1 S. 525.

Joseph Lampel, Nachträge zum Aggsbacher Urkundenbuch, in: Jahrbuch für Landeskunde von Niederösterreich N.F. 6 (1907) 189-216.

Sigmund Laschitzer, Die Verordnungen über die Bibliotheken und Archive der aufgehobenen Klöster in Österreich, in: MIÖG 2 (1881) 401-440.

Meta Niederkorn-Bruck, Der Kartäuser Wolfgang I. Schaffenrath als Abt von Melk (1483-1497). Ein Beitrag zur Klosterpolitik Kaiser Friedrichs III., in: Die Ausbreitung kartäusischen Lebens und Geistes im Mittelalter (= Analecta Cartusiana 63, 1, 1990) S. 90-116.

LEBEN UND SCHRIFTEN DES KARTÄUSERS VINZENZ VON AGGSBACH

HERIBERT ROSSMANN

Vinzenz von Aggsbach ist nicht der erste Schriftsteller, der in Aggsbach wirkte. Noch vor ihm betätigte sich Michael von Prag (†1401), der aus der Prager Kartause stammte, auf literarischem Gebiet. Michael wurde 1386 nach der Absetzung des Priors Johannes Fleischesser Prior in Aggsbach. Für seinen entmutigten Vorgänger schrieb er in Aggsbach das *Remediarium abiecti Prioris* als Trostbuch. Wieder nach Prag zurückgekehrt, verfaßte er dort 1387 einen Fürstenspiegel mit dem Titel *De regimine principum seu de quatuor virtutibus cardinalibus pro eruditione principum libri IV ad Rupertum juniorem Bavariae Ducem.* Der bayerische Herzog Rupprecht d. J. hatte sich diesen Fürstenspiegel erbeten; ihm wurde er auch gewidmet. Wohl ebenfalls noch während seiner Vikarszeit in der Prager Kartause schrieb Michael ferner für einen sich die Heirat überlegenden jungen Mann seinen *Dialogus de custodia virginitatis.*[1]

Die Kartäuser sind schweigsame Mönche. Sie schweigen oftmals auch von ihrer eigenen Geschichte, von ihrer Lebensart, ihren Persönlichkeiten und ihren Leistungen, so daß andere für sie die Feder des Historikers führen müssen. Das war freilich nicht immer so, wenn man an so manche bedeutende Namen ihrer Ordenshistoriker denkt.[2]

Vinzenz von Aggsbach und seine Kartause sind in der Geistesgeschichte vor allem bekannt geworden dadurch, daß E. Vansteenberghe 1915 eine Untersuchung über eine ab der Mitte des 15. Jahrhunderts ausgetragene Kontroverse um die mystische Theologie erscheinen ließ, und zwar in den von dem Philosophiehistoriker Clemens Baeumker herausgegebenen *Beiträgen zur Geschichte der Philosophie des Mittelalters.* Die Abhandlung trägt den Titel *Autour de la Docte Ignorance* und den Untertitel: *Une controverse sur la théologie mystique au XVe siècle.*[3] In der gleichen wissenschaftlichen Reihe hatte der nämliche Verfasser bereits 1913 einen Aufsatz veröffentlicht, der die Überschrift trug: „Un écrit de Vincent d'Aggsbach contre Gerson".[4] Er erkannte bereits damals, daß sich Vinzenz in seiner Auffassung von der mystischen Theologie von der weithin anerkannten Richtung des Kanzlers der Universität Paris, Jean Charlier Gerson, entfernte.

Vinzenz von Aggsbach war freilich auch zuvor kein Unbekannter gewesen. Der Melker Historiker und Editor Bernhard Pez hatte 1729 in seinem „Codex diplomatico-historico-epistolaris" geistesgeschichtlich bedeutsame Briefe des 15. Jahrhunderts veröffentlicht, darunter Briefe des Vinzenz von Aggsbach. Der Briefband bildet den Band VI des von Bernhard Pez herausgegebenen Urkundenwerks *Thesaurus anecdotorum novissimus.*[5] Über gelegentliche Erwähnungen der genannten Kontroverse um die mystische Theologie war man aber bis ins späte 19. Jahrhundert nicht hinausgekommen. Bekannt war nur, daß auch Vinzenz sich in die Auseinandersetzung um die *Docta Ignorantia* des Kardinals Nikolaus von Kues, gleich groß als Theologe wie als Philosoph, eingemischt hatte.

E. Vansteenberghe kam von der Cusanus-Forschung her zu Vinzenz von Aggsbach. Er widmete dem großen Kardinal einen umfangreichen Band: *Le Cardinal Nicolas de Cues*

---

[1] H. Roßmann, *Die Geschichte der Kartause Aggsbach bei Melk in Niederösterreich*, 2 Bde, Analecta Cartusiana 29/30 (1976), 199-205.

[2] Vgl. H. Sommer, Kartäuser: *LThK¹ V* (1933) 850-853, hier 851; R. Webster, Carthusian Order: *The Cath. Encyclopaedia* III (New York 1908) 388-392.

[3] *BGPhMA* XIV, 2-4 (Münster i.W. 1915).

[4] *Festgabe Cl. Baeumker* (*BGPhMA*, Suppl.-Bd. I), Münster i.W. 1913, 357-364.

[5] Bd. VI, hg. von B Pez und Philibert Hueber, erschien zu Augsburg-Graz 1729; für Vinzenz ist einschlägig pars III.

(1401-1464). L'action - la pensée.[6] E. Vansteenberghe, der später Bischof von Bayonne wurde,[7] fand jedenfalls zielsicher die Gesprächspartner bei der erwähnten Kontroverse heraus und versuchte erstmals das gesamte diesbezügliche Schrifttum zu sichten. In bezug auf Marquard Sprenger ist ihm dies allerdings nicht voll gelungen. In der Festschrift für Johann Auer mit dem Titel *Mysterium der Gnade* konnte ich erstmals das Leben dieses in München tätigen Magisters der freien Künste und Seelsorgspriesters darstellen und seine Schriften zum Konzil von Basel und zur mystischen Theologie sichten.[8] Das einschlägige Schrifttum des Melker Benediktiners Johannes Schlitpacher, der bei der Kontroverse als Mittelsmann wirkte, harrt noch einer näheren Untersuchung.

E. Vansteenberghe hat in seiner Monographie *Autour de la Docte Ignorance* erstmals eine Darstellung der erwähnten Kontroverse unternommen. Im Anhang des Werks bietet er eine Ausgabe des Briefwechsels zwischen Nikolaus von Kues und dem Tegernseer Benediktinerprior Bernhard von Waging um die mystische Theologie, sodann zwei einschlägige Traktate des Bernhard von Waging, die betreffenden Schriften des Vinzenz von Aggsbach, mit Ausnahme der bereits durch B. Pez herausgegebenen und ohne das unvollendete und unedierte Werkchen "Alterum scriptum de mystica theologia contra Gersonem", außerdem einen Brief des Tegernseer Benediktiners Konrad von Geisenfeld (von 1454) an Johannes Schlitpacher.

Bisher unveröffentlicht blieben die Traktate des in der mystischen Theologie und ebenso in Konzilsfragen bewanderten Magisters Marquard Sprenger, der seine Ausbildung an der Universität Wien erhalten hatte. Schon von daher ist die durch E. Vansteenberghe vorgelegte Darstellung der Kontroverse um die mystische Theologie ergänzungsbedürftig. Da E. Vansteenberghe zudem die nähere Literatur zur Geschichte der Kartause Aggsbach, soweit sie bis dahin erschienen war, nur zum Teil kannte, war eine Beschäftigung mit der Biographie des Vinzenz von Aggsbach unerläßlich.

Das Leben des Vinzenz von Aggsbach

Trotz langen Suchens konnte ich über die Lebensdaten des Vinzenz von Aggsbach nur weniges ermitteln. Er war deutschsprachig, sprach Deutsch als Muttersprache, und entstammte daher dem deutschen Sprachgebiet. Das bezeugen einige in seinen Schriften unvermittelt auftauchende mundartliche Brocken.[9]

Überliefert sind von ihm nur lateinische Schriften. Das Lateinische war die Sprache der Kirche und der gelehrten Welt, auch der Hofkanzleien und der Diplomatie. Der Hinweis, daß Vinzenz Deutsch als Muttersprache hatte, ist nicht überflüssig. Der Kartäuserorden hat sich mehr und mehr den Zug zum Internationalen beigelegt. Daß Mönche ein und derselben

---

[6] Paris 1920; Nachdr. Frankfurt/M. 1963.

[7] E. Vanteenberghe war, als er die Abhandlung *Autour de la Docte Ignorance* veröffentlichte, Direktor des Priesterseminars zu Saint-Amand-les Eaux (Dép. du Nord) in Nordfrankreich. Nachher wurde er Professor der Moraltheologie in Straßburg. M. Grabmann, *Bernhard von Waging (+ 1472), Prior von Tegernsee, ein bayerischer Benediktinermystiker des 15. Jahrhunderts, Stud. u. Mitt. z. Geschichte des Benediktiner-Ordens* 60 (1946) 82-98, hier 84; s.a. E. Vansteenberghe, *Autour de la Docte Ignorance* 221.

[8] *Mysterium der Gnade* (Festschr. f. J. Auer), hg. von H. Roßmann und J. Ratzinger, Regensburg 1975, 350-411: *Der Magister Marquard Sprenger in München und seine Kontroversschriften zum Konzil von Basel und zur mystischen Theologie.*

[9] Tract. contra Gersonem (Vansteenberghe, *Autour* 194): "der unter die tauben scheutt (scheuzt?), treff, so treff". "Reim dich, puntschuech" (ebd. 195).
"in die raeuschen" (= Fischreusen. Ebd. 198). Ep. 1 (Pez 327): "hat ghufft". Ep, 4 (Pez 329): "durch des handwercks willen". Ep. 5 (Pez 330): "einen alten". Ep. 16 (Pez 353): "ein laers stroh dreschen". Ebd. (Pez 354): "Facit (sc. Marquardus Sprenger) enim sicut aliquis, qui inter waitzen und pollein und Semlein-brodt non habet differentiam, sed accipit unum pro alio, propter hoc, quod omnes isti panes suam originem ex tritico trahant." Alterum scriptum contra Gersonem (Cod. Mellic. 1605, f. 109r): "Et super omnia illa, - quid sit mystica theologia, — hat er noch nie derraten."

Kartause verschiedenen Nationen angehörten und aus verschiedenen Sprachgebieten kamen, war zwar nicht die Regel, aber auch nicht gerade seltene Ausnahme. Der Aggsbacher Prior Michael (von Prag) kam aus der Prager Kartause. Später nahm Aggsbach verschiedene der aus der Prager Kartause vertriebenen Mönche auf. Besonders in der Zeit der Reformation im 16. Jahrhundert hatte die Kartause Aggsbach Mönche und zumal Prioren aus außerdeutschen Sprachgebieten, so dem ungarischen und dem niederländischen.

Vinzenz von Aggsbach war vermutlich österreichischer Herkunft. In diese Richtung weisen die erwähnten mundartlichen Ausdrücke. Daß er einem Weinbaugebiet entstammte, möglicherweise sogar der Wachau selbst oder etwa dem "Weinviertel", kann man im Hinblick auf die im "Alterum scriptum de mystica theologia contra Gersonem" auftauchende Bemerkung vermuten, die Lehre des (Kartäusers) Hugo von Balma in Sachen der mystischen Theologie sei im Vergleich zur entsprechenden Lehre des Johannes Gerson wie der beste Malvasierwein im Vergleich zum billigen Bier.[10] Das Bier, das bayerische Volksgetränk, schätzte Vinzenz also geringer ein als den edlen Wein, und das wohl auf Grund längerer Erfahrung. Es ist kaum anzunehmen, daß er das Weintrinken erst in seinem Kloster Aggsbach gelernt hätte.

Vinzenz wurde 1389 geboren und trat etwa 1409-1410, mit 20 oder 21 Jahren, in seinen Orden ein. In seiner "Replicatio" vom 26. August 1459 gegen das 1459 verfaßte "Defensorium Laudatorii doctae ignorantiae" des Bernhard von Waging bezeichnet er sich nämlich als Siebzigjährigen, der beinahe 50 Jahre in seinem Orden verbracht habe.[11] Einen gleichlautenden Hinweis auf sein Alter bietet auch der ihm befreundete Melker Prior Johannes Schlitpacher aus Weilheim in Oberbayern,[12] der besonders als Klosterreformator bekannt wurde.

Wo Vinzenz aufgewachsen ist und welche Ausbildung er genossen hat, ist bislang unbekannt. An irgendeiner Klosterschule, Stadtschule oder auch beim Heimatpfarrer dürfte er das Latein erlernt haben, das er später gut beherrschte. Falls er an einer Kloster- oder Stadtschule unterrichtet wurde, dürfte er dort auch die erste Einführung in die Artes liberales genossen haben.[13]

Im Jahre 1409 oder 1410 trat er in den Kartäuserorden ein und zwar in die Kartause Aggsbach, die sein Profeßkloster war.[14] Dort hat er die ordensübliche Ausbildung, mit dem Noviziat beginnend bis zur feierlichen Profeß, die auch die "stabilitas loci" beinhaltete, durchlaufen. Von einer etwaigen dem Ordenseintritt voraufgehenden philosophischen und theologischen Ausbildung an der 1365 gegründeten Universität Wien oder einer anderen Universität ist bei ihm nichts zu verspüren.

Er weiß zwar, daß man an den Universitäten zu den höheren Titeln der einzelnen Fakultäten nur über die niedrigeren Stufen aufsteigen kann und ebenso zum Priestertum nur

---

[10] Cod. Mellic. 1605 (59 B. 24), f. 104v: "Hugo etiam de Palma in sua mystica theologia idem sentit, cuius doctrina in ista materia comparata ad doctrinam sonis est sicut optima malvasia comparata ad vilem cervisiam."

[11] Ep. 10 (Pez 344; zur Datierung ebd. 346): "Poteras (sc. Bernarde de Waging) praesumere, quod homo septuagenarius in annis, et prope quinquagenarius in Religione, ista iam dudum habuisset."

[12] Schlitpacher bemerkt zu Ep.7b (Pez 338f): "Hanc compilationem ex originali de manu compilatoris (d.h. des Verfassers), viri tunc septuagenarii, biduo copiavit ille (sc. Schlitpacher), cui missa fuit festo SS. Martyrum et germanorum Johannis et Pauli (= 29. Juni) anno 1459." Bernhard von Waging an Schlitpacher 1459 (Ep. 11; Pez 347) über Vinzenz: "Patri tanto, viro grandaevo, religiositate praecipuo, probato et devoto."

[13] In die "Gymnasialzeit" passen einige Reminiszenzen. So spielt Vinzenz etwa an auf die Sentenz "Si tacuisses, philosophus mansisses": Ep. 7 b (Pez 332 b).

[14] Brief an Konrad von Geisenfeld vom 27. Sept. 1455 (Vansteenberghe, *Autour* 216): "Frater Vincentius monachus professus domus portae beatae Mariae in Axpach, ordinis carthusiensis." Ep. 6 (Pez 331): "Scriptum ... per Fratrem Vincentium professum in Axpach anno 1456." S.a. die "Annales necrologici": "Anno domini 1464 obiit dominus Vincentius m. prof. (= monachus professus) et quondam prior domus Portae b. Mariae in Axpach." A. F. Fuchs, *Monumenta Necrologica Aggsbacensia*, in: *Mon. Germ.Hist.*, Abt. 5: *Antiquitates. 2. Necrologia Germaniae,* Bd. 5:*Dioecesis Pataviensis,* pars 2, Berlin 1913, 337.

über gewisse niedrigere Grade (die "niederen Weihen" usf.) weshalb man in der Kunst (ars) der mystischen Theologie um so mehr über gewisse vorausgehende Stufen, der Reihe nach und ohne Überspringungen, aufsteigen müsse.[15] Doch bemerkt er eigens, er habe die wissenschaftliche Logik nicht studiert.[16] Diese gehörte aber zum Stoff der artistischen Ausbildung, die auch für ein theologisches Studium an der Universität verlangt war.

Vinzenz macht in seinen Schriften des öfteren kein Hehl aus seiner gegenüber der Schultheologie ablehnenden Haltung. Auch aus diesen Bemerkungen läßt sich entnehmen, daß er nie eine Universität besucht hat. Trotz einiger Kenntnisse über den Lehrbetrieb an einer Universität hat er doch, anders als Johannes Schlitpacher, keine näheren Verbindungen zum Lehrkörper der Wiener Universität.[17] Ihm mißfällt insbesondere die Disputiersucht vieler, ja vielleicht sogar des größeren Teils der Theologen, die sich mit der Theologie nicht deshalb befassen, um gut zu werden, sondern um das Disputieren zu lernen.[18] Von den Graduierten wollte er lieber, daß sie in den Stufen der Demut graduiert wären.[19]

Wie andere Kartäuser hat offensichtlich auch Vinzenz seine theologischen Studien vor der Priesterweihe, die er anschließend erhielt, in seinem Heimatkloster mehr oder minder privat betrieben. Der Kartäuserorden unterhielt zu keiner Zeit eine eigene Ordenshochschule, also ein Hausstudium oder Generalstudium, mit oder ohne Verbindung zu einer Universität, und ebensowenig eine Klosterschule. Für die Novizenbetreuung zuständig war der Vikar der jeweiligen Kartause, der auch ins geistliche Leben einzuführen hatte.

Man kann Vinzenz von Aggsbach als einen typischen Vertreter der sogenannten "monastischen Theologie" betrachten, d. h. der kontemplativen Theologie abseits der Schultheologie oder "scholastischen Theologie". Diese monastische Theologie wurde vor allem in den "alten Orden", d. h. den Orden vor den im 13. Jahrhundert gegründeten Bettelorden, gepflegt.[20] Die "monastische Theologie" lief jahrhundertelang neben der "scholastischen Theologie" einher und hatte ihren eigenen Wert.

Mit gelehrten Kenntnissen wartet Vinzenz nur selten auf. Er bemerkt z. B. kritisch, daß auf die "Seligkeiten" und die "Früchte des Hl. Geistes" der Tugendbegriff des Aristoteles (in der Nikomachischen Ethik) nicht in allen Fällen passe, weil hier die "alten Doktoren" anderer Meinung sind als die "modernen Lehrer", etwa Thomas von Aquin, an den er sich keineswegs anschließen will.[21] Die "mystische Theologie" versteht er meistens in einem doppelten Sinn. Im weiteren Sinn ist die mystische Theologie identisch mit der kontemplativen Theologie, im engsten Sinn ist sie die nur wenigen zugängliche mystische Erfahrung. Allgemein gelte, daß die Wissenschaft der mystischen Theologie nicht schwätzend oder disputierend sei, auch nicht argumentativ oder beweisführend nach der Art anderer Wissenschaften.[22] Die mystische Theologie werde nicht durch menschliche Weisheit

---

[15] Ep. 4 "Quibus viis ad theologiam mysticam enitendum sit" (Pez 329 b).

[16] Tract. contra Gersonem (Vansteenberghe, *Autour* 193): "secundum meam logicam naturalem, quia litteralem nunquam didici." Das sich anschließende Beispiel für seine "natürliche Logik" ist allerdings nichts anderes als die vollständig Definition eines Schuhes.

[17] Er verweist Schlitpacher an die Universität Wien. Ep. 7 b (Pez 337f): "Sciretis enim defectus Ecclesiam modo obscurantes clare considerare, consideratos colligere, collectos in quaestiones et dubia formare, et de his cum doctis viris, saepe ad vos declinantibus, conferre, vel ea ad aliquos Doctores in Wiennam transmittere, ut vel declarationem facerent, vel de ipsis in suis exercitiis disputarent."

[18] Alterum scriptum contra Gersonem (Cod. Mellic. 1605, f. 106r): "... de multis, immo forte maiore parte theologorum, qui non, ut boni fiant, sed ut disputare sciant, in sacrarum scripturarum studio occupantur."

[19] Brief an Schlitpacher vom 12. Juni 1453 (Vansteenberghe, *Autour* 202): "De graduatis quid dicam? Si essent graduati in gradibus humilitatis, quod tamen raro apud eos contingit, sed magis gradibus oppositis innituntur, adhuc non essent interrogandi et audiendi." Noch kritischer zuvor über die Prälaten (ebd. 202): ihre Herzen seien "quaedam theatra tumultibus plena".

[20] Vgl. J. Leclercq, *Wissenschaft und Gottverlangen. Zur Mönchstheologie des Mittelalters*, Düsseldorf 1963.

[21] Brief an Konrad von Geisenfeld (Vansteenberghe, *Autour* 216): "Credo de beatitudinibus, quod sint virtutes christianorum, et similiter de fructibus, licet aliquibus diffinitio virtutis secundum regulas Aristotelis non conveniat, quia antiqui doctores aliter de eis scribunt quam moderni. Moderni enim, sicut s. Thomas..."

[22] Ebd. (Vansteenberghe, l.c. 215): "Scientia enim mysticae theologiae non est garrula, vel disputatoria vel demonstrabilis et probabilis more aliarum scientiarum, cum nec verbo nec stilo valeat sufficienter explicari."

durchdrungen, noch auch durch Vorlesung und Disput erlernt, sondern von einem Menschen, der bei sich selbst zu wohnen weiß, hauptsächlich durch Übungen, die zu süßer und glühender Gottesliebe führen können, erlangt.[23]

Vinzenz von Aggsbach vertiefte sich wie andere Kartäuser in die Schriften kontemplativer Autoren. Bei den Kartäusern war besonders der Zisterzienserabt Bernhard von Clairvaux ein Lieblingsschriftsteller. Verbindlich war natürlich die Lektüre der *Consuetudines Domus Cartusiae* von Guigo I. und der sonstigen Statuten. Gewisse Dekretalen des Kanonischen Rechts kannte Vinzenz ebenfalls.[24] Mit den *Moralia super Job* Gregors d. Gr., einem Standardwerk der Väterzeit zu Sittenlehre und geistlichem Leben, war er vertraut. Wenigstens in späterer Zeit las er eine Reihe von Schriften des zeitgenössischen Theologen Jean Charlier Gerson, der als Moraltheologe und Theologe des geistlichen Lebens weitbekannt war. Ebenso las Vinzenz mindestens in höheren Jahren Schriften der Frauenmystik, so der Hl. Hildegard von Bingen aus dem Benediktinerinnenorden, der hl. Birgitta von Schweden, Leidensmystikerin und Stifterin des Doppelordens der Birgitten und Birgittinnen, der hl. Katharina von Siena, Mitglied des 3. Ordens der Dominikaner, und der stigmatisierten Leidensmystikerin Dorothea von Montau oder von Preußen, Patronin des Deutschen Ordens, die vor einigen Jahren durch Paul VI. seliggesprochen wurde.[25]

Vinzenz von Aggsbach ist vor allem bekannt geworden als mystischer Theologe, er war aber noch vorher ein tüchtiger Prior seines Hauses. Seinem Charakter nach war er auf die Praxis ausgerichtet. Er hatte, nach so manchen Stellen in seinen Schriften, ein stürmisches Temperament und konnte recht heftig werden. Er war ein streitbarer Geist und hatte sicher auch als Prior die Fähigkeit sich durchzusetzen. Von 1435-1448, durch zwölfeinhalb Jahre, verwaltete er das Amt des Priors. Wäre er seinem Amt nicht gewachsen gewesen, hätte man ihn längst abgelöst. Bei jedem Ordenskapitel und bei völliger Unfähigkeit noch früher konnte ein Priorenwechsel stattfinden. Unter Prior Vinzenz erreichte die Kartause Aggsbach, so darf man wohl feststellen, ihre Hochblüte, was den äußeren Stand und das innere Leben der Kartause betrifft. Wie seine Vorgänger konnte er den Besitz des Klosters mehren und weiter abrunden; er konnte eine Reihe von Schenkungen oder frommen Stiftungen, sogenannte "Seelgeräte", in Empfang nehmen, dazu Grundstücke kaufen und tauschen. Auf die aus der Hinterlassenschaft des zweiten Stifters der Kartause Aggsbach, Otto von Maissau, stammenden Besitzansprüche, die den Unterhalt zweier weiterer Mönche über die im Stiftungsbrief vorgesehene Zahl von dreizehn hinaus ermöglichen sollten, mußte er jedoch verzichten, weil der bayerische Herzog Albrecht III. von Bayern-München als Lehensherr der Herrschaft Spitz Gegenansprüche stellte. Es kam zu einem Vergleich; Prior und Konvent von Aggsbach verzichteten am 15. Juni 1442 gegen eine gewährte Geldentschädigung.[26] Für die Prosperität der Kartause zeugt u.a., daß sie im Jahre 1447 um 918 1/2 Pfund Pfennige der schwarzen Wiener Münze von dem niederbayerischen Benediktinerstift Niederaltaich, das in der Wachau sehr begütert war, den Zehnten in dem zur Pfarrei Spitz gehörenden Teil des Dorfes Aggsbach und in der Ortschaft Aggstein kaufen konnte.[27]

Der durch Zugang aus der Prager Kartause vermehrte Handschriftenbestand in Aggsbach erfuhr unter Prior Vinzenz weitere Bereicherung durch das Schreiben der

---

[23] Replicatio (Ep. 10; Pez 343f): "... Nec mirum, cum ipsa mystica theologia humana sapientia non penetretur, nec lectione et disputatione addiscatur, sed ab homine, sciente habitare secum, per talia exercitia, per quae caritas erga Deum dulciter fervens adipisci potest, potissime acquiratur."

[24] Ep. 7 b (Pez 334f).

[25] Ep. 7 b (Pez 332f, 338); Ep. 8 (Pez 340); Ep. 13 (Pez 348); Ep. 18 (Pez 356f).

[26] A. F. Fuchs, *Urkunden und Regesten zur Geschichte der aufgehobenen Kartause Aggsbach V.O.W.W. (Fontes rer. Austriae.*, 2- Abt.: *Diplomataria et acta*, 59. Bd.) Wien 1906, Nr. 332; H. Roßmann, *Kartause* Aggsbach 162f.

[27] F. Fuchs, l.c. Nr 347 (Urkunde vom 25.5.1447); s.a. Nr. 354; die Urkunden aus dem Priorats Vinzenz von Aggsbach: ebd. Nr. 314-351 (17.8.1435-21.4.1448). S.a., Roßmann, op. cit. 57, 163; zum Priorat des Vinzenz ebd. 161-163, 213f.

Aggsbacher Mönche und der Gäste aus der zerstörten Prager Kartause. Vinzenz selbst betätigte sich wenigstens in der Zeit nach seinem Priorat auch als Abschreiber. Die archivarische Tätigkeit in der Kartause lief ohne Unterbrechung weiter. Wohl unter Prior Vinzenz (oder erst seinem Nachfolger Thomas Papler von Zistersdorf) wurde der heute in den Kunstsammlungen des Stiftes Herzogenburg befindliche Ältere Aggsbacher Hochaltar, ein um 1450 anzusetzendes Tafelwerk, angeschafft. Der Altar verweist jedenfalls auf den Wohlstand und die Kunstfreude des Aggsbacher Konvents und seines Priors in der damaligen Zeit. Als Prior hatte Vinzenz natürlich auch die unerläßlichen Dienstreisen auf sich zu nehmen. So war er einmal dabei, als auf einer Ständeversammlung sich der damalige Passauer Bischof Leonhard von Laymingen (1423-1451) vor den geladenen Prälaten des Landes, darunter der Prior von Aggsbach, darüber beklagte, die Väter des Basler Konzils wollten ihm das Siegelrecht nehmen.[28]

Die Schriften des Vinzenz von Aggsbach

Seine Schriftstellerei, die vor allem die mystische Theologie und daneben die Konzilsproblematik betraf, begann Vinzenz erst nach seiner Abdankung vom Priorat. Der Kartäusergewohnheit entsprechend, war er nun Vikar des Hauses und zwar bis zu seinem Tod am 19. Januar 1464, der ohne Zweifel in Aggsbach erfolgte, wo er auf dem Klosterfriedhof begraben wurde.[29] Er starb im Alter von etwa 75 Jahren. Zu den Aufgaben eines Vikars gehörte außer der Stellvertretung im Falle der Abwesenheit des Priors die Betreuung des geistlichen Lebens in der Kartause und die Novizenunterweisung. Von 1453 bis 1460 oder 1461 beteiligte sich Vinzenz an der schon länger währenden Kontroverse um die mystische Theologie.

Johannes Schlitpacher in Melk und Vinzenz in Aggsbach hatten zu ihrer Briefstellerei langjährig die Erlaubnis ihrer Prälaten, wie Schlitpacher eigens bemerkt.[30] Der Aggsbacher Prior Thomas Papler (1448-1458; † um 1464), der eine Universitätsbildung in Wien vorweisen konnte, betrachtete jedoch in einem spätestens 1458 verfaßten Brief die Beschäftigung des "Bruders Vinzenz" mit solchen Fragen als "minder nützlich"; wahrscheinlich folge daraus nur ein bescheidenes oder gar kein Ergebnis. Ein vornehmer und frommer Prälat habe sogar den Verdacht des Hochmuts bei Vinzenz geäußert. Thomas frug nun bei Schlitpacher an, ob er auf vorsichtige Weise ihm die Beschäftigung mit solchen Dingen erlauben solle. Von selber zeige Vinzenz keine Besserung. Bei dem Alter und Starrsinn desselben fürchte er aber Schlimmeres, falls er ihn hart für Dinge tadeln sollte, die ihm selbst mißfielen.[31] Des Vinzenz Prior war also von seiner Lieblingsbeschäftigung, der Beschäftigung mit der mystischen Theologie, und vor allem dem Briefwechsel darüber, nicht erfreut. Spätestens 1461 dürfte Vinzenz seine literarische Tätigkeit eingestellt haben, allerdings um fortan bis zu seinem Tod ausschließlich der Kontemplation zu leben.

Als Freund der Kirchen- und Klosterreform hielt Vinzenz von Aggsbach auch dann noch zum Konzil von Basel, als es schismatisch geworden war. Viele Freunde der Kirchenreform und ebenso der Klosterreform, zumal in Deutschland und Österreich, hielten damals zu diesem Konzil, von dem sie sich viel erwarteten. Auch der Tegernseer Benediktiner Johannes Keck († 1450), der übrigens zu den Vorgängern bei der Kontroverse um die mystische Theologie gehörte, der sogar von der Basler Konzilsuniversität die theologische Doktorwürde erhalten hatte, stand lange auf der Seite des Konzils, bis er dann vom

---

[28] Ep. 8 von 1459 (Pez 339).

[29] Zum Todesdatum: L. Koller, *Neue Beiträge zur Geschichte der Kartause Aggsbach, Monatsblatt des* Vereins für Landeskunde von Niederösterreich 8 (1909) 275-280, 303-306; 9 (1910) 3-8" hier 276; A. F. Fuchs, *Monumenta necrologica Aggsbacensia* 337.

[30] Pez 342 ; s. a. 328.

[31] Ep. 20 (Pez 357): "Ego vero considerans nunc senium personae et indurationem oculi eius timeo saepius si dure circa mihi displicibilia reprehenderem, deterius sequeretur."

Konzilspapst Felix V. zum römischen Papst Nikolaus V. überging. In verschiedenen Schriften, auf die Marquard Sprenger in München († 1474) mit Gegenschriften antwortete, begründete Keck seinen Schritt und seine neue Position.[32] Vinzenz von Aggsbach belobigte seinerseits Marquard Sprenger für seine konzilsfreudige Haltung bzw. seine Verteidigung desselben, während er dessen Schriften zur mystischen Theologie nicht zustimmen könne.[33]

Die Kontroverse um die mystische Theologie ist noch nicht in ihrem ganzen Ausmaß erforscht. Insbesondere harren die einschlägigen Schriften des Johannes Keck, des Marquard Sprenger und auch des Bernhard von Waging († 2. August 1472) noch weiterer Untersuchung.[34] Johannes Keck war übrigens als Prior Vorgänger Bernhards von Waging in Tegernsee. Bei der bestehenden Forschungslage können nur Umrisse aufgezeigt und für Vinzenz von Aggsbach die wichtigsten Schriften genannt werden.

Im Jahre 1440 hatte Nikolaus v. Kues († 1464) sein großes Hauptwerk *De docta ignorantia* abgeschlossen.[35] Darin entfaltete er seine weitgespannte Lehre vom "belehrten Nichtwissen" bis zur "negativen Theologie", wie sie in der Väterzeit der neuplatonisch beeinflußte christliche Theologe Ps.-Dionysius Areopagita, der Vater der "mystischen Theologie", in seinem Werkchen "De mystica theologia" und auch der Schrift "De divinis nominibus" vorgetragen hatte. Der Tegernseer Benediktinerprior Bernhard von Waging trat mit dem bereits berühmten Kardinal, der 1452 das Kloster Tegernsee besuchte, in einen freundschaftlichen Briefwechsel, der vom Sommer 1452 bis Januar 1456 dauerte. Nachdem er 1451 die drei Bücher des Werks *De docta ignorantia* gelesen, verfaßte Bernhard noch im gleichen Jahr eine relativ kurze Lobesschrift auf dieses Werk mit dem Titel "Laudatorium doctae ignorantiae necnon invitatorium ad amorem eiusdem".[36] Darin spielte er bereits auf die gegen dasselbe gerichtete Kampfschrift "De ignota litteratura" (1442-43) des Heidelberger Theologieprofessors Johannes Wenck von Herrenberg († 1460) an, desgleichen auf des Kusaners Verteidigungsschrift "Apologia doctae ignorantiae".

Vinzenz von Aggsbach schrieb vom 1.-12. Juni 1453 einen gegen die Auffassung des Johannes Gerson († 1429) gerichteten Traktat über die mystische Theologie, den er dem Melker Benediktiner Johannes Schlitpacher († 1482) überreichte. Obwohl zuvor Anhänger Gersons, will er nun zeigen, daß dieser weder mit dem Text des Ps.-Dionysius noch dessen Auslegern noch auch den Praktikern der Kunst der mystischen Theologie und sogar mit sich selbst nicht übereinstimme, also eine weitläufige Widerlegung. Seine Zitate aus Ps.-Dionysius und dessen Kommentatoren schöpft Vinzenz aus dem Werk "De septem itineribus aeternitatis" des Franziskaners Rudolf von Biberach († nach 1326), das ihm jedoch als Werk Gersons gilt. Ihm gefällt es nicht, daß Cusanus und Keck, dessen Kommentar zur Benediktsregel mit den beiden eingeflochtenen Traktaten zum kontemplativen Leben bzw. zur mystischen Theologie er gekannt haben dürfte, anderer Ansicht sind. Er befürchtet "Schismen", wenn der eine für Hugo von Balma, einen Kartäuser des 13. Jahrhunderts, der mit seinem Werk *Mystica theologia* oder *De triplici via* (Incipit: "Viae Sion lugent", K1 1,4)

---

[32] Näheres bei H. Roßmann, *Marquard Sprenger;* zu Johannes Keck ebd. 372-386; ders., *Der Tegernseer Benediktiner Johannes Keck über die mystische Theologie,* in: Das *Menschenbild. des Nikolaus von Kues und der christliche Humanismus* (Festgabe f. R. Haubst), hg. von M. Bodewig-J. Schmitz-R. Weier (*Mitt. u. Forschungsbeiträge der Cusanus-Ges.* 13), Mainz 1978, 330-352; F. Renner, Keck, Johannes: *Neue Deutsche Biographie* XI (Berlin 1977) 387f.

[33] E. Vansteenberghe, *Autour* 213 ; H. Roßmann, *Marquard Sprenger* 371

[34] Zu Bernhard von Waging: H. Roßmann, *Marquard Sprenger* 391f u.ö.; ders., *Johannes Keck* 331ff; ders., B. v. Waging: *Lexikon des Mittelalters* I (München-Zürich 1980) 2004.

[35] *De docta ignorantia* wurde am 12. Febr. 1440 in Kues vollendet. Zu Cusanus siehe etwa: R. Haubst, Nikolaus v. Kues: LThK[2] VII (1962) 988-991; ders., Docta ignorantia, ebd. III (1959) 435; E. Meuthen, *Nikolaus von Kues 1401-1464. Skizze einer Biographie,* Münster i.W. [3]1976; H. Roßmann, *Johannes Keck* 330f.

[36] E. Vansteenberghe, *Autour* 163-168; s.a. H. Roßmann, *Marquard Sprenger* 391.

die mystische Theologie der späteren Kartäuser nachhaltig prägte, Partei ergreift, der andere für Gerson, der dritte für Keck und der vierte für Cusanus sich erklärt.[37]

Unser Kartäuser hält sich streng an die umstrittene Sentenz in der Schrift "Von der mystischen Theologie" des Areopagiten: "Agnostos anástethi" — "Ignote consurge" (I,1). Für ihn ist die mystische Theologie, im engeren Sinn als mystische Erfahrung verstanden, eine geheimnisvolle Geisteserhebung zu Gott ohne vorausgehende oder begleitende Erkenntnis, nicht beschränkt auf theologisch Gebildete und überhaupt Sache von wenigen. Kontemplation und mystische Theologie verhalten sich nach ihm wie (intellektuelles) Sechstagewerk und (affektive) Sabbatruhe.[38] Im ganzen ist er ein Anhänger einer affektiv-antiintellektualistischen Auffassung von der mystischen Theologie bzw. der mystischen Erfahrung.

Wie Vinzenz in seinem Begleitbrief vom 12. Juni 1453 an den ihm befreundeten Johannes Schlitpacher äußerte, war er zu dem Traktat angeregt worden durch eine übersandte Collatio, in der Schlitpacher seine Auffassung von der mystischen Theologie gegen Einwände gelehrter Zeitgenossen verteidigt hatte. Vinzenz gesteht dabei, daß er in einer früheren "schedula" kritikloser Anhänger Gersons gewesen sei, von dem er mehrere Werke kopiert habe. Er schicke nun Schlitpacher seine Ausführungen zur Begutachtung.[39]

Nach einer Äußerung Bernhards von Waging am Anfang seiner 1459 verfaßten Verteidigungsschrift für sein "Laudatorium", nämlich des "Defensorium Laudatorii doctae ignorantiae", war sein "Laudatorium" seinerzeit ohne sein Wissen zu Vinzenz in Aggsbach gelangt.[40] Schlitpacher hatte es dorthin weitergereicht. In einem längeren Brief vom 19. Dezember 1454 an Schlitpacher bezog Vinzenz Stellung gegen das Dreigestirn "Gerchumar", nämlich gegen Gerson, Cusanus (Cusa) und Marquard (Sprenger), außerdem gegen das "Laudatorium" des Bernhard von Waging, der den Brief hernach als "Impugnatorium Laudatorii" betitelte, nachdem er ihn zufällig in einem ihm von Schlitpacher übersandten Buch gefunden hatte.[41]

Vinzenz von Aggsbach wendet sich im genannten Brief gegen Gerson, Nikolaus von Kues und Marquard Sprenger, nur nebenbei auch gegen Bernhard von Waging in seiner Eigenschaft als Lobredner und Verteidiger der cusanischen Schrift *De docta ignorantia*. Johannes Schlitpacher war bei der ganzen Kontroverse mehr als Mittelsmann tätig, neben ihm auch Konrad von Geisenfeld (Profeßmönch von Melk; † 10. Mai 1460) vom Kloster Tegernsee, der die Vermittlung in Tegernsee und zu Sprenger in München leistete. Vinzenz rügt an Marquard Sprenger vor allem, daß er im dritten Teil seines *Elucidatorium mysticae theologiae* Hugo von Balma einer falschen Lehre von der göttlichen Trinität verdächtigt habe.[42]

Mit einem Brief vom 27. September 1455 an den befreundeten Konrad von Geisenfeld, Magister artium der Wiener Universität und jetzt Sakristan in Tegernsee, setzte Vinzenz seine Angriff gegen das (bis dahin erst dreiteilige) Elucidatorium Sprengers fort.[43] Der Streit geht wie im vorausgehenden Brief unter anderem darum, ob die Geistesgabe der Weisheit und die mystische Theologie identisch sind, was der hl. Thomas von Aquin in seiner *Summa theologia* dazu meint, wie Ps.-Dionysius und seine Kommentatoren Thomas Gallus von Vercelli und Robert Grosseteste (von Lincoln) zu verstehen sind. Sprengers Traktat "De beatitudinibus" will Vinzenz gar nicht haben, weil der Verfasser ohnehin dem hl. Thomas folge, dessen Summe der Theologie in der Kartause vorhanden sei.[44] Ähnlich hatte Vinzenz im vorausgehenden Brief bemerkt, das "Laudatorium" Bernhards von Waging sei großenteils

[37] E. Vansteenberghe, op. cit. 189-192.

[38] E. Vansteenberghe, op. cit.. 200; H. Roßmann, *Marquard Sprenger* 394.

[39] E. Vansteenberghe, op. cit. 201ff.

[40] E. Vansteenberghe, op.cit. 169.

[41] Pez 342; E. Vansteenberghe, op. cit. 171, 188.

[42] E. Vansteenberghe, op. cit. 206.

[43] E. Vansteenberghe, op. cit. 212ff.

[44] E. Vansteenberghe, op. cit. 216.

überhaupt nur ein Auszug aus dem Werk *De docta ignorantia* des Cusanus und sich daraufhin einer eigentlichen Widerlegung desselben enthoben.[45]

Gegen Sprengers *Elucidatorium* schrieb Vinzenz ferner eine wohl an Schlitpacher gerichtete "Nota" von 1455; anscheinend handelt es sich um einen Briefauszug.[46]

Auch später noch führte er einerseits das Gespräch mit Schlitpacher um die mystische Theologie, anderseits die Kontroverse mit Bernhard von Waging und Marquard Sprenger fort. Auf das 1459 auf Anregung Konrads von Geisenfeld[47] verfaßte „Defensorium Laudatorii doctae ignorantiae" Bernhards, dessen Name und Stellung ihm verborgen geblieben waren, antwortete Vinzenz unter dem 26. August 1459 mit einer ausführlichen scharfen "Replicatio", bis ihm das Papier ausging.[48] Bernhard von Waging schrieb als Antwort noch 1459 einen diesbezüglichen, versöhnlich gehaltenen Brief an Schlitpacher in Melk.[49] In einem konzilianten Brief vom 1. Dezember 1459 an Schlitpacher bat Vinzenz seinerseits um Überlassung von Bernhards neuestem Traktat "De cognoscendo Deum", verfaßt 1459; falls er daraus seinen Irrtum erkenne, werde er künftig zur mystischen Theologie schweigen.[50]

In einem langen Brief, einer lehrhaften "Refutatio", vollendet am 15. Dezember 1459 und an Schlitpacher übersandt, unterzog Vinzenz sodann den umfangreichen Traktat Bernhards "De cognoscendo Deum" einer eingehenden Untersuchung, die zu ablehnender Beurteilung führte. Am Schluß bemerkt er resignierend, er wolle künftig zur mystischen Theologie nichts mehr schreiben noch auch von Schlitpacher ihren Namen lesen.[51] Bernhard von Waging hingegen setzte seine Gedankengänge noch in seinem großen Werk "De spiritualibus sentimentis et perfectione spirituali" (etwa 1463/64) fort.[52]

Gegen Marquard Sprenger verfaßte Vinzenz ebenfalls eine Widerlegung, eine "Refutatio", datiert auf den 25. Mai 1460 und wiederum an Schlitpacher gerichtet.[53] Sprenger hatte die Angriffe des Kartäusers auf sein "Elucidatorium" mit einer Apologie pariert. Vinzenz bemerkt in seinem scharfen Antwortbrief, er habe die "Tractatuli" Sprengers (neben der Apologie das "Complementum" und vielleicht auch dessen Anhang) sogleich vollständig gelesen. Außer den Darlegungen zur Theorie der mystischen Erfahrung mißfallen ihm besonders diejenigen zu den Geistesgaben und den "gratiae gratis datae". Marquard und er hätten überhaupt nicht nur eine verschiedene mystische Theologie, sondern darüber hinaus eine verschiedene Logik. Er trägt schließlich Schlitpacher auf, diese Blätter entweder zu verbrennen oder zurückzusenden, damit sie nicht an Sprenger und die Seinen gerieten. Dieser würde doch wieder einen neuen Traktat anfangen und wenn dann er Sprengers Ausführungen ebenso kommentieren wollte wie Sprenger die seinen, wäre ein Ende der Kontroverse unabsehbar.[54]

Zu Johannes Gerson schrieb Vinzenz zu unbekanntem Datum ebenfalls nochmals eine Widerlegung, das bislang unveröffentlichte, unvollendete "Alterum scriptum patris Vincentii de mystica theologia contra Gersonem", wie es der Kopist betitelte.[55] Darin werden so manche Gedankengänge gegen Gerson nochmals aufgenommen.

Im gebotenen Überblick konnten die Schriften des Vinzenz von Aggsbach zur mystischen Theologie nur in ihrer Abfolge und mit den Gegenschriften kurz vorgestellt

---

[45] E. Vansteenberghe, op .cit. 206, 208.

[46] E. Vansteenberghe, op .cit. 217f.

[47] Ep. 11 (Pez 346).

[48] Ep. 10 (Pez 343-346).

[49] Ep. 11 (Pez 346f).

[50] Ep. 14 (Pez 348).

[51] Ep. 15 (Pez 349-353).

[52] H. Roßmann, *Marquard Sprenger* 396.

[53] Ep. 16 (Pez 353-356). In Ep. 17 (Pez 356) vom 6. Okt. 1460 begründet Vinzenz gegenüber Schlitpacher, warum er nicht noch mehr gegen Sprenger schreibe.

[54] Ep. 16 (Pez 355f).

[55] Cod. Mellic. 1605 (59 B.24), f. 104r-lllr.

werden.[56] Bloß erwähnt wurden einige wenige Briefe zur Konzilsthematik und zur Frauenmystik. All die Einzelheiten der Kontroverse und die komplizierten Gedankengänge und Beweisführungen der verschiedenen Gesprächspartner darzutun, war nicht möglich. Vinzenz von Aggsbach war jedenfalls in der, im Rahmen des 15. Jahrhunderts interessanten Kontroverse um die mystische Theologie ein wichtiger Gesprächsteilnehmer mit eigenständiger Stellungnahme, derzufolge im mystischen Erleben die affektive Gottesliebe den Primat und die Priorität hat vor der entsprechenden Erkenntnis.

---

[56] Der Vollständigkeit halber seien noch erwähnt ein Brief vom 12. Okt. 1453 an Schlitpacher über die drei Wege zur mystischen Theologie (Ep. 4: Pez 328-330) und eine im Auszug erhaltene Anfrage an denselben aus wohl etwas späterer Zeit über die Geistesgaben (Ep. 9: Pez 341f).

80

Die Kartause Aggsbach: Kartausenanlage mit restaurierter Wehrmauer
und Türmen (Dr.Franz Sidl)

82   Die Kartause Aggsbach: Pfarrhof und Fassade der Kirche (P. G. Weigl)

Die Kartause Aggsbach: Kleiner Kreuzgang (Alfons Maderna) 83

Die Kartause Aggsbach: Eingangsportal (Dr. Franz Sidl)

Die Kartause Aggsbach: Innenhof (Ingeborg Hogg)

Die Kartause Aggsbach: Refektorium: Deckenfresko (P. G. Weigl)

ILLVSTRISSIMVS

Die Kartause Aggsbach: Detailaufnahme von Heidenreich dem Stifter
(P.G.Weigl)

Die Kartause Aggsbach: Prälatur mit Deckengemälde (Dr. Franz Sidl)

Die Kartause Aggsbach: Flachrelief in der Prälatur: Graf Roger begegnet
dem heiligen Bruno (Dr. Franz Sidl)

Die Kartause Aggsbach: Barockbild des Heiligen Bruno
in der restaurierten Bibliothek (Dr. Franz Sidl)

Die Kartause Aggsbach: Südfassade der Kirche (Ingeborg Hogg)   91

Die Kartause Aggsbach: Kirche und Konventsgebäude (Ingeborg Hogg)

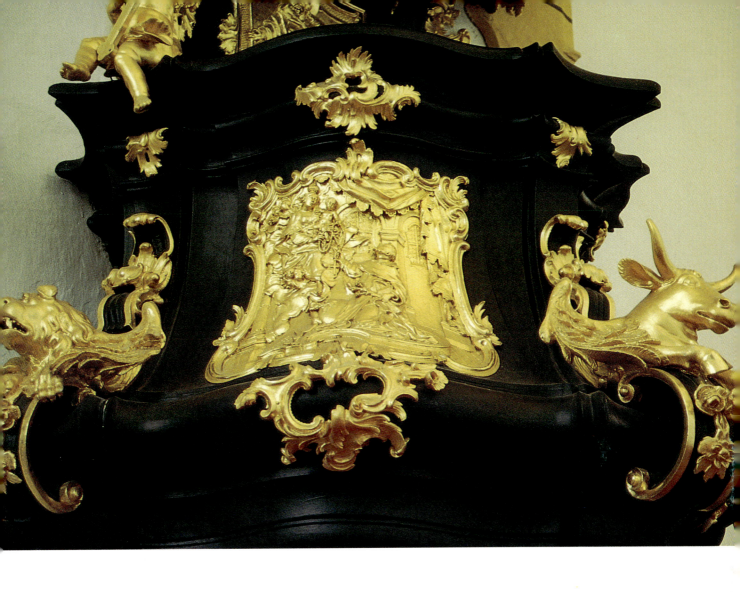

Die Kartause Aggsbach: Detailaufnahme der Kanzel (Dr. Franz Sidl)   93

Die Kartause Aggsbach: Ehemalige Bibliothek (Dr. Franz Sidl)

Die Kartause Aggsbach: Bruno-Zyklus in der ehemaligen Bibliothek (Dr. Franz Sidl)   95

Die Kartause Aggsbach: Der renovierte Kreuzweg auf dem Kalvarienberg
(Dr. Franz Sidl)

Die Kartause Aggsbach: Sammlung Stift Klosterneuburg G 454
(Inge Kitlitschka-Strempel)

97

Die Kartause Aggsbach: Barocke Darstellung der Kartausenanlage (im Pfarrhof)
(P. G. Weigl)

Die Kartause Aggsbach: Modelldarstellung von P. G. Weigl im Kartäusermuseum
Aggsbach (P. G. Weigl)

Die Kartause Aggsbach: Eingang zur Kartause (Bundesdenkmalamt, Wien) 99

Die Kartause Aggsbach: Innenhof vor der Restaurierung
(Bundesdenkmalamt, Wien)

Die Kartause Aggsbach: Südfassade - Stiegenaufgang zum Chor
(Bundesdenkmalamt, Wien)

Die Kartause Aggsbach: Kartausengebäude vor der Restaurierung
(Bundesdenkmalamt, Wien)

Die Kartause Aggsbach: Gotischer Schlußstein „Maria mit dem Kinde"
(vor der Restaurierung) (Bundesdenkmalamt, Wien)

Die Kartause Aggsbach: Gotischer Schlußstein „Pelikan"
(Bundesdenkmalamt, Wien)

Die Kartause Aggsbach: Gotischer Schlußstein „Das Einhorn"
(Bundesdenkmalamt, Wien)

Die Kartause Aggsbach: Gotischer Schlußstein „Der Phönix"
(Bundesdenkmalamt, Wien)

Die Kartause Aggsbach: Gotischer Schlußstein „Löwe säugt Junge"
(Bundesdenkmalamt, Wien)

Die Kartause Aggsbach: Refektorium nach der Restaurierung
(Bundesdenkmalamt, Wien)

ANMERKUNGEN ZUR WIRTSCHAFTLICHEN LAGE DER KARTAUSE AGGSBACH IM MITTELALTER UND IN DER FRÜHEN NEUZEIT

GERHARD JARITZ

Wirtschaftlicher Erfolg nimmt in der Geschichte von Kartausen zumindest theoretisch eine grundsätzlich relativ irrelevante Rolle ein. Er ist Teil des materiellen Lebens, welchem für die Mönche, die für die Welt Gestorbenen, nur insofern Bedeutung zukommt, als es Existenzmöglichkeiten verspricht und sichert. Dennoch zeigt sich eine enge Verbindung zwischen Materiellem und Spirituellem.[1] Jede spirituell dominierte Lebensform benötigt ihre materielle Basis,[2] die positiv oder negativ rezipiert, realisiert und/oder normiert werden kann.

Die Verbindung der Welt, besonders von weltlichen Wohltätern, zu Kartäuserklöstern ist bekannt.[3] Die Stiftung und Bestiftung von Klöstern erfolgt mit Hilfe des Einsatzes materieller Objekte, seien sie liegend oder fahrend. Dieselben versichern die Stifter besserer Möglichkeiten für die Erlangung ewigen Seelenheils[4] und schaffen für die Kartäuser eine materielle Grundlage für ihre Spiritualität. Vor allem die Stiftungen von Ländereien an Kartausen sind nicht nur charakteristisch für frühe Gründungen des Ordens, sondern lassen sich auch für spätere Niederlassungen, wie etwa für Aggsbach,[5] klar erkennen. Darüber hinaus sind die Übergabe von ursprünglichem Lehensbesitz zu freiem Eigen und die freie Vogtwahl ausgesprochen positive Komponenten für die wirtschaftliche Entwicklung der Kartause.[6]

So schuf die Dotation des Heidenreich von Meissau,[7] seiner Familie und anderer Wohltäter die adäquate Grundlage für die Aggsbacher Gründung und deren weiteren Be-

---

[1] Vgl. Brian Patrick McGuire, Spiritual and Material Life in the Middle Ages: a Contradiction? (The Example of Cistercians in Northern Europe). In: Mensch und Objekt im Mittelalter. Leben-Alltag-Kultur (Veröffentlichungen des Instituts für Realienkunde des Mittelalters und der frühen Neuzeit 13 = Sb. Ak.,Wien, phil.-hist. Klasse 568) Wien 1990, 285—313.

[2] Vgl. Helmuth Feigl, Die Kartause Gaming als Grundherr. In: Walter Hildebrand (Hrsg.), Kartause Gaming. Gaming 1984, 26.

[3] Vgl. Heinrich Rüthing, Zur Geschichte der Kartausen in der Ordensprovinz Alemannia inferior von 1320 bis 1400. In: Marijan Zadnikar - Adam Wienand (Hrsg.), Die Kartäuser. Der Orden der schweigenden Mönche. Köln 1983, 157. Vgl. auch die Bezugnahme auf die Aggsbacher Stiftung in 1387 VIII 24: *Cum ... dominus Haydenricus de Meyssaw ... eandem domum ordini Cartusiensi donaverit, quem pre ceteris ordinibus speciali favore dilexit, ...* [Adalbert Fuchs (Hrsg.), Urkunden und Regesten zur Geschichte der aufgehobenen Kartause Aggsbach V. O. W. W. Wien 1906, 85, n.79]; Urkunde Herzog Stephans in Bayern, 1402 VIII 13, Passau: ... betracht die strengicheit dez egenanten ordens ... und daz auch wir ...willig sein süllen, damit solich orden und goczhäwser, ..., allczeit fürbracht und gefüdert werden, ... (ebd. 172, n. 184). Zur Verbindung zwischen Kartäusern und Welt vgl. Gerhard Jaritz, Klosteralltag und Welt im Spätmittelalter: Das Beispiel der Kartäuser. In: Kartäuserregel und Kartäuserleben (Analecta Cartusiana 113:3) Salzburg 1985, 47-68.

[4] Vgl. z.B. Befreiung der Kartause Aggsbach von der herzoglichen Gerichtsbarkeit durch Herzog Albrecht III., 1380 V 1, Wien: ... *und hoffen lautterlich hincz got, daz uns von seinen gnaden darumb behalten werde gelükk und sélde leibes und selen und rêichtům dez ewigen lebens* ... (Fuchs, Urkunden 49 f., n. 42); Prior Hans und der Konvent zu Aggsbach bestätigen eine Stiftung durch Seitz von Kuenring, 1380 III 5,-: ... *das sy aller der guettât und gueten werich, dy von uns und alln unsern nachkömen geschehent, ... taylhêftig sülln sein in got lebentig und tod, ...* (ebd. 48, n. 41).}

[5] Vgl. James Hogg, Everyday Life in the Charterhouse in the Fourteenth and Fifteenth Centuries. In: Klösterliche Sachkultur des Spätmittelalters (Veröffentlichungen des Instituts für mittelalterliche Realienkunde Österreichs 3 = Sb.Ak.,Wien, phil.-hist. Klasse 367) Wien 1980, 119: Aggsbach, "a comparatively obscure Carthusian foundation."

[6] Vgl. Fuchs, Urkunden XII.

[7] Zum ersten Stiftungsgut der Kartause, den Verzicht auf die Vogtei mit Möglichkeit der freien Vogtwahl für die Kartause vgl. Heribert Rossmann, Die Geschichte der Kartause Aggsbach bei Melk in Niederösterreich 1 (Analecta Cartusiana 29) Salzburg 1976, 104-108.

stand.[8] Gerade die Familie der Meissauer förderte die Kartause weiterhin.[9] Neben weltlichen und weltgeistlichen Wohltätern scheinen auch neu eintretende Kartäusermönche und -laienbrüder als Donatoren auf.[10]

Für die frühen Prioren der Kartause ist darüber hinaus nachzuweisen, daß sie stark bestrebt waren, den (Grund-)Besitz des Klosters auch durch Ankäufe zu vergrößern und zu stabilisieren,[11] sowie daraufhin zu sichern.[12] Dies geschah zum Teil ebenfalls durch die Aufnahme von Darlehen durch die Kartause.[13]

Besitzungen und Rechte, welche die Kartause damit erhielt, sollten die verschiedenen Lebensgrundlagen sichern: Wohnung und Kirchenbau,[14] Kleidung, Ernährung: Getreide, Fisch, Salz, Wein. Diesbezügliche Grenzen sind gegeben, falls die Ordensnormen überschritten werden. Wenn jene materielle Komponente über die erlaubte Notwendigkeit hinausgeht, ist einzuschreiten: z. B. bei Fleischgenuß innerhalb der Klostermauern und im Refektorium - ... *carnes non solum infra septa monasterii, verum etiam in monachorum cellis et refectorio comederentur* ... -, was 1386 unter anderem zur kurzfristigen Absetzung des Priors führte;[15] z.B. bei Anlage von nicht dem Ordensusus entsprechenden Bauwerken, 1620: *In Domo in Axpach: Et Prior destruatur ista domuncula quam juxta portam sine utilitate aedificavit.*[16]

Probleme um Besitzungen und Rechte konnten sich für die Aggsbacher Kartäuser ergeben bzw. sollten präventiv vermieden werden. So entstand zwischen dem Pfarrer von Spitz und der Kartause ein Besitzstreit um einige Holden und um die Überfuhr an der Donau, welcher im Jahre 1403 zu einem entsprechenden Zeugenverhör führte.[17] Bereits um 1380 und 1389 hatte Papst Urban VI. den Erzbischof von Prag, den Bischof von Raab und den Abt der Schotten zu Wien zum Schutz der Aggsbacher Kartause aufgefordert und sich darin formelhaft - ähnlich wie der Schutzbrief von 1318 für Mauerbach[18] - dezidiert auf die Möglichkeiten der Störungen bezogen.[19] Ähnliche Schutzurkunden werden vom Landes-

---

[8] Vgl. auch Monumenta Necrologica Aggsbacensia. In: Monumenta Germaniae Historica, Necrologia Germaniae V. Berlin 1913, 333-338.

[9] Vgl. z.B. Stiftung des Hans von Meissau, 1391 XII 23,-: Weil Vater und Bruder ... *die obgenant stifft zu ganczen ennd nicht bracht haben, darumb ich mit ... wolbedachtem mŭt ... die obgenante stifft volbring und volfur* ... (Fuchs, Urkunden 112 f., n. 109).

[10] Vgl. z.B. Übergabe von 2000 Gulden an Aggsbach durch den Konversen Leonhard, die in Renten angelegt werden und von deren Erträgnissen so viele Priester aufgenommen werden sollten, als damit unterhalten werden könnten, 1422 XII 6, Aggsbach (Fuchs, Urkunden 230, n. 267; Rossmann, Geschichte 1, 163 f.); Mitgift eines Weingartens durch einen Novizen, 1438 (Fuchs, Urkunden 277, n. 322; Rossmann, Geschichte 1, 163).

[11] Vgl. Rossmann, Geschichte 1, 148 ff.

[12] Zu letzterem vgl. den formelhaften, auf früheren Urkunden basierenden Auftrag des Papstes Urban VI. an den Erzbischof von Prag, den Bischof von Raab und den Abt des Schottenklosters in Wien, die Kartause gegen widerrechtliche Eingriffe in seine Besitzrechte zu schützen, [1378 IV 8-1383 IV 28] (Fuchs, Urkunden 58 ff., n. 51).

[13] Vgl. Rossmann, Geschichte 1, 149 f.

[14] Vgl. Schuldbrief des Prior Hans an Meister Ulrich, den Maler von Passau ... *an der arbait, die er zu unserm chlóster ze Axpach gearibait hat mit malberich und mit glaswerich* ..., 1384 XII 28,- (Fuchs, Urkunden 71, n. 65.); vgl. 1385 IV 29 (ebd. 77f., n. 69); vgl. Rossmann, Geschichte 1, 130. Propst Anton von St. Stephan in Wien bestätigt im Auftrag des Papstes Urban VI. und nach eingehender Prüfung aller Erfordernisse die Stiftung der Kartause Aggsbach, 1393 I 27, Aggsbach: ... *et consideratis per nos structuris ecclesie ambitus galilee edificiis et commodis singulis et universis examinatisque ... invenimus eandem domum pronunc sufficienter fore edificatam et dotatam* ... (Fuchs, Urkunden 121f., n. 117).

[15] Vgl. Rossmann, Geschichte 2, 194 f; Gerhard Jaritz, Zur Sachkultur niederösterreichischer Kartausen im späten Mittelalter. In: Die Kartäuser in Österreich 3 (Analecta Cartusiana 83) Salzburg 1981, 25 f.

[16] [Maurice Laporte], Ex Chartis Capituli Generalis ab initio usque ad annum 1953. Masch. Ms. Grande Chartreuse 1953, 165, n. 1079.

[17] 1403 VII 29,- (Fuchs, Urkunden 174 f., n. 187).

[18] Vgl. Rossmann, Geschichte 1, 142 f.

[19] ... *prioris et fratrum domus porte beate Marie in Axpach ... conquestione percepimus, quod nonnulli archiepiscopi episcopi aliique ecclesiarum prelati et clerici ac ecclesiastice persone tam religiose quam seculares necnon duces marchiones comites barones nobiles milites et laici communia civitatum universitates opidorum castrorum villarum et aliorum locorum et alie singulares persone civitatum et diocesis ac aliarum parcium diversarum occuparunt et*

fürsten für die Kartause ausgestellt.[20] Im Jahr 1416 ordnete Herzog Albrecht V. die wider-rechtliche Belästigung der Kartause wegen des Ungelds auf zwei Schenkhäusern.[21] 1419 kam es zu einem Streit zwischen Aggsbach und Hans Neyperger um das Fischereirecht unterhalb Aggstein; die Zwistigkeit wurde von Herzog Albrecht V. zugunsten der Kartause ent-schieden.[22] Im Jahr 1463 trug Herzog Albrecht VI. seinem Pfleger zu Weiteneck auf, die Kartause neuerlich gegen widerrechtliche Eingriffe in ihre Fischereirechte in der Donau zu schützen.[23] 1391 bat Hans von Meissau seinen Onkel, dieser möge seinem Dienstmann befehlen, die Holden des Klosters Aggsbach nicht über Gebühr zu bedrücken.[24] Vor 1412 ließ sich die Kartause von den Holden zu Seiterndorf den Weizen- und Erbsendienst um 51 Pfund ablösen, um die Zinspflicht zu erleichtern.[25]

Die Verbindungen der Kartause zum Bistum Passau entwickelten sich positiv.[26] So bestätigte im Jahre 1404 Bischof Georg erstmals alle erworbenen und zu erwerbenden Güter und Zehente, mit Ausnahme jener Zehente, die dem Hochstift Passau nach Lehensrecht unterstanden.[27]

Der Besitz der Kartause ist als Streubesitz zu charakterisieren, der von Wien über Stiefern, die Wachau, die Gegend von Aggsbach selbst bis um Pöggstall und Artstetten reichte[28] und Äcker, Wiesen, Wälder,[29] Höfe, Häuser, Weingärten,[30] Gemüsegärten, Abgaben von solchen, Fischereirechte etc. beinhaltete. Nachdem der Stieferner Besitz außerhalb der *Termini* des Klosters lag, war eine entsprechende Bewilligung durch den Prior der Grande Chartreuse nötig.[31]

Die Entwicklung und Beibehaltung der wirtschaftlichen Prosperität ist während des 14. und 15. Jahrhunderts aufgrund der nachzuweisenden Stiftungen und Ankäufe gut zu belegen. Die Zeit der Hussitenwirren bringt zwar geflüchtete Insassen böhmischer Kartausen ins Kloster[32] und eine Hussitenkriegssteuer im Jahr 1429[33] wirkt sich jedoch im allgemeinen

---

occupari fecerunt castra villas et alia loca terras domos possessiones iura et iurisdicciones necnon fructus census redditus et proventus dicte domus et nonnulla alia bona mobilia et immobilia spiritualia et temporalia ad priorem et fratres ac domum predictos spectancia ... etc. [1378 IV 8 - 1383 IV 28] und 1389 IV 24, Rom (Fuchs, Urkunden 58 ff., n. 51, 99-102, n. 92); vgl. Rossmann, Geschichte 1, 142 f.

[20] Vgl. z. B. Urkunde Kaiser Friedrichs III., 1476: ... ... *befelch an alle praelaten, von adel und stätten, auch alle pfleeger, ambtleuth unnd unterthannen im fürstenthumb Österreich ergangen, dasz dieselbe den prior unnd convent desz gotteshausz Aggspach, noch ihres gotteshausz leuth, gründt noch güeter kheinerleÿ voggtheÿ noch obrigkheit unterstehet noch annehmet auch ohne sondern unsern geschäfft unnd befehlen kheinerleÿ steuer, robbath noch ander beschwährung auf sÿe leget, sÿe auch unnd ihre leuth, ihre weingärtten, gründt und güeter beruehiglich pauen, arbeithen unnd in ander weeg nach ihren nothdurften ... damit handlen lasset* ...(Fuchs, Urkunden 322, n. 392).

[21] 1416 VIII 31, Klosterneuburg (Fuchs, Urkunden 222, n. 252); vgl. 1430 II 23, Wien (ebd. 245, n. 287) und 1430 XII 4, Wien (ebd. 257 f., n. 293).

[22] 1419 XI 19, Melk und 1419 XI 20, Melk (Fuchs, Urkunden 225, n. 257 und 226, n. 258; Rossmann, Geschichte 1, 152).

[23] 1463 VI 11, Wien (Fuchs, Urkunden 317, n. 381). Vgl. auch 1495 I 30, - (ebd. 330, n. 406).

[24] 1391 XII 7, Horn (ebd. 111 f., n. 108).

[25] Vor 1412 X 27 (ebd. 214 f., n. 244).

[26] Vgl. Rossmann, Geschichte 1, 146 f.

[27] Fuchs, Urkunden 176, n. 189; vgl. Rossmann, Geschichte 1, 146.

[28] Vgl. Fuchs, Urkunden XI f. Zur ähnlichen Situation Mauerbachs vgl. Rolanda Hantschk, Die Geschichte der Kartause Mauerbach (Analecta Cartusiana 7) Salzburg 1972, 29.

[29] Vgl. [1496] (Fuchs, Urkunden 331 f., n. 407).

[30] Geschichtliche Beilagen zum St. Pöltner Diözesanblatt XV. St. Pölten 1977, 14 f.

[31] 1395 V 12, -: ...*concedimus, ut possint ... possidere ac tenere bona ... in Stifen ... , quod extra terminos eiusdem domus sita sunt ...* (Fuchs, Urkunden 132 f., n. 130).
Vgl. auch die Zustimmung des Priors der Grande Chartreuse zur Verleihung des Waldes in Stiefern durch die Aggsbacher Kartäuser, 1411 VI 29 (ebd. 207, n. 236).

[32] Vgl. Rossmann, Geschichte 2, 207 ff.

[33] Geschichtliche Beilagen XV, 11.

kaum negativ auf die wirtschaftliche Situation aus. Die genannte Blüte ermöglichte es, daß die Zahl der Mönche von 12 bzw. 13 auf 15[34] und schließlich auf 20 erhöht werden konnte[35].

Erst die Periode des 16. Jahrhunderts kann als problematisch bezeichnet werden. Die ab 1526 zu leistenden Türkensteuern führten zu Zahlungsschwierigkeiten, zu Besitzverkäufen[36] und zu einem Niedergang der Kartause. In gleichem Maße wie in anderen Klöstern läßt sich eine Verringerung der Konventsstärke erkennen; ferner sind Versetzungen von und nach Aggsbach überliefert.[37] Zwischen 1518 und 1542 lassen sich bereits Schulden der Aggsbacher Kartause an Gaming und Mauerbach nachweisen.[38] 1564 erklärt der Prior in einem Schreiben an den Kaiser, daß sein armes Kloster ein Darlehen von 1000 Gulden unmöglich aufbringen könne.[39]

Die kaiserliche Visitation des Jahres 1561 belobigt noch die Kartause.[40] 1566 dagegen wird von einigen Verpfändungen berichtet; die Gründe seien in schlechtem Zustand. Der Prior werde durch seine Nachlässigkeit und üble Wirtschaft das Kloster ganz ins Verderbnis bringen.[41] Im Jahre 1575 befahl der Klosterrat dem Prior von Mauerbach als Visitator in Aggsbach zu untersuchen, ob der Prior viele Schulden mache, die Steuer- und Dienstgelder der Untertanen für goldene Ringe und andere Unnotwendigkeiten verwende und ob er im Kloster übel hause.[42] Der Getreide- und Safranzehent an das Kloster durch den Herrn von Polheim war 1588 seit einigen Jahren ausständig.[43] Um die negative Lage zu verbessern, wurden des häufigen ausländische Mönche als Aggsbacher Prioren eingesetzt.[44]

Die Krisensituation, ergänzt von Problemen durch die Reformation,[45] hält etwa bis zur Wende zum 17. Jahrhundert an. Erst dann erholt sich die Kartause auch in wirtschaftlicher Hinsicht wieder.[46] Die desolaten Klostergebäude konnten vor allem unter Prior Thomas III. (1596-1609) wieder hergestellt werden.[47] Der Zenit Barocker Ausgestaltung ergab sich unter dem Prior und - seit 1670 - Prälaten Augustin Köberle (1661-1699).[48]

---

[34] 1389 III 12, Wien (Fuchs, Urkunden 97-99, n. 91).

[35] 1434 IV 14: Die Prioren von Mauerbach und Gaming gestatten anläßlich einer Visitation die Aufnahme von Mönchen bis zur Zahl 20, ... *dantes licentiam ..., ut recipere possint monachos sacerdotes aut ad sacerdotium promovendos, ..., ultra numerum in statutis expressum usque ad viginti inclusive, ..., quia tot credimus posse bene de domus facultatibus sustentari ita quod tamen pro talibus recipiendis secundum modum ordinis preparentur celle quantocius fieri oportune* (Fuchs, Urkunden 270 f., n. 312; Rossmann, Geschichte 1, 164).

[36] Vgl. Rossmann, Geschichte 2, 229 f.; Geschichtliche Beilagen XV, 17 f.

[37] Rossmann, Geschichte 2, 229 f. und 237; Monumenta necrologica 337 f. Zur tristen Situation in Seitz vgl. Erwin Mayer, Die Geschichte der Kartause Seitz (Analecta Cartusiana 104) Salzburg 1983, 39; zu Mauerbach vgl. Hantschk, Geschichte 35.

[38] Vgl. Rossmann, Geschichte 2, 224.

[39] Geschichtliche Beilagen XV, 19.

[40] Ebd.

[41] Ebd. 19 f.; Gerhard Jaritz, Das religiöse Leben in den niederösterreichischen Kartausen im Zeitalter der Reformation. In: Die Kartäuser und die Reformation I (Analecta Cartusiana 108) Salzburg 1984, 75 f.

[42] Geschichtliche Beilagen XV, 21.

[43] Ebd. 22; Rossmann, Geschichte 1, 170.

[44] Vgl. Rossmann, Geschichte 2, 251. Dies läßt sich nicht nur für Kartausen, sondern auch für andere Klöster und Orden nachweisen; vgl. z.B. Gerhard Jaritz, Die Konventualen der Zisterzen Rein, Sittich und Neuberg im Mittelalter II. In: Cîteaux. Commentarii Cistercienses 3-4 (1978) 298 f.

[45] Vgl. Jaritz, Das religiöse Leben 66-91.

[46] Vgl. Rossmann, Geschichte 2, 256 f. Zur ähnlichen Situation in Seitz vgl. Mayer, Geschichte 49; zu Mauerbach vgl. Hantschk, Geschichte 36.

[47] Vgl. Rossmann, Geschichte 2, 257.

[48] Vgl. ebd. 284 und 288; Franz Enne, Die Aufhebung der Kartause Aggsbach (Analecta Cartusiana 49) Salzburg 1977, 12.

ZUR KUNSTGESCHICHTE DER KARTAUSE AGGSBACH

KARL KUBES

Intoleranz hat zu der Aufhebung der Kartause Aggsbach, die weltanschauliche Ablehnung des Konkurrenten hat zu einer Beseitigung des eigentlichen Kartäuserklosters geführt. So verfiel es dann auch der Ignoranz der Kunstgeschichte - seine Geschichte, trotz des Verlustes vieler Archivalien, konnte nicht ausgelöscht werden. Ebensowenig wie seine Spiritualität, weil sich von den Schriften der hauseigenen Autoren (etwa des berühmten Vinzenz von Aggsbach), der Kartäuser und von der Bibliothek das Wissen bewahrt hat. Die bescheidenere Anlage stand selbst von Anbeginn im Schatten ihrer Vorgänger, der von Habsburgern gegründeten Kartausen in Mauerbach bzw. Gaming, denen es z.T. auch besser ergangen war. Aggsbach ist als eine Konkurrenzgründung der mächtigen Landherren gegen die Habsburger zu verstehen. Den beiden Vorgängern blieb der hohe Verlust an Bausubstanz erspart. In Gaming traf es zwar auch nicht unzufällig genau die Einsiedlerhäuschen und die Kreuzgänge: das Herz des Klosters selbst. Doch ist dort von der übrigen und übriggebliebenen Anlage noch ein großer und guter Eindruck zu gewinnen, wie er auch heute ausgenützt wird (Ausstellungen usf.). So ist die Literatur zu Aggsbach dürftiger als zu Gaming oder Mauerbach (es fehlen z.B. die relativ frühen Darstellungen wie bei Marquard Herrgott). Die ausgezeichnete Qualität der Geschichte Aggsbachs von Heribert Rossmann gleicht vieles wieder aus.[1] Tatsächlich gibt es noch keine kunstgeschichtliche Untersuchung Aggsbachs, ja sogar die alten Ansichten auf den Gemälden um 1700, welche die Klosteranlage eingehend genau abbilden und in ausführlichen Legenden beschreiben, sind nicht ausgewertet worden.[2]

Grundsätzlich stellen sich Fragen: Inwieweit zeigt sich eine autonome Kartäuser-Kunst? Wie verwandt ist sie mit der Kunst anderer Einsiedler-Orden, Karmeliter, Kamaldulenser, Augustiner-Eremiten, sodann der Bettelorden, der Zisterzienser, der Benediktiner usw. Kann man sie mit einer weltlichen Bauhütte in Zusammenhang bringen, die auch ganz andere Aufträge erledigte? Läßt sich spezielle Kartäuser-Ikonographie, -Stil, -Form

---

[1] Rossman, Heribert: Die Geschichte der Kartause Aggsbach bei Melk in Niederösterreich, 2 Bde. (Salzburg 1976 = Analecta Cartusiana, hg. James Hogg, BdNr. 29/30.) Die stilistischen Einordnungen Rossmanns, z.B. 19: der heutige Hochaltar von 1910/13 kann doch nur Jugendstil und nicht neugotisch sein; 20 im Jahre 1673 muß man noch von Frühbarock (und nicht Hochbarock) sprechen; 21 in Österreich verwendet man für die Stilstufe von 1721/29 zumindest die Bezeichnung Hochbarock oder eventuell Spätbarock (keineswegs Rokoko, wie es in Deutschland und Bayern üblich ist) - Vergleichsweise weniger zu befriedigen vermag Hantschk, Rolanda: Die Geschichte der Kartause Mauerbach (Salzburg 1972 = Analecta Cartusiana, hg. James Hogg, BdNr. 7.) - Eine knappe Übersicht über die Kunst und Österreich bot: Klos, Friederike: Les Chartreux et l'art en Autriche,in: Daniel Blévec, - Alain Girard: Les Chartreux et l'art. XIVe-XVIIe siècles. Actes du Coloque de Villeneuve-les-Avignon '89, bes. 159-173. - Als Übersicht über die Kartausenanlagen: Zadnikar, Marijan (hg.): Die Kartäuser. (Wienand Verlag Köln 1983). Aggsbach bes. 129.
Es kann hier nicht auf alle Kartausen eingegangen werden, Aggsbach wurde monographisch behandelt - in seiner unmittelbaren vielseitigen Einbettung.
Wie gründlich man im Zeitalter des Josephinismus bzw. der Saecularisation, überall im Lande, auch die kleinen religiösen Objekte getilgt hatte, berichtet ein wichtiger Artikel aus Bayern: Menner, Karl: Die obrigkeitlich verordnete Beseitigung religiöser Denkmäler im frühen 19. Jahrhundert. Aus einer Akte im Staatsarchiv Amberg, in: Beiträge zur Flur- und Kleindenkmalforschung in der Oberpfalz, 15. Jg. 1992, 12-25.
[2] Rossmann (wie Anm. 1) 13 bes. Anm. 7. - Abb.: Die Kartäuser in Österreich = Analecta Cartusiana, Editor James Hogg, Bd. 83 (Institut fur Anglistik und Amerikanistik, Universitat Salzburg, Salzburg 1981) Abb.11,12. - Zusätzlich ist hier noch die Ansicht aus MAUERBACH, heute in KLOSTERNEUBURG ausgewertet worden. - Vgl. die bei Rossmann (wie Anm. 1) angeführte, äußerst komplexe Literaturliste. - Sacken, Eduard von: Die Kunstdenkmale des Mittelalters im Kreise ob dem Wiener Walde des Erzherzogthums Niederösterreich,in: JbZK II. Bd., 1857, 143/4 (bzw. im Archäologischen Wegweiser) brachte beispielsweise auf Fig. 40 einen Dienst in der Kirche mit einem menschlichen Köpfchen, wo der Verf. aber ausschließlich Blattknollen erkennen konnte.

feststellen? Kann man, wenn es keine werktätigen Laienbrüder gab, Absprachen zwischen den Kartäusern und den Bauleuten festellen? Worin liegen ferner Unterschiede zu Pfarrkirchen und Domen? Zu Burgen und Bürgerhäusern? Waren Mauerbach und Gaming vorbildlich? Wirken sich Renaissance und Barock aus? Kam es in der Neuzeit zu Veränderungen - zu welchen und wieso?

STANDORT UND LAGE

Anders als in Mauerbach und Gaming, wo eine weite Ebene die Ausdehnung ermöglichte (in Mauerbach durch den großen, wohl ursprünglichen, Kreuzgang-Hof mit zentraler Kirche eine "Vorwegnahme" des Escorialtypus) hat Aggsbach eine enge, wie eingeklemmte Lage - zwischen dem Wolfsteiner Bach einerseits bzw. einer Felswand andrerseits. Hinter ihr steigt ein Hügel auf, den die bekannte Mauer mit den Türmen umfaßt.[3] Von den Klöstern ist bekannt, daß ihre Lage sorgfältig und auch "ideologisch", nicht nur praktisch gewählt wurde. Das Schluchtartig-Eingeklemmte scheint sich denn auch in der Aggsbacher Kirche zu wiederholen. Die Romantik hat später bewußt die Schlucht als Motiv gesucht und oft herausgestellt.[4] Ungewöhnlich ist die Orientierung der Kirche und somit der Klosteranlage nach N. (wie in Mauerbach; Gaming ist etwa geostet).

TOPOGRAPHIE - DIE ALTEN ANSICHTEN AUF DEN GEMÄLDEN

Der berühmte Kartausen-Stammbaum in Nürnberg zeigt kaum mehr als die Spitzen von Bäumen und Dächern. Georg Matthäus **Vischer** hat 1672 zuerst einmal die abseitige Lage in einem Nebental der Donau festgehalten (Ansicht der Burg Aggstein). Auch die eigentliche Ansicht von O. preßt die kompletten Bauteile zusammen, wir gewinnen nur Einblick in einen Hof (im Großen Kreuzgang). Unbeantwortbar bleibt die Frage, ob die fünf Zellenhäuschen östlich, die drei westlich (keine nördlich) tatsächlich so bestanden haben (es müßten 12 sein) - oder ob sie ein Schema in der älteren Wiedergabe gewesen sind (da sie auch auf den Gemälden auftauchen). Die lange Klosterfront Vischers gleicht einer Kulisse. Sein Zeitgeschmack äußert sich in der Negation des Maßwerks - an seiner Stelle Kreis- oder Rundbogenfenster, die es gar nie gab. Ebensowenig die Zinnenmauer in dieser übermäßigen Länge (hier hätte die Prälatur hinein gehört).

DAS GEMÄLDE UM 1700 IM PFARRHOF AGGSBACH BZW. MUSEUM

Der Berufsmaler hat wohl den Stich Vischers gekannt, nicht ganz genau die Kartäuser (und war des Lateins unkundig) - er besaß aber gezielte Anweisungen.[5] Durch die Aufsicht, sowie die Differenzierung des Weiß der Wände vom Rot der Dächer gewinnt man eine überaus klare Übersicht. Alle Bauten sind voneinander abgesetzt und selbständig artikuliert -

---

[3] Z. B. OYBIN in der ehem. DDR., bei Zittau. Cölestinerkloster 1364 begründet. Magirius, Heinrich: Oybin, in: Kat. Parler (Köln 1978) Bd. 2, bes. 583/4. "Nicht nur ist die Unterkirche aus dem Fels herausgearbeitet, auch die Südseite der Kirche selbst ist bis zur Hälfte der Höhe Felswand. Am nördlichen Steilhang waren Substruktionen notwendig, die in Höhe der Unterkirche als "Kreuzgang" und darüber als Kapellen genutzt wurden."

[4] Felsschluchten z.B. bei August Heinrich. Die „Partie aus dem Uttewalder Grund" im Wiener Belvedere. Krämer, Gode: Der Maler und Zeichner August Heinrich/ Dresden 1794-1822 Innsbruck (Karlsruhe o.J. = 1979). - Ders.: August Heinrich - Tragik eines Malers,in: Mitteilungen der Österreichischen Galerie Jg. 26/27, 1982/3, Nr. 70/71, 170-207.

Anders ist es, wenn der Felsen selbst in den Mittelpunkt gerückt wird. Etwa in ST. LEONHARD AM PYHRN OÖ. In der Unterkirche im O. als "Altar" ein Felsen, auf dem eine Kreuzgruppe steht. Vgl. die Zeitschrift "Oberösterreich" 30.Jg., H2, 52. - Hierzu gehören auch die Höhlen der Einsiedler, wie in Gaming bei der Kartause, die nachweislich von den Kartäusern frequentiert wurden. Hornung, Herwig Hans: Die Inschriften der politischen Bezirke Amstetten und Scheibbs. (Deutsche Inschriften. Die Inschriften Niederösterreichs Teil 1. Wien 1966) 171/2 Nr. 302, Abb.

[5] Das Gemälde ist jetzt im MUSEUM zu sehen. - Vgl. z.B. Jaritz, Gerhard: Rein in alten Ansichten, in: Stift Rein 1129-1979. 850 Jahre Kultur und Glaube. Festschrift zum Jubiläum (Rein 1979) 62-76.

sie werden durch die Bildlegende erklärt. Einzig in die Unterteilungen bzw. Innenräume erhalten wir keine Einsicht.[6]

Besonders wertvoll ist das Aussehen des Einsiedlerklosters, der Zellenhäuschen um den großen Kreuzgang - weil diese dem Abbruch zum Opfer fielen. Ebenso geschah es drei Vierteln des kleinen Kreuzganges mit einigen Klosterräumen bzw. der ganzen Wand davor zusätzlich - wohin dann der Zugang zu der umfunktionierten Pfarr-Kirche verlegt und ein großer Ehrenhof geschaffen wurde. So präsentiert die Anlage sich heute dem Ankommenden. Ganz offensichtlich wurde die Bewertung umgedreht: für die nördliche "Reihensiedlung" hatte man nichts übrig, die südseitigen schloßartigen Bauten konnte man weiterverwenden.

Wegen des gewählten Platzes liegt das ganze Kloster an einer schmalen Längsachse wie aufgefädelt. Die einzelnen Abschnitte, funktionell gegliedert, folgen aufeinander in Höfen. Nämlich der ursprüngliche und einzige Eingang lag im S. Dort mußte man den Bach auf einer Brücke überqueren. Zugleich diente der Bach auch den strengen Fastenvorschriften für die Fische als Speise, der Reinigung und dem Necessarium. Die charakteristischen Teiche mußten kaum angelegt werden, da man mit genügend Fischereirechten in der Donau ausgestattet war.[7] Der eigene Fischkalter mit den Becken ist erhalten geblieben.[8]

Die beiden **GEMÄLDE-ANSICHTEN in AGGSBACH** (im Museum) und in **MELK**[9] weichen unmerklich voneinander ab, sie sind eigentlich zwei Kopien. Die Ansicht heute im Stift **KLOSTERNEUBURG**, die aus der Kartause **MAUERBACH** stammt, ist grundsätzlich gleich. Sie hat zwar weniger Nummern in ihrer Legende - aber einige wichtige zusätzlich. Auch gibt sie einige Einzelheiten mehr. Die Ansichten Aggsbachs sind von O. bzw. leicht OSO. genommen.

Alle LEGENDEN beginnen mit der Kirche und dem Kloster, dann folgen die Repräsentations-, Verwaltungs-, dann die Wirtschaftsteile, zuletzt, gewissermaßen konzentrisch, in die Umgebung ausgreifend.

Von S. nach N., von links nach rechts folgen fünf Höfe einander: ein kleiner Vorhof zwischen der Tormauer an der Brücke und dem Torturm. Der große Wirtschaftshof. Seine südseitige Fassade bildet die Prälatur, hinter welcher der Prälatenhof liegt, der rechteckig regelmäßig vor der Kirche bzw. dem Kleinen Kreuzgang angelegt war. Als letztes zuäußerst abgeschieden: der Große Kreuzganghof mit den Zellenhäuschen der Einsiedler, den Friedhof einschließend. Rossman hatte den Großteil der Legende angeführt.[10]

Die **LEGENDE** nach dem Aggsbacher Exemplar lautet, in ihrer Reihenfolge der Bedeutung der Bauten:[11] Die **1 Ecclesia** = Kirche besitzt vor allem noch den dachreiterartigen gemauerten Turm, ein achteckiges Glockengeschoß mit Steinhelm. Von dem Mönchschor steht nach O. ein kurzer Trakt ab, der unrichtig oben (= richtig für das Erdgeschoß) mit **2 Sacristia** und anschließend **3 Capitulum** = Kapitelhaus bezeichnet ist. Über letztem liegt **4 Bibliotheca**. Dieser Trakt ist bis heute fast unberührt so geblieben.

N. davon liegt in dem vorderen Hof des Großen Kreuzganges der Friedhof **6 Coemeterium** (mit kleinen schwarzen Holzkreuzen; das Gemälde in Klosterneuburg, überhaupt verständnisvoller, zeigt vor einem solchen einen knienden Mönch im Gebet). In seiner Mitte die Friedhofskapelle Hl. Kreuz **5 Sacellum S. Crucis**.

---

[6] MICHAELBEUERN (Salzburg) besitzt ein KLOSTERMODELL MIT ABNEHMBAREM DACH. Hahnl, Adolf: Zur Bau- und Kunstgeschichte des Klosters und der Kirche, in: Benediktinerabtei Michaelbeuern. Eine Dokumentation ... (Michaelbeuern 1985), 143 ff, bes.: 4. Das Idealmodell des Klosters Michaelbeuern von Franz Alois Mayr, 1768, 162-166, Abb.

[7] Fontes Rerum Austriacarum = FRA II, Bd. 59: Fuchs, Adalbert Franz: Urkunden und Regesten zur Geschichte der aufgehobenen Kartause Aggsbach V.O.W.W. (Wien 1906) Nr. 72, 259, 381.

[8] Kartäuser i. Ö. (wie Anm. 2) Abb. 89.

[9] ÖKT III. = Tietze, Hans: Die Denkmale des politischen Bezirks Melk. Österreichische Kunsttopographie IV. Bd. (Wien 1909) 1-8, bes. 2, Fig. 3.

[10] Wie Anm. 1. Einige Nummern blieben unauffindbar.

[11] Herrn Prof. Mag. Karl Thir danke ich für einige Hinweise.

Die Hl. Geist-Kapelle **7 Sacellum S. Spiritus** war in der Reihenfolge die nächste: in dem W-Flügel des PRIOREN/PRÄLATENHOFES an dessen N-Ende (das innere Apsisrund ist zu sehen; außen ist sie hervorgehoben),[12] während dort der neue Standort von **8 Archivum** lag (hervorgegangen aus dem weltlichen Geschäfts-Archiv des Priors; die Frage ist, ob das alte Archiv noch in Verwendung blieb). Die N-Seite des Priorenhofes bildet bzw. am S-Gang des Kleinen Kreuzganges liegt der Speisesaal **9 Refectorium**.

10 Praelatura bildet den S-Trakt des PRÄLATENHOFES, in dessen NO-Ecke die **11 Procuratura** (Verwaltung) lag, welche durch den Giebel einer Feuermauer abgetrennt ist (auch der Stich Vischers zeigt hier ungleiche Bauteile). Den Großteil des O-Traktes nehmen die Gästezimmer **12 Cubicula Hospitum** ein. Die Zimmer der Visitatoren **13 Cubicula Visitatorum** befanden sich dann bereits südlich fortgesetzt im O-Flügel des Wirtschaftshofes.

Die Zellenhäuschen **14 Cellae** sind mehrmals beschriftet. (Auf dem Klosterneuburger Bild ist mit Cellae auch der Aufbau auf dem nördlichen Kreuzgangflügel bezeichnet.)

Der Große Kreuzgang ist **15 Claustrum**. Wohingegen die Ansicht in Klosterneuburg aufs neue ihre größere Ortskenntnis beweist, indem sie auch den Kleinen Kreuzgang mit Claustrum beschriftet. Den Hof des Großen Kreuzganges durchquert ein Gang: das Sprechzimmer **16 Collocu[co]torium**.

Am Kleinen Kreuzgang sind die Teile - wie zu bemerken war - etwas anders als im benediktinischen Schema verteilt. Ostseitig bestanden nur kleine Häuschen mit Grabendächern. (Es fehlt das regelmäßige feste Geviert des abendländischen Kloster-schemas.) Das sonstige Brunnenhaus hier ist durch die Rasierstube **17 Rasura** und den Waschraum **18 Lotorium** vertreten.

Der Verfasser machte jetzt einen großen Sprung und begann mit den Wirtschafts-bauten im S. Innerhalb des Torturmgebäudes waren untergebracht v.l.n.r.: **19 Cancellaria** (Kanzlei), **20 Sartoria** = Schneiderei, **26 Camera Utensiliarium** = Gerätekammer und **21 Officina vietoris** = Böttcherei (letzte lokalisiert nach dem Klosterneuburger Bild).

Das heute auffallende große Gebäude im S. des Wirtschaftshofes diente als **22 Pistrina** = Bäckerei, von welcher die verschwundene Mühle **23 Molendinum** zusammen-hängend nach S. vorragte.

Dazu gehörte unmittelbar westlich der hohe Getreidespeicher **24 Granaria**. Damit sind auch die Schüttböden auf anderen Bauten angegeben (Bäckerei, Torturm, Archiv).

Die Salzkammer **25 Camera Salis** war bei der O-Seite am Wirtschaftshof (neben den Visitatorenzimmern 13) untergebracht. (Hier ist heute noch eine Art Selchkammer mit einem quadratischen, hohen pyramidenförmigen Kamintrichter.) Die Keller **27, 28 Cellarium** lagen in der O-Ecke der Prälatur bzw. unter dem Archivtrakt (sehr rationell). Die Zimmer der Laienbrüder **29 Cellae Fratrum** im Untergeschoß der Prälatur.

Es gab drei verschiedene Küchen: die Fischküche (strenge Fastenvorschriften) **31 Culina Piscium** (wohl) an der S-Seite des kleinen Vorhofes, neben dem erhaltenen Fischkalter[13] am Bache **36 Vivaria Piscina**. Die Fleischküche **31 Culinae Carnium** expo-niert (sicher nicht unabsichtlich, für das Gesinde) rechts vom Eingangstor. Wiederum rechts die Zimmer der Bediensteten **32 Cubicula Familiae** (Mauerbach = Klosterneuburg nennt überdies hier eigene **Cubicula Mulierum**) bzw. die Fleischkammer **40 Camera Carnis**. Für die Diener dürfte auch die dortige Annenkapelle eingerichtet gewesen sein: **38 Sacellum S. Anna**. Die Intimität der Mauerbach-Klosterneuburger Ansicht demonstriert die nur dort eingezeichnete **Culina** zwischen Gästetrakt und Refektorium als sehr zweckmäßig.

Der Pferdestall war in der SO-Ecke des Wirtschaftshofes untergebracht **33 Stabula Equorum** - gegenüber frei im Hof die "Wagenremise" **34 Plaustrorum Locus**; ein manieristisch verziertes eigenartiges Gebäude mit Rundzinnen, dessen Gliederung sich nach O als Mauer bis zur Prälatur fortgesetzt hat (bei Vischer ist diese Mauer viel zu lang geraten).

---

[12] Kartäuser i.Ö. (wie Anm. 2) Abb. 3. - Durch Fensteraedikulen gegenüber der sonst glatten Wand betont.
[13] Kartäuser i.Ö. (wie Anm. 2) Abb. 89.

Die Gärtnerei-Kammer **35 Repositorium horterus** jedoch befand sich weit im N innerhalb der Klausur, zwischen Refektorium und Rasierstube.

Als Turm wohl erst später eigens hinzugebaut wurde der halbrund nach außen vor die Mauer[14] ragende Pulverturm **36 Turris Pulveris** westlich von der Prälatur. Das **39 Cubiculum Pro Musicae** blieb unauffindbar.

In dem eigenen GUTSHOF, der auf einem Nebenbild extra erscheint (er liegt westlich jenseits des Klosterberges; später Kelleramt; im Ort Haus Nr. 5) bestanden die Hofrichterei **41 Praefectura Aulica** und die Landwirtschaft **42 Villa**.

Nördlich in gewisser Entfernung stehen die heute als Museum eingerichtete Schmiede-Eisenhammer **44 Ferricudina**[15] und noch weiter die Taverne **44 Taberna Aulica**; sogar auf die Burg Aggstein **45 Arx in Aggstain** ist nicht vergessen worden.

DIE KLOSTERANLAGE

Kaiser Josef II. machte nebenbei auch gezielt "Jagd" auf die Einsiedler. Sie mußten ihm nicht nur religiös und sozial, sondern durch ihre Tätigkeit als Lehrer[16] oftmals ein Dorn im Auge sein. In einem totalitären Staatssystem konnten sie keinen Platz mehr haben.

In der Handbuch-Literatur findet sich nur ein einziges Mal ein Grundriß des Klosters.[17]

Das *kloster, als das mit mawr umbvangen ist* wird bereits i. J. 1380 gemeldet.[18] Es ging um die Einfriedung - den Frieden, das Asylrecht. Wahrscheinlich war es wirklich die heutige große Mauer (möglicherweise nur jene innere, um den großen Kreuzgang, die zur Gründungsanlage gehörte).[19]

Das Einsiedlerkloster mit dem Großen Kreuzgang und den Zellenhäuschen s. o. ist leider nicht genau zu rekonstruieren. Anordnung der Zellenhäuschen? Die oben angeführten fünf östlichen plus drei westlichen und eines im N. widersprechen der Zwölfzahl der Mönche, zu denen noch zwei auf 14 hinzukamen.[20] Die Fenster des Kreuzgangs scheint Vischer wenigstens der Größe nach richtig gezeichnet zu haben - auf den Gemälden wenig später sind sie viel kleiner und rechteckig (verändert). Einsam fristete die Friedhofskapelle als Gartenhäuschen noch eine Weile ihr Dasein, was ein romantischer Stich um 1850 festgehalten hatte.[21]

Im Grundriß erscheinen die langen trennenden Mauern (der Klausur u. ä.) scharf und total durchgezogen. So bilden die Kirche einerseits - und dagegen die Mönchsräume östlich daran einen rechten Winkel in ihren beiden Flügeln: der Mönchschor ist ihre gemeinsame Schnittstelle an ihrer Spitze.

Der Torso des **KLEINEN KREUZGANGS** hat noch zwei Stummel, je ein Joch, die nach O weisen. In seinem ersten sowie dritten Joch öffnen sich gotische Portale in die Kirche. Das zweite ist stark barockisiert. Charakteristisch und für die Funktion wichtig sind die fensterseitigen, mitgemauerten breiten Sitzbänke. In den Hof ragen die gewaltigen Strebe-

[14] Büttner, Rudolf: Burgen und Schlösser: Dunkelsteiner Wald. NÖ II/2 (Birken Verlag Wien 1973) 134-136, Grundriß nach Kreutzbruck.

[15] Eppel, Franz: Die Wachau (Österreichische Kunstmonographie Band II. Verlag St. Peter Salzburg 3. Aufl. 1975) 57-59, bes. 59, Abb. 28.

[16] Häusler, Wolfgang: Land zwischen Donau und Schöpfl (Verlag Jugend und Volk, Wien 1980) 221. - Güttenberger, Heinrich: Die Einsiedler in Geschichte und Sage (= Kleine historische Monographien 11/12) (Reinhold Verlag, Wien 1928).

[17] Wie Anm. 14.

[18] FRA (wie Anm. 7) 51.

[19] Büttner wie Anm. 14.

[20] Nachzusehen wäre noch in den alten Katastern.

[21] Kartäuser i. Ö. (wie Anm. 2) Abb. 10. - Erinnert werden darf daran, daß es für den Romantiker Nikolaus Lenau und seine Gedichte gewiß nicht unwesentlich war, daß er als Kind in einer solchen aufgelassenen Friedhofskapelle aufgewachsen ist.

pfeiler der Kirche wie Wände. Die Kreuzrippengewölbe scheinen gleichfalls im Barock abgeschlagen und mit Bandlwerk stuckiert worden zu sein.[22]

Dem frühchristlichen Planschema von den Chor flankierenden (doppelgeschossigen) Räumen folgten der St. Gallener Plan um 820, Mauerbach und Gaming. In Aggsbach mußten beide ostwärts aneinander gekoppelt werden. Die **SAKRISTEI** wird wiederholt behandelt. Daß sie immer eine KAPELLE war, beweist auch zur O-Ecke hin die eingemauerte Lavabo-Schüssel in der N-Wand (also für hier, nicht für die Kirche) mit der Ausguß-Nase außen. Von der Gotik ist nur mehr die Rohform mit dem Pseudo-5/8-Schluß merklich, die Kappen in den Ecken hatten einen radialen Zwischengurt. Rippen und Schlußsteine wurden abgeschlagen. Die Dreifenstergruppe vermag noch einen Schein der einstigen Stimmung in der Gotik zu geben. Ähnliches gilt für das **KAPITELHAUS**.

Von den erhalten gebliebenen und zwar genau identifizierbaren **ARCHIVRÄUMEN** in Österreich ist dies einer der ältesten - und größten. Die Sorgfalt der Kartäuser gegenüber ihren Urkunden äußert sich bereits darin. Die Gepflogenheit, über der Sakristei eine Schatzkammer mit Archiv anzulegen, hatte sich auch bei Pfarrkirchen in der Gotik verbreitet. Der Zugang hier war einzig über die schmale Wendeltreppe in der Kreuzgang-NW-Ecke möglich. Baugeschichtlich interessant und rätselhaft ist ein Sockel nur an der kirchenseitigen Wand (Baucaesur?). Die beiden **FENSTERLANZETTE** in der N-Wand haben ein Bogendreieck, durch einen hängenden dritten Bogen mit den Spitzbögen der Laibung gewonnen (links herausgeschlagen) - und darein ein Dreiblatt eingeschrieben. Die beiden Joche **KREUZRIPPENGEWÖLBE** sind vereinfacht in einem reduzierten Rippenprofil einer großen und unten kleinen, doppelten Kehle - typisch für diese Zeit (erst in der 2. Hälfte des 14. Jh. häufig werdend). Verkleinert sind auch die Schlußsteine. Ihre Trommeln gehen zwar über die Rippen (in deren Zwickeln) hinaus - die unten hangenden Scheibchen sind aber im Radius verschmälert. Besonders im Vergleich mit den großen und reichskulpierten Schlußsteinen der Kirche. Wiederum muten sie frühgotisch nur an - sie sind im Gradationssystem des Klosters bescheiden untergeordnet. Im Eingangsjoch fehlt sogar dieses Schlußsteinchen - die Rippen durchkreuzen sich lediglich. Stilistisch am besten zu fassen sind die eigenartigen **KONSOLEN**. Nicht nur, daß die Rippen in der Kurve nicht verlaufen, sondern stumpfwinkelig geknickt werden,[23] steckt hinter ihnen ein polygonales Pfeilerstück. Eine "Zweigeleisigkeit". Es findet oben keine Harmonie mit den Rippenfüßen und wurde zudem an seinen Oberkanten zugespitzt. Das Blockhafte Schwere (als Wert um seiner selbst willen) entspricht der damaligen Parler-Architektur. (Was bei einer Planung um 1370 nicht weiter Wunder nimmt.) Besonders gilt dies für die Mittelkonsole der Kirchenwand - der dortige gestürzte Wappenschild (auf einer herkömmlichen Profilierung) wartet auf die Freilegung seiner aufschlußreichen Bemalung.

Ein weiter Weg von den kleinen Nischen der Armarien des 12. Jhs. für wenige Bücher[24] war es zu diesem verhältnismäßig großen **BIBLIOTHEKSRAUM**. Auch er zeigt die Wertschätzung des Buches bei den Kartäusern. Der disziplinierte glattflächige Raumquader, auch mit vollen Regalen, hat kaum jemanden ablenken können. Fraglich ist eher, inwieweit er überhaupt zum Lesen verwendet worden war. Der Gang westlich an dem Kirchenschiff hat einige Fensternischen mit mitgemauerten Sitzen - hier konnte man wohl im heißen Sommer angenehm lesen. (In Gaming ist die Barockbibliothek zum schönsten Raum in der Kartause geworden. Sie steht anderen Klosterbibliotheken in nichts nach.) Die Baudetails: Fenster, Schlußsteine - oder nicht, Rippen und Konsolen (an die "gepflockte

---

[22] Kartäuser i. Ö. (wie Anm. 2) Abb. 17. - Für die Funktion dieser Bänke vergleiche doch Kubes-Rössl: Zwettl (wie Anm. s. u. 25) bes. 36 und Abb. 18.

[23] Rippenfüße, die in Konsolen stecken, auch im KREUZGANG des ehem. Zisterzienserklosters NEUBERG an der Mürz, Stmk., N-Flügel. Gegen 1340. - Abbildung: Mazakarini, Leopold: Kunstführer des ehemaligen Klosters Neuberg an der Mürz (Verlag Richard Pietsch, Wien 2. Aufl. 1982) o. Nr. = letzte FarbAbb.

[24] Ein gut erhaltenes ARMARIUM des 12. Jhs. z.B. in dem ehem. Zisterzienserkloster BAUMGARTENBERG, OÖ. Nur drei kleine verschließbare Nischen am Kreuzgang.- Vgl. insgesamt den anschaulichen SCHNITT durch den BIBLIOTHEKSTRAKT in ÖKT III (wie Anm. 9) Fig. 7.

Rippe" erinnernd) sind wie im Archiv. In das Obergeschoß über dem Kreuzgang führt von hier eine eigene Schulterbogentür (heute vermauert). Für jenen außergewöhnlichen Raum wäre man versucht, an eine besondere Verwendung - etwa ein Skriptorium zu denken? Solche kleine Aufbauten genau an dieser Stelle finden sich auch bei Zisterzienserklöstern, etwa in Zwettl.[25]

Rossmann hat diesen **GANG** gewissermaßen entdeckt und gemeint, nachdem er zunächst, vom Kleinen Kreuzgang aus, über die Wendeltreppe erreicht worden war: "Der Gang führte wohl auf die den Chor abschließende Lettnerempore; der auf der Nordseite der Kirche noch in Höhe des Obergeschosses laufende Außengang war dann die Fortsetzung zu den westlichen Klostergebäuden."[26] Zugleich würde der Lettner genau vor dem sechsteiligen Kreuzgewölbe sowie dem Kapiteltrakt verlaufen sein - eine Fortsetzung des Kreuzganges, sodann vor allem an der W-Seite (beim Felsen) in das dort bestehende Gebäude münden.[27] Ein langer GANG führt hier nach S. Er hat gotische Fenster, darunter drei mit Sitznischen (zum Lesen, vielleicht im Sommer). Für die Ursprünglichkeit dieses Ganges spricht überdies die planmäßige Abrückung der Kirche von der Felswand - so daß für ihn Platz verblieb. Im N. dürfte (später?) ein weiterer Raum angebaut worden sein, dessen w. Außenmauer noch steht. An der Kirchenwand sind seine Tünche bzw. die Gewölbeansätze zu sehen. Der heutige Stiegenaufgang geht bei der Empore hinauf. Ein gotisches Portal führt tatsächlich weiter in den anschließenden Archivgang.

Die übrigen Klosterteile der Gründungsanlage waren bald den neuzeitlichen Umbauten, wie die Ansichten sie zeigen, zum Opfer gefallen. Auf dem Plan von Monte Cassino nach Sangallo liegt das **REFECTORIUM** an der Vorderseite des Kreuzganges, unterhalb des Atriums westseitig.[28] Bei beiden Klöstern - Monte Cassino wie Aggsbach - darf man an ein frühes (frühchristliches) Planschema denken. (Am St.Gallener Plan um 820 liegt das Refektorium "bereits" gegenüber der Kirche.) Die Kartause hat also das Benediktinerkloster manchmal nicht rezipiert und ist bei älteren Formen geblieben. (Platzmangel kann in Aggsbach nicht die Ursache gewesen sein.) Eine gewisse Asymmetrie, Streuung, Lockerheit und Offenheit (von den wilden Einsiedlerhaufen herkommend) ist also für die Kartausen charakteristisch. Von dem gotischen Refectorium erinnert uns das Gemälde in Aggsbach mit den beiden rechteckigen Fenstern an das gotische Fensterpaar gegenüber an der Bibliothek. Hier liegt einer der wichtigen Unterschiede zu der Mauerbach-Klosterneuburger Ansicht, denn diese zeigt die beiden gotischen Refektoriumsfenster sogar zweibahnig mit ihrem Maßwerk! Das Refectorium lag im Obergeschoß, war über eine Treppe erreichbar. (Was darunter war, bleibt rätselhaft.) Zwischen dieser und der Kirche verläuft ein schmaler Gang, der alte Pfortengang der Benediktinerklöster. Auch liegt hier eines der beiden Kreuzgangsportale (für die Konversen?).

Nicht auf den alten Ansichten erkennbar, heute unübersehbar sind die BLENDBÖGEN ursprünglich an der Ecke jenes Traktes, der östlich an das Priorat bzw. den Gästetrakt anschließt. Vor allem im Vergleich mit dem berühmten Hochbau in ZWETTL[29] möchte man sie für ein **NECESSARIUM** halten wollen. Es muß dies der Zukunft zur Beantwortung überlassen werden. Den nordseitigen Bogen an der Schmalseite (innerhalb der

---

[25] Kubes, Karl - Rössl, Joachim: Stift Zwettl und seine Kunstschätze (NÖ. Pressehaus St. Pölten 1979) TRESOR auf Abb. 1. Ebenda: Die Zwettler Portale und ihr System 19/20. - Kubes, Karl: Das Zisterzienserkloster Zwettl. Zu seiner romanischen und gotischen Anlage. Architektur und Schriftquellen,in: JbLKNÖ 46/47, 1980/81, 314-386, TRESOR bes. 342 und Abb. 1. - Die GRADATION INNERHALB EINES KLOSTERS konnte der Verf. an den elf romanischen Portalen in Zwettl (entsprechend dem obgenannten Buch) in der Kuenringer-Ausstellung in Plan und Graphik darstellen lassen, die je nach ihrem Standort und ihrer Funktion vom einfachen Rechteck mit Sturz bis zum profilierten Säulenportal aus sog. Wachaumarmor reicht. Ders.: Die Bauformen des romanischen Klosters Zwettl,in: Kat. Die Kuenringer (Stift Zwettl 1981) 146 KatNr. 153.
[26] Rossmann (wie Anm. 1) 19.
[27] Am Plan ÖKT III. (wie Anm. 9) Fig. 5 ist die N-Wand ein Joch zu weit nach S. geschoben - richtig hingegen der Grundriß Kreutzbrucks (wie Anm. 14).
[28] Braunfels, Wolfgang: Abendländische Klosterbaukunst (Du Mont Dokumente, Köln 1969) bes. 49, Abb. 10.
[29] Zwettl (wie Anm. 25) 18, Abb. 1,31.

Mauer) wird man für eine Wageneinfahrt halten, nur, was machen dann die beiden heutigen Blendbögen an der O-Seite? Daß hier alte Bauten vorliegen, die erst später zu Hof-umschließenden Flügeln vereinigt worden sind, sieht man an dem steilen gotischen Giebel, der hier nordseitig das O-Ende des Priorats überragt, also auch ein selbständiger Bau gewesen ist. Auch muß der Bach ursprünglich mehr im Inneren, westlich (durch den heutigen Wirtschaftshof) geflossen sein, wenn er die Mühle betreiben sollte.

Daraus würde sich auch erklären, daß die NISCHEN des Wirtschaftshofes erst im 15.Jh. angelegt werden konnten - weil es diese Form vorher gar nicht gibt (nur einfache Ringmauern).[30] An der Innenseite dieses Pseudo-Necessariums finden sich tatsächlich in den Ecken je ein gotisches Schulterbogenportal (scheitrechte Bögen)[31]. Darüber eine Spitzbogen-Galerie. (Etwa dort, wo die Cubicula Visitatorum angegeben werden.) Die Spitzbögen wirken steil - die Stäbe an der Brüstung, zu quadratischen Feldern, sind spätgotisch. Derzeit ist es im S. nicht möglich, sonstige gotische Mauern d.h. Gebäude, oder deren Trennung in 14. (der Gründungsanlage, die wohl aus Holz waren) bzw. 15. Jh. herauszufiltern.

GRÜNDUNGSGESCHEHEN UND GRÜNDUNGSANLAGE NACH DEN ARCHIVALIEN

Knapp sollen sie vorangestellt werden (vgl. oben die Geschichte von G. Flossmann) - denn aus ihr kann man den Gründungsbau verstehen.

1373 "Grundsteinlegung" zur Kartause durch Heidenreich von Maissau,[32] der das Kloster erbaut[33]. 1376 Gut und Dorf Aggsbach, das Heidenreich vom Herzog von Bayern zu Lehen hatte, werden von diesem übertragen.[34] Es ist *mit mawr umbvangen.* 1380 I 13 Stiftungsurkunde: Sicherung des Besitzes und Übergabe des Klosters[35]. 1380 II 12 Weihbischof Simon von Passau konsekriert in der Kirche zwei Altäre *unum in dextera parte in honore corporis et sanguinis Christi et onmium sanctorum ... alterum altare in sinistra parte in honorem beati Michaelis et omnium angelorum ...* alle welche *in festo dedicacionis ecclesie devotae visitaverint, insuper qui predicacionibus verbi dei in capitulo monachorum vel eciam conversorum ac misse beatae Marie virginis, que cottidie apud eos legitur, devote interfuerint ...*[36] Die Lokalisierung beider Altäre fällt nicht leicht. Eher lagen sie bereits außerhalb des Mönchschores (der wohl einzig den Hochaltar Hl.Maria aufwies), also im Langhaus. Genannt werden ein KAPITELHAUS DER MÖNCHE, sowie ein KAPITELHAUS DER KONVERSEN! Die öffentliche Zugänglichkeit war nicht gering - auch bei der täglichen Messe (kaum am Hochaltar). Die Kirche war längst geweiht. 1380 III 5 Das Kloster war bezogen. Die erste Urkunde wird von Prior und Konvent ausgestellt.[37] 1380 V 1 Herzog Albrecht III. übergibt einen Freiheitsbrief *"der neuen Kartause, die der getreue Heidenreich von seinem Eigengut von Grund auf erbaut und gestiftet habe"*.[38] 1381 wird Heidenreich † X. 12 vor dem Hochaltar bestattet. 1383 wird Leonhard von Maissau † VIII. 15 ebendort bestattet (Grabplatte). 1384 XII 28 Meister Ulrich Maler zu Passau wird ein Schuldbrief über gelieferte Arbeit mit *malberich und mit glaswerich* ausgestellt.[39] 1385 IV 29 Derselbe *maister ulr(eich) der maler, purger zu Pazzaw* stellt die Quittung aus *von aller*

---

[30] Etwa in Albrechtsberg an der Großen Krems, im Teisenhoferhof zu Weissenkirchen.
[31] Abb.: Kartäuser i.Ö. (wie Anm. 2) Abb. 52, 62.
[32] Rossmann (wie Anm. 1) 95. FRA (wie Anm.7) Nr. 25.
[33] FRA (wie Anm. 7) Nr. 42, 44, 85. Bes. 109.
[34] Rossmann (wie Anm. 1) 101/2. FRA (wie Anm. 7) Nr. 31.
[35] FRA (wie Anm. 7) Nr. 38.
[36] FRA (wie Anm.7) Nr. 39. Vgl. dazu Nr. 68.
[37] Rossmann (wie Anm. 1) 112. FRA (wie Anm. 7) S. 49 ff.
[38] Rossman (wie Anm. 1) 112. FRA (wie Anm. 7) 49.
[39] FRA (wie Anm. 7) Nr. 65.

arbayt, die wir zu irm gotsh(aws) und irem vorgenantem chloster mit glaswerich, malwerich oder wie sich das geschikt hat... 1385 Anna von Maissau wird im Mönchschor begraben. 1389 Hans von Maissau macht eine Stiftung, um die Zahl der Priestermönche auf 14 (ohne den Prior) zu erhöhen und will dazu *pawen zwo zell* (erst von Otto IV. durchgeführt worden). 1393 Propst Anton von der Wiener Stephanskirche im Auftrag Papst Urbans VI. bestätigt die Stiftungserfordernisse u.a. ... *structuris ecclesie ambitus galilee et commodis singulis et universis examinatis* ... Erbaut waren Kirche, Kleiner und Großer Kreuzgang, die Einsiedlerhäuschen und die Gemeinschaftsanlagen.[40]

DIE KIRCHE

Von allen Autoren wird ihre beengende Schmalheit und die auffallende Länge hervorgehoben. Wie erwähnt worden ist, gab es eine gewisse Betretbarkeit für Außenstehende, wofür auch das profilierte Portal an der s. Schmalseite spricht. Die Proportionierung entsprach dem Kartäuser-Ideal. Eine Übersteigerung des Benediktinischen.[41] Zu zählen sind vier fast quadratische Joche mit Kreuzrippengewölben. Das fünfte im N. hat ein sechsteiliges Rippengewölbe. Abschluß ist ein nicht eingezogenes 5/8-Polygon. Doch wird sie durch die weiße Kahlheit der heutigen Wände und Gewölbe gesteigert, war durch den ehemaligen Lettner bzw. die Empore gemildert worden. Der eigentliche Mönchschor war eher kurz, klein und schachtartig. Wie wir wissen, war er von Glasmalereien umschlossen.

An den Wänden stand das Chorgestühl, dazwischen in der Mitte lag das Grabmal der Stifter. Eine mitgemauerte rechteckige Sessionsnische (für Celebranten und Assistierende) hat als Abschluß stehende Bogenquadrate mit Vierpässen (wie das Fenstermaßwerk). Daneben eine profilierte Tür in Resten - vermutlich das einstige Sakristeiportal. Das heutige ist einfach, mit eisernem Türblatt, worauf das bekannte Aggsbacher Kartausenwappen gemalt ist. Im Polygon befand sich der Hochaltar des Todes Mariens.[42] An der NO-Ecke außen noch eine eigene Ausgußnase des ehem. Lavabos. Über den Lettner führte vermutlich der Gang; eine Lettnerempore dürfte es nicht gegeben haben.

Die Dienste im Langhaus sind altertümlich in konkaven Bögen bzw. Dornen abgeschnitten (anstelle selbständiger Konsolen). (Wie in der Hochgotik 1. Hälfte 14. Jh. häufig.) Hohl ist auch die Doppelkehle des Dienstquerschnitts - extrem körperlos. Sie fördert nicht zuletzt die Weite der Kirche (Flächen & Jochform), indem auch auf diesen letzten Rest stabhafter Plastizität verzichtet wird. Man erinnert sich, daß der Meister der Michaeler Skulpturen[43] 1340 seine Figuren erstmals vor kleine Nischen gestellt hatte. Als Schildbögen geht ihre bandartige Form dann in einen - halb in der Wand versinkenden - Birnstab über. So auch die Gurtrippe (zwischen den Jochen). Die Diagonalrippen endigen in kleinen Blattkonsolen, die heftig bewegt und stark durchfurcht sind. Das vielfältige Dienstsystem im Mönchschor kommt von den Bettelorden.[44] In Mönchschor und Polygon laufen die Dienste bis auf den Boden herab. Noch nicht an der Grenze, d.i. unter dem Gurtbogen zuvor (Lettner) ein Stutzdienst, wie alle im Schiff. Unter der Querrippe des sechsteiligen Gewölbes ein Bündeldienst (der stärkste überhaupt). Der folgende Dienst bildet eine Art Scharnier: den Übergang zwischen dem Mönchschorjoch zum Polygon. Der Birnstäbedienst wird in

---

[40] MGH=Monumenta Germaniae Historica, Necrologia 5,2,335. - FRA II, 5 (wie Anm. 7) Nr. 91. - FRA II, 59 (wie Anm. 7) Nr. 117.

[41] Wagner-Rieger, Renate: Einschiffige Benediktinerkirchen des Mittelalters in Italien,in: Arte in Europa. Scritti di Storia dell' Arte in onore di Edoardo Arslan (Milano 1966) 237-248.

[42] Rossmann (wie Anm. 1) 30.

[43] Schultes, Lothar: Der Wiener Michaelermeister, in: Wiener Jahrbuch für Kunstgschichte Bd. XXXVII (Verlag Böhlau, Wien u.a. 1984) 41-66, Abb.

[44] Donin, Richard Kurt: Die Bettelordenskirchen in Österreich. Zur Entwicklungsgeschichte der österreichischen Gotik (Baden bei Wien 1935).

Konsolenhöhe von einer Deckplatte abgeglichen. Darunter tritt gleichsam der glatte runde Pfeilerkern nackt zutage. Im Polygon wieder durchziehende Birnstäbe.

Die Kirche hatte sechs Altäre - sechs gotische Altäre sind (zum Großteil) erhalten geblieben. Ihr Standort ist weniger gewiß. Das Langhaus wurde von Konversen und Donaten benützt; ferner von weltlichen Laien (südl. Eingangsportal). Die Frage ist, wozu die S-Empore - in der Fortsetzung des Refektoriums - diente. Einen Hinweis vermag uns das (zweite) Maissauerwappen mit dem Einhorn (keinesfalls aus dem Physiologus!) zu geben. Offensichtlich erst später, gegen 1600, erhielt sie eine eigene kleine Wendeltreppe angebaut.[45] Über den Gang konnte man sie von der Prälatur her betreten, bzw. vom Refektorium her.

DIE GRADATIONEN

DIE SAKRALEN UND DIE KLÖSTERLICHEN ABSCHLUSSWÄNDE

Nur außen springt das POLYGON des Altarraumes der Kirche vor (der Maler auf den Ansichten hat das deutlich getroffen) über den nördlichen Klosterflügel hinaus.

Die Verinnerlichung des Kartäuserklosters ließ die beiden JOHANNES-KAPELLEN: zugleich KAPITELSAAL, sowie die SAKRISTEI, doch nur im Innenraum, mittels eines sog. PSEUDOPOLYGONS sich auszeichnen: ein GEWÖLBE im 5/8-Schluß ist an die an sich gerade O-Wand mittels je zweier Kappen in den verbleibenden Ecken angeschlossen. Solche Lösung ist gar nicht so selten.[46] Nichts vermag wohl besser die halb sakrale, halb klösterliche Rolle dieser Räume auszudrücken. In GAMING zuvor 1330 hatte man je eine Doppelkapelle mit Polygon an die Kiche angeschmiegt; vielleicht wirklich, weil man sich dem damals noch im Bau befindlichen "albertinischen" Chor von St. Stephan in Wien (unter Albrecht I. ca 1304 begonnen, Albrecht II. 1340 vollendet) angleichen wollte - zumindest in der Außenerscheinung bzw. Herzog Albrecht II. als Stifter. In Mauerbach stehen diese Doppelräume seitlich vom Kirchenchor gerade quer ab. Viele Klöster verfügten in der Gotik über eine eigene Kapitelkapelle - mit einem Polygon nach außen zu hervorstechend. Die Einheit von Kapitelsaal unten und Bibliothek darüber ergab auch ein zweigeschossiges Polygon, wie in Graz Minoriten, oder Wels Minoriten.[47]

Die dritte Möglichkeit sind dann die ganz einfachen planen O-Wände, wie sie oben - mit je zwei Kreuzrippengewölben - ARCHIV und BIBLIOTHEK aufweisen. Auffallend ist die heutige völlige Kahlheit der O-Seite der Kapitelkapelle (hier verlief einst ein Verbindungsgang vom Kleinen in den Großen Kreuzgang). Bis ins Letzte entsprechen der Gesamtgradation auch die Schlußsteine.

DIE STREBEPFEILER

Die Maler der Barockansichten haben die Strebepfeiler übermäßig hervorgehoben, stellenweise mißverständlich. Sehr sinnreich finden sich an der Kirche und am Sakristeitrakt VIER UNTERSCHIEDLICHE STREBEPFEILERFORMEN - je nach ihrem Standort differenziert. An der Eingangswand springen die Strebepfeiler oben scharf zu einem Band zurück - eine frühgotische Lösung. Die Strebepfeiler am Kirchenpolygon, sowie an der Sakristeikapelle, sind giebelig mit einem Satteldach bekrönt - die Kapitel-Kapelle verfügt nur über Pultdächer an dieser Stelle. Entgegen den Gewohnheiten der Gotik sind an Archiv und Bibliothek die Strebepfeiler nicht hochgezogen - sie fehlen dort überhaupt. Den Höhepunkt

---

[45] Kartäuser i.Ö. (wie Anm. 2) Abb. 63.
[46] Stein Göttweigerhofkapelle, Krems Ursulakapelle, Oberstockstall Nö (letzte beide Passauer Offizialatskirchen), Ulmerfeld Schloßkapelle (Bischöfe von Freising), Enns-Lorch u.a.m.
[47] Donin (wie Anm. 44) bes. Wels, Minoriten, Sigmarkapelle 61, Abb. 9 Grundriß,13-15, 103 (leider keine Aussenansicht).; Graz, Minoritenkoster, Jakobskapelle bes. 258, Abb. 58 Grundriß, 371. - Lehmann, Edgar: Die Bibliotheksräume der deutschen Klöster im Mittelalter (1957).

bilden jene beiden Strebepfeiler, welche vom Kirchenschiff bis auf den Boden des Kreuzganghofes herablaufen. Ihr Aufruhen und Abheben am Erdboden wird so deutlich demonstriert wie in Gaming.[48] Ihren Unterbau bildet querabstehend eine Art Scherwand (da es sich um einen "basilikalen" Querschnitt handelt - vergleichbar französischen Kathedralen).

DIE FENSTER MIT DEM MASSWERK

Heute sticht das S-Fenster der Kirchen-"Fassade" hervor: als einziges ist es dreibahnig, hat drei Bogenquadrate, unten verschliffen durch einen spitzigen Eselsrückenbogen. Das obere Bogenquadrat steht auf der Spitze, die beiden unteren haben ihre statisch-zentrierte Haltung (der Hochgotik in der 1. Hälfte des 14. Jh.) aufgegeben: sie sind zueinander schräg gestellt "gekippt".[49]

Wahrscheinlich war das Mittelfenster gegenüber im Chorpolygon nicht unähnlich (durch den Turm verbaut). An den Schrägseiten je ein auf der Spitze stehendes Bogenquadrat. Von Glasmalereien wird 1382 berichtet s.o. Der Kreuzgang zu Gaming hatte Glasmalereien.[50] Erhalten blieben Glastafeln aus der Schauer'schen Friedhofskapelle Mauerbachs um 1400 im Schloß Laxenburg.[51] Äußerst aufschlußreich sind die Glasmalereien der Stifterfamilie Herzog Albrecht II. in Gaming - einst über dem Hochaltar (Stich bei M. Herrgott, der eine glatte Platte auf der Tumba angibt), heute in St. Florian.[52]

Die östliche Kirchenlängswand zeigt eine gewisse programmatische Maßwerk-zentrierung nicht nur in den beiden äußeren Figurationen: Kreise mit eingeschriebenen Vierpässen, sondern in der Mitte wiederum ein auf der Spitze balancierendes Bogenquadrat, was überdies eine Rhythmisierung zum Polygon ergibt. Von einer O-Ansicht des Klosters kann kaum die Rede sein - doch fallen immerhin die nur eingeschossigen Fenster-PAARE an Refektorium bzw. Bibliothek gegenüber den langen hohen Fensterlanzetten der Kirche auf.

---

[48] Einen radikalen Kirchentyp vertritt jene mönchische Strömung, welche nicht nur gerade Chorschlüsse, sondern sogar freie Ecken - ohne Strebepfeiler durchsetzte. Dadurch tritt der Kasten-förmige Baukörper nackt und als er selbst, etwas brutal, mehr hervor. Automatisch ergibt sich eine Vorstufe bzw. Parallele zur Parlerarchitektur u.ä. Etwa die ehem. Dominikanerinnenkirche in Tulln hatte 1280 die Stirnwände der dreischiffigen Halle ein Stück weiter gezogen (keine gegabelten oder diagonalen Strebepfeiler) - zu einer abschließenden "Tafel". (Was zugleich romanisierend ist.) Dort stehen die PAARE Streben stark ab. (Vgl. auch das Strebenpaar am Ostfenster von Oberstockstall!) Donin (wie Anm. 44) 273 Abb. 61 Grundriß und Abb. 334 Ansicht. - Ein gutes und frühes Beispiel für den Bauquader bietet die Altneusynagoge in Prag um 1270 - eine reine Zisterzienserarchitektur. Innerhalb der mächtigen Ecken stehen mittig die Strebepfeiler scharf ab (eine nicht nur rhythmische Wechselwirkung, sondern eine Architekturdialektik). Bachmann, Erich: Die Architektur bis zu den Hussitenkriegen,in: Gotik in Böhmen (wie Anm. 59) bes. 75, Grundriß.
In AGGSBACH springen die beiden Strebepfeiler besonders hervor - und ins Auge, weil rundum glatte Wände liegen: Der Kirche, des Kapitelhauses, des Kreuzganges - da dieser halb so kleine Joche hat, sitzt hier ein Wandstreifen: in der Mittelachse und unter dem mittleren Kirchenfenster, in einem Paar Kreuzgangfenster. - Es kann kein Zufall, Einzelfall oder eine Doublierung sein, wenn die beiden aus dem Kreuzganghof an der Kirche emporwachsenden Streben (sonst entweder gar keine, oder offene Strebebögen) sich auch an der Kartäuserkirche zu BASEL finden. Zadnikar (wie Anm. 1) 291 Abb.

[49] In AGGSBACH kann man auch deswegen von einer Kirchenfassade (trotz des relativ aufwendigen Portals und dieses Fensters, das vielleicht mehr Licht, zumal auf die Empore, bringen sollte) nicht sprechen, weil sie nicht allgemein zugänglich bzw. im Prioratshof versteckt und verdeckt liegt. Um die Mitte des 14. Jh. kam es bereits zu deutlicher Fassadenausbildung (Wallseerkapelle in Enns, Pöllauberg). - Abb.: Kartäuser i.Ö. (wie Anm. 2) Abb. 3. - Bekanntlich eine Musterkarte von Maßwerkformen im Brunnenhaus zu Heiligenkreuz gegen 1295, z.T. sehr modern wirkend.

[50] Jelinek, Heinrich: Die Kartause Gaming im Ötscherland, in: Walter Hildebrand hg.: Kartause Gaming ...(Gaming 1985) 13-25, bes. 18. - Zykan, Josef: Laxenburg (Herold, Wien-München 1969), 89.

[51] Hantschk (wie Anm. 1) 159.

[52] Kat.Gaming (wie Anm. 50) Umschlag, 144 KatNr. 7.

DER GOTISCHE DACHREITERARTIGE TURM

Er richtet sich gegen die mächtigen Chor/Ost/türme der Romanik, bei den Zisterziensern gab es ursprünglich überhaupt ein Turmverbot.[53] In Frankreich finden sich eigene Zwischenglieder eines Turmjochs, nach dem Saallanghaus und vor der Apsis, oft in der Romanik. Durch kräftige Bögen konnte der Turm abgefangen werden und schaut aus dem Dach heraus einem Dachreiter (Holzkonstruktion im Dachstuhl) täuschend ähnlich. Besonders die Bettelorden im 13. Jh. pflegten diese bescheidene Turmform der Gotik.[54] Dann bei zahllosen Dorfkirchen eine Nachfolge. Viele wurden später abgebrochen - ihre Substruktionen kann man noch finden, oder ihre alten Ansichten. So blieb Aggsbach mit dem Glockengeschoß auf den Barockgemälden festgehalten.

Den Höhepunkt bildet GAMING mit seiner berühmten O-Ansicht. Dort laufen über die Seitenkapellen - eine Dreiergruppe von Polygonen - die Strebepfeiler vom Erdboden fließend bis zur Turmspitze hinauf durch (wie dann bekanntlich am Hochturm der Wiener Stephanskirche) - oder umgekehrt. Freilich hat Gaming durch das intensive Maßwerk eine weithin wirksamere Ausstrahlung. Nicht zuletzt zeigt der Turm das Stiftergrabmal an, über dem er aufragt.[55]

INNEN: DIE GEWÖLBE UND DIE SCHLUSSTEINE

Entwicklungsgeschichtlich am Vorabend des Aufkommens von Sternrippengewölben ist 1373/80 das SECHSTEILIGE KREUZRIPPENGEWÖLBE, einst Leitform der frühgotischen Kathedralen Frankreichs in der 2. Hälfte des 12. Jh. bzw. der österreichischen Frühgotik der 2. H. des 13. Jhs., ein Spätling. Er kann auch nicht durch dieselbe Wölbform an gleicher Stelle im "Chorquadrat" der Wiener Stephanskirche, 1340 geweiht, überbrückt werden. Da der Rippensechsstrahl vorher vom Lettner ausgegrenzt wurde, zeichnet er sowohl den Mönchschor als auch die Stiftergrablege aus. Sein SCHLUSSTEIN zeigt denn auch das WAPPEN der MAISSAUER, das steigende EINHORN (heraldisch in einem Schild!).[56] Genau darunter spiegelte es sich in dem Wappen auf der Tumba Heidenreichs und Leutolds von Maissau 1383.

Das reichere BIRNSTABPROFIL der RIPPEN (vgl. Archiv und Bibliothek) ist zudem in den Kreuzungsarmen der Gewölbescheitel mit einer bunten "Marmorierung" ornamental bemalt. (Sonst Bemalung fehlend.)

Martin Riesenhuber[57] hat bereits einige der Schlußsteinmotive im Langhaus an Vergleichsbeispielen geortet, sie waren also in der Gotik allgemein obligat - die Aggsbacher Schlußsteinreliefs werden als Leckerbissen von den Kunstfeinschmeckern herausgegriffen. Man kann mit ihnen stilistisch auch am meisten "anfangen", d. h. sie in ein feines Bezugssystem einordnen - doch bleibt dieses eben ikonographisch und stilistisch unkartäusisch. Leider stimmt oft nicht einmal die Zahl der angegebenen Schlußsteine (und ihr Programm), denn daß das nördlichste Kreuzrippengewölbe gar kein Relief, sondern nur einen glatten Schlußstein besitzt, ist übersehen worden. Die vierpaßförmigen Löcher dort spielen dabei eine Rolle (können aber nicht z. B. für Glockenseile gedient haben, da der Turm über dem Mönchschor saß).

---

[53] Braunfels (wie Anm. 28) 119.

[54] Kühnel, Harry: Das Dominikanerkloster,in: Kat. 1000 Jahre Kunst in Krems (Krems 1971) 133-151, bes. 134. - Donin (wie Anm. 44) bes. Abb 179/180.

[55] Zu dem Gaminger Turm vgl. die maschinschriftliche Aufnahmearbeit von Georg Keck 1988 am Institut für Kunstgeschichte der Universität Wien: Die Kirche der Kartause Gaming.

[56] Kartäuser i.Ö. (wie Anm. 2) Abb.29.

[57] Riesenhuber, P. Martin OSB: Die kirchlichen Kunstdenkmäler des Bistums St. Pölten (St. Pölten 1923) bes. 11 nannte die nö. Pfarrkirchen Imbach und Petronell, die Georgskapelle bei den Augustinern in Wien, St. Thomas am Blasenstein OÖ, den Kreuzgang der ehem. Zisterze Neuberg in Stmk.

Es sind allgemeine Symbole der Kirche oder des Opfertodes Christi nach dem Physiologus: Der LÖWE, der seine Jungen zum Leben erweckt. Der PELIKAN, der sich die Brust aufreißt, um mit seinem Blute seine Jungen zu ernähren. Der Vogel PHÖNIX, der sich verjüngt aus den Flammen erhebt. Mit der Muttergottes im Chorpolygon s.u. wären es fünf Schlußsteine des Kirchengewölbes. Noch einmal der MAISSAUER WAPPENSCHILD mit dem EINHORN erscheint am Schlußstein der Eingangs-Empore.[58]

DIE MUTTERGOTTES MIT DEM B U C H

Als Hüftfigur in einen Tondo gleichsam bewegt hineinkomponiert ist die Madonna mit dem Jesusknaben. Der strampelnde Knabe, der zwei Gegenstände hält, ist nach links gerückt - die Linke Mariens holt rechts weit aus und hat einen (verschwundenen) Gegenstand (ein Szepter) gehalten. Asymmetrische Gratfalten unterstreichen die Bewegungen der Körper. Gewiß waren "Tafelbilder" (selbst nach italienischen Vorbildern) die Grundlage (wie etwa die böhmischen Madonnen, dann die im Weichen Stil, z. B. in Melk.[59]) In der Bildebene sind die

---

[58] Nur Häusler (wie Anm. 123) bringt den Bestand richtig. - Adalbert Klaar auf seinem Grundriß ebenso, wobei er den heute glatten Schlußstein mit den vierpaßförmigen Löchern als "Rose" bezeichnete. (Möglicherweise eine Bemalung von ca. 1913, die auch Wolken an den Gewölbescheiteln fingierte und die bei der letzten Restaurierung offenbar entfernt wurde.). - Zuletzt Zotti, Wilhelm: Kirchliche Kunst in Niederösterreich, Bd. I. (NÖ. Pressehaus St.Pölten 1983). Bes. 114 "das von einer Jungfrau gefangene Einhorn (Jungfrauengeburt Christi)" - gibt es gar nicht.

Hinzuzufügen zu der Aufzählung Riesenhubers wäre vor allem der WIENER STEPHANSDOM mit seinem Albertinischen Chor 1340. (Von den Schlußsteinen Mauerbachs und Gamings wissen wir fast nichts.) In seinem nördl. Seitenschiff v.W.n.O.: Pelikan - Phönix - Jungfrau mit dem Einhorn. Im Mittelschiff vor dem Chorpolygon der Löwe mit Jungen, davor Jonas aus dem Walfisch. Zykan, Josef: Zur Bauplastik von St.Stephan,in: ÖZKD (Österr. Zeitschrift für Kunst und Denkmalpflege) XXII, 1968, H 1, 6-15; bes. Abb.18: Jungfrau mit dem Einhorn (in Neuberg s.u. ein Jäger und Hund; in Imbach gibt der Jäger dem Einhorn den Fangstoß). Löwe mit Jungen Abb. 24; Pelikan Abb. 27. Zykan gesellte S. 14 bereits die Schlußsteine aus Aggsbach mit der "Darstellung eines Einhorns", des Pelikan und des Löwen mit Jungen hinzu Abb. 28.a-c.

Bemerkenswert ist nicht nur das Auftreten dieser Klosterikonographie (St.Stephan ausgenommen), sondern ihre immer ähnliche Reihung. So erscheint der Löwe in zweiter Position. In der Wiener Johanniterkirche ist er etwa 1330 als einziger am Schlußstein der Empore skulpiert. - 1341 ist die Georgskapelle dieses Ritterordens im Wiener Augustiner-Eremitenkloster geweiht worden. Das eine der beiden Schiffe bringt die Evangelistensymbole. Das andere schließt an Christus und das Lamm den Phönix und den Löwen mit ihren Jungen unmittelbar an. (Die Reihenfolge wird in der Literatur unterschiedlich angegeben.) Donin (wie Anm. 44) 204. Zu unseren Schlußsteinmotiven sollte wohl der gemeldete Corpus-Christi-Altar gehören. Diese ikonographische Verknüpfung mit dem Kult und der Liturgie läßt daran denken, daß auf dem Klosterneuburger Ciborium um 1330 die Emails nach den Propheten und dem Marienleben, die Passionsszenen auf die INNENSEITE des DECKELS: unmittelbar über den geweihten Hostien (!) als Auferstehung Christi springen. Am Fuß die vier Evangelisten, an der UNTERSEITE von diesem FUSS der Löwe mit dem Jungen!

Das Hauptvergleichsbeispiel stellt das ehem. ZISTERZIENSERKLOSTER NEUBERG an der Mürz Stmk. in dem den Kartäusern nahestehenden Orden per se. 1340 vollendet waren das Kapitelhaus, welches nur Pflanzenmotive verwendet, der ö. Kreuzgangsflügel, nicht aber das Kirchengewölbe. Eine Tierwelt bevölkert die Konsolen verschiedenster Form, Art, Herkunft, Mythologie und Bedeutung. Wie an der genannten Georgskapelle sind die Evangelistensymbole hofseitig, dem Physiologus u.a. gegenübergestellt. Von N. an (ohne die Ecke) führt der Löwe vor dem Pelikan, dem Phönix, dem Einhorn mit der Jungfrau. Aus der Antike tauchen das Sirenenabenteuer des Odysseus und zwei fechtende Kentauren auf. Abbildungen sind kaum zu finden, am besten noch die seitenverkehrten Holzschnitte bei: Pichler, Franz Sales: Die Habsburger Stiftung Cistercienser Abtei Neuberg (Wien 1884; Nachdruck hg. Verein der Freunde des Neuberger Münsters, Neuberg a.d.M. 1990) bes. 31-37.

Für die Aggsbacher Kartäuserkirche gewinnt man die Einsicht, daß die inhaltliche Wahl der Physiologusreliefs der allgemeinen Schicht von 1330/40 entsprossen war - mit einer deutlichen Verlagerung auf das Klösterliche. Bmkw. ist doch wohl das Fehlen der unentbehrlichen Evangelisten (Glasmalerei, Altäre?). Stellt das Einhorn zwar eindeutig eine Verkörperung der Unzucht dar, die sich aber der Jungfrau Maria annähert - so ist es durch seine Inszenierung doch, als gern aufgegriffene Anspielung auf die Stifterfamilie der Maissauer eingepaßt und passend.

[59] Schmidt, Gerhard: Malerei bis 1450,in: Gotik in Böhmen (hg. K.M. Swoboda, Prestel Verlag München 1969) 167 ff., bes. Abb.: 84 Madonna aus Strahov, 87 Glatzer Madonna, 91 Madonna aus Eichhorn (Veveri). - Flossmann, Gerhard - Hilger, Wolfgang: Stift Melk und seine Kunstschätze (NÖ. Pressehaus St. Pölten 1976) bes. 61 und FarbAbb. 59.

Gliedmaßen Christi in geometrischen Winkeln geknickt - ein volkstümliches Motiv lebt hier wieder auf.[60] Vorangegangen war der "häßliche" Stil, vertreten durch die Michaeler Skulpturen und die Madonna vom Sonntagberg, zu dem es nicht weit ist.[61] Lothar Schultes hat stilistisch auf die 1381 vollendete Lichtsäule in Klosterneuburg hingewiesen.[62] Mit der Rechten hält Jesus einen Apfel - mit der Linken ein Buch, das er auf die Brust der Madonna zu legen scheint - ein Hinweis auf ihre Rolle.[63] Bei allen Madonnen findet sich dort nur ein Schmuckstück, ein Vogel o.ä., wonach Jesus kindlich verspielt hascht, was die Vorstufe abgab. Nun ist das Buch in das Zentrum gerückt - eine offensichtlich rein kartäusische Ikonographie, hier von den Kartäusern in Auftrag gegeben und Denkmal ihrer bekannten Bücherliebe. Nicht weiter betont zu werden braucht, daß dieser Schlußstein genau über dem Maria geweihten Hochaltar angebracht worden ist.

HL. JOHANNES DER TÄUFER oder HL. PAULUS?

Stilistisch ähnlich ist der Schlußstein mit möglicherweise dem Hl. Johannes d. Täufer in ungewöhnlicher Darstellung: in der Rechten ein Schwert, der Linken ein Buch.[64] Naheliegend ist es, ihn in die ehem. JOHANNESKAPELLE, das Kapitelhaus einzuordnen, noch dazu wo er lange Zeit außen in einer Nische aufgestellt gewesen ist,[65] um dann seine letzte Ruhestätte im St. Pöltener Diözesanmuseum zu finden.[66] Bei der Barockisierung müßte er herausgerissen worden sein (die Rippen wurden abgeschlagen), die Maße nachzumessen, die Rippen zu vergleichen, hat man der Mühe nicht für notwendig gefunden. Der Gesichtstyp, Gesichtsschnitt mit zweizipfeligem Bart, das (stabartige) Schwert und das Buch sprechen genau für einen hl. Paulus. Die gratigen Bogenfalten hängen durch, die Arme, Hände mit ihren Attributen bilden ein harmonisches Gleichgewicht, das die Kreisränder erreicht. An der Trommel finden sich die Ansätze eines vierteiligen Rippengewölbes in Birnstabprofil. Eine Kopie davon heute im Museum; dort ein weiterer SCHLUSSTEIN, beschädigt, mit einer Art Blattwirbel, mit Sicherheit stilistisch von dem Gründungsbau stammend.

GEDÄCHTNIS DER STIFTER UND TOTEN, GRABMÄLER

Ein mönchisches, ein Kartäuser-Denkmal sind die beiden **GRABPLATTEN der STIFTERFAMILIE** schon ihrer Erscheinung nach: eine altertümliche Umschrift (kein stehender Zeilen-Text; wie auf der Grabplatte von 1440 s. u.), keine plastischen, voluminösen Liegefiguren, sondern nur Wappen und diese lediglich eingeritzt. Das entspricht den alten Vorschriften (etwa der Zisterzienser, die eine Art Relief-Verbot erließen), daß die Platten das

---

[60] In der Lilienfelder Concordantiae Caritatis ca. 1355 besonders körperhaft raumgreifend bei den modernen Prophetendarstellungen. - Aus der Antike kennt man den wirbelfömigen Knielauf mit Armedrehen der Gorgo-Medusa, die "Waltende".

[61] Schultes (wie Anm. 43) 49, Abb. 10.

[62] Schultes, Lothar: Der Anteil Österreichs an der Entwicklung der Plastik des Schönen Stils (Wien Universität, maschr. phil. Diss. 1982) bes. 101, 507.

[63] Pächt, Otto: Einführung in die mittelalterliche Buchmalerei. Vorlesung an der Universität Wien im Wintersemester 1967/68. Skriptum vervielfältigt von der Österreichischen Hochschülerschaft, hg. Brigitta Rausch Wien 1970. Bes. 3: "noch krassere Darstellung: in der Kreuzabnahme trägt nicht Johannes, auch Maria selbst ein Buch". Pächt mündlich: Worauf ich von einem Institutsmitglied hingewiesen worden bin. - Ders.: Buchmalerei des Mittelalters. Eine Einführung (Prestel Verlag München 3. Aufl. 1989) bes. 204 Anm. 2: "Eine noch krassere Darstellung findet sich im Bild der Kreuzigung des Psalters des hl. Ludwig (Paris, Bibliotheque de l'Arsenal, Ms. 1186, F. 24r), in dem nicht nur Johannes, sondern Maria selbst ein Buch hält." Abb. in: H.Martin-Ph. Lauer, Les principeaux manuscrits a peintures de la Bibliotheque de l'Arsenal a Paris, Paris 1929, T VIII. - Im übrigen bereits an der Hildesheimer Domtür 1015 in der Kreuzgruppe Maria mit Buch!

[64] Schultes: Diss. (wie Anm. 60) bes. 101 und Anm. 508.

[65] Kartäuser i.Ö. (wie Anm. 2) Abb. 22.

[66] Kronbichler, Johann - Kronbichler-Skacha, Susanne: Diözesanmuseum St. Pölten. Katalog der ausgestellten Objekte (St. Pölten 1984) 45 KatNr. 59, Abb. 21.

Gehen auf dem Fußboden nicht behindern sollten. Schwer ist es, sich darunter eine Tumba vorzustellen, doch hat es solche unvereinbar scheinende Lösung gegeben.[67] Darf man aus der Tatsache, daß auf der zweiten Platte der Anna von Maissau-Kuenring das Wappen völlig gelöscht wurde, rückschließen, daß - zum Gedächtnis (man sollte sie erinnernd betreten)! - oft darauf gegangen wurde (eine nur uns Heutigen unangenehme Vorstellung)?

An den Totenfeiern u.a. konnten die lebenden Maissauer neben den Kartäusern im Chorgestühl sitzend teilnehmen.[68] Die Quellen nennen die genaue LAGE der Gräber (heute in Hof und Kreuzgang): HEIDENREICH in choro ante summum altare ... in crypta,[69] wobei schon bemerkenswert erscheint, daß er zwei Jahre hindurch überhaupt keine Grabplatte hatte, und ANNA VON MAISSAU, geborene KUENRING, nach Rossmann[70] etwas ungenau "in der Mitte der Kirche vor dem Lettner" - in choro nach dem Nekrolog.[71] Walter Koch hat die Platten transkribiert und beschrieben.[72] Prior Johannes Fleischezz war sogar vorübergehend

---

[67] Herrgott, Marquard + - Heer, Rustenus + - Gerbert, Martinus hg.: Monumenta Augustae Domus Austriacae. Tomus IV: TAPHOGRAPHIA principum Austriae ...Pars I et II. (St. Blasien 1772). Enthält viele wichtige Abbildungen, unter denen die Tumben mit vollkommen glatten Deckplatten besonders verwunderlich sind: die Babenberger Leopold VI. und seine Tochter Margarete in Lilienfeld (Pars II. Tabula VII.). Otto der Fröhliche in Neuberg (P.II. T.XIII.). Isabella von Aragon ehem. in der Wiener Minoritenkirche - vgl. damit die berühmte Vollfigur der Blanche von Valois! (P.II. T.XI.). Sogar das Hochgrab König Albrecht I. in Wettingen (ursprünglich beigesetzt) trug auf der Platte nur ein Kreuz mit Wappen (P. II. Tab. IX). In Gaming Albrecht II. (P.II. T.XIV.).
Lind, Karl: Grabdenkmale in Niederösterreich,in: BMAV III, 1859, 308-336, AGGSBACH bes. 330-332. Damals war die Platte von 1383 "im Fußboden eingelassen"! Die Platte von 1385 lag "im Kirchenschiffe außer den Stuffen im Presbyterium". (Anm. Der Lettner war bereits abgerissen.) Die Platte von 1440 war „teilweise unter Schutt und Sand vergraben". Man sieht, daß seit damals einiges geschehen ist. - Ders.: Über mittelalterliche Grabdenkmale I-III, 1881/2/3. AGGSBACH bes. I 8,9. (Anm. In dieser Kartause dürften nicht viele Grabmäler verloren gegangen sein, da es nie viele gegeben hatte.) Interessant ist der Hinweis auf die ältere Grabplatte der MAISSAUER der 2. Hälfte des 13. Jhs. im KLOSTERNEUBURGER Kreuzgang. Die alleinige Umschrift meldet von Otto (genannt 1185), seiner Frau Gertrud und ihrem Sohn Allold (genannt 1248). - In ÖKT III (wie Anm.9) bes. 5 werden die drei Grabplatten der Maissauer nur unter Kirche - ohne genaue Standortsangabe - geführt.
Schiller, Doris: Geschichte des Zisterzienserinnenklosters St. Bernhard von der Gründung bis 1350, in: Kamptal-Studien 2. Jg. 1982/83 (Gars am Kamp 1983) 1-72. Als bedeutende Gründung der Maissauer.
Rigele, Brigitte: Die Maissauer. Landherren im Schatten der Kuenringer. (Wien Universität 1990, geisteswissenschaftliche Dissertation) (Prof. Brunner und Vocelka). Kartause Aggsbach bes. 280-291. - St. Bernhard 61-73. - Klosterneuburger Grabplatte von Otto, Gertrud, Kinder Otto und Alold bes. 54 (seien nicht jene von 1248). - Anniversariums-Inschrift im Kreuzgang des Kremser Dominikanerklosters OTTO DE MIS(SOWE) ebenda.
[68] Lickes, Heinrich: Chorflankierende Oratorien und Herrschaftslogen des späteren Mittelalters (Gedruckte Diss. Tübingen 1982 [1973] bei Prof. G.Bandmann) 31 "Typen der chorflankierenden Oratorien und Herrscherlogen". In der KARTAUSE von CHAMPMOL treffen die alte doppelgeschossige Herrschaftskapelle (Doppelkapelle) und die zweigeschossigen frühchristlichen Pastophorien aufeinander. Gründung 1384 Philip des Kühnen von Burgund. "L'oratoire haut et l'oratoire basse de Monseigneur" lagen direkt am Mönchschor, hatten keine Verbindung miteinander (außer einer Wendeltreppe). "in beiden Geschossen Privatkapellen des Herzogs von Burgund, in denen er dem Chorgebet der Mönche und den liturgischen Feiern an den Familiengräbern im Chor beiwohnen konnte". Gegenüber im südseitigen Choranbau unten die Sakristei, oben der >tresor<, "der zur Aufnahme wertvoller Gerätschaften und Dokumente bestimmt war". - Zweifellos darf man darin auch eine Vorstufe für den Escorial erblicken (Anm. d. Verf.). - 235/242 wird die Göttweigerhofkapelle in Stein mit dem Pseudopolygon ausführlich besprochen. Bei ihr liegen die Verhältnisse gewissermaßen umgekehrt zum Aggsbacher Sakristeitrakt, unten nur eine Art Substruktion, oben die "Herrschaftskapelle" (Anm. d. Verf.). - 246 ff. "Typologische Zusammenhänge. 1. Doppelkapellen und doppelgeschossiger Anbau." 256 "Doppelgeschossige Choranbauten". 257 ist irrig für Aggsbach unmittelbar am Mönchschor im Obergeschoß das Kapitel angegeben.Lickes bringt ferner Belege für den Aufenthalt der Herrschaft am Lettner.
[69] Crypta darf nicht wörtlich, nicht einmal mit Gruft übersetzt werden. Der Raum für die Särge war nicht zugänglich, durch eine Deckenöffnung bestand die einzige Verbindung. 1994 sind bei ihrer Öffnung zwei Skelette gefunden worden, welche jene von Heidenreich und Leutold von Maissau sein müssen (Anna lag extra), denn eine Radiokarbon-Untersuchung ergab 640 Jahre (+ - 60).
[70] Rossmann (wie Anm. 1) 25.
[71] MGH Necr. 5,2, (wie Anm. 40) 335.
[72] Kat. Die Kuenringer (Stift Zwettl 1981) 152 KatNr. 159, 160.

vom Generalkapitel abgesetzt worden, weil er zum Begräbnis der Anna die Kirche für Frauen zugänglich und beim Totenmahl Fleisch vorgesetzt hatte.[73] Die Bedeutung des erst mit dem Tode beginnenden Lebens äußert sich darin, daß auch Grabplatten als hinterlassene Spuren unerwünscht blieben - maßgebliche Stifter, die dazu die Voraussetzungen schufen, ausgenommen.

Ganz in der Art der einfachsten Äbtegrabplatten des 12. Jhs.[74] nennt nur den Namen, nicht einmal den Todestag (für die Anniversarien!) die **GRABPLATTE des Gerung(us) presbit(er)** in der Kopfzeile. Ungenannt bleibt er sogar in den Nekrologien. Das Urkundenbuch berichtet, daß er Kaplan in Hofkirchen (wohl OÖ.) war und dem Kloster 1387 ein Darlehen gewährte. 1388 wird er als Hausbesitzer zu Aggsbach bezeichnet.[75] Um 1400 dürfte er gestorben sein. Das Material ist keineswegs roter Salzburger Marmor, sondern bodenständiger weißer hochkristalliner Kalkstein (sog. Wachaumarmor).

Wegen der Anonymität existier(t)en nur wenige Grabplatten, die Necrologia sind äußerst knapp gehalten, nur eine einzige Nachricht im Urkundenbuch meldet von einem Grab: 1424 widmet Jörg Mulfelder (der zur Klientel Ottos von Maissau gehörte) der Kartause zu Axpach Geld zum Seelgerät für seinen Bruder Nyclas Mulfelder, der daselbst begraben ist.[76]

GRABPLATTE OTTOS IV. VON MAISSAU und der AGNES, geborene VON POTTENDORF 1440. Ungeklärt bleibt vorerst, warum sich KONRAD VON MAISSAU, Vater Ottos IV., 1396 in der KIRCHE ST. ANNA IM FELDE bei PÖGGSTALL (VB. Melk) begraben ließe, wovon ebendort eine schöne Grabplatte zu künden scheint.[77] Im Aggsbacher Nekrolog scheint Konrad nicht auf.

Aus Platzmangel vermutlich wählte Otto sein eigenes Grab wiederum im Kapitelhaus, der ursprünglichen und traditionellen Grablege von Stifterfamlien in Klöstern.[78] Seine frühverstorbenen Söhnchen 1429 *sepultique sunt in capella sanctorum Ioannis baptistae et Ioannis evangelistae, ubi prius fuerant sepulti fr(ater) ipsorum Stephanus infantulus et etiam una sor(or) adolescentula desponsata uni de Daxberg.* Für den Fall des Absterbens einer männlichen Nachkommenschaft vermachte er einige Seelgeräte.[79] Es folgten weitere Stiftungen,[80] denen sich AGNES 1433 mit Kleinodien anschloß.[81] In demselben Jahre wurde ein *ewiges liecht zwischen der kürchen unnd capitl in dem convent* (d.i. der nördliche kl. Kreuzgangflügel) von Otto und Agnes gestiftet.[82]

Einiges unterscheidet die Grabplatte von ihren Vorgängern. Das Wappen liegt nicht mehr in einer "idealen Ebene" im reinen Profil nur aus Linien. Es ist als Relief ausgeführt, der Helm ist in Aufsicht gedreht (eine "pseudoprotokubistische" Mehransichtigkeit der Spätgotik) und oben sind stehend drei Schriftzeilen hinzugefügt. Die Inschrift ist in Deutsch mit

---

[73] Rossmann (wie Anm. 1) 194/5.

[74] Vergleiche Heiligenkreuz.

[75] FRA II,59 (wie Anm. 7) Nr. 76, 87.

[76] FRA II,59 (wie Anm. 7) Nr. 272.

[77] Die Maissauer hatten in Pöggstall alten Besitz. - ÖKT IV Pöggstall (Wien 1910) 175 Nr. 5, Fig. 193. - Kramler, Karl: Geschichte der Herrschaft Pöggstall, in: GB (Geschichtliche Beilagen zum St. Pöltener Diözesanblatt) IX. Bd. 1911, 463 ff, bes. 464. - Diese Frage muß noch ungeklärt bleiben. Rigele (wie Anm. 67). Vielleicht den Ausschlag zugunsten der Grablege Konrads in Pöggstall (die anscheinend gar nicht erwähnt wird) gibt der Satz S. 321: "Chunrad, dessen Sohn Otto schließlich nochmals den gesamten Besitz vereinen sollte, ist am häufigsten um Pöggstall genannt, dessen Landgericht er ... von Albrecht III. zu Lehen hatte."

[78] Im Jahre 1906 beschreibt sie Fuchs in den FRA II,59 (wie Anm. 7) 269 Nr. 310 Anm. 1: "Beide ruhen im Kapitelhause. In der Mitte desselben liegt auf dem jetzt ungepflasterten Boden teilweise unter Schutt und Sand vergraben eine große rechteckige dunkelrote Marmorplatte ..." - Hans Riehl: Die Wachau zwischen Melk und Stein (Österr.Kunstbücher Bd. 53/54, Wien-Augsburg 1926) 28 bezeichnet das Kapitelhaus 1926 noch als "Stall".

[79] MGH Necr. 5, 2, 335. - FRA II, 59 (wie Anm. 7) 297-299.

[80] FRA II,59 (wie Anm. 7) Nr. 300, 309.

[81] FRA II,59 (wie Anm. 7) Nr. 310.

[82] FRA II,59 (wie Anm. 7) Nr. 311. Fuchs bemerkt hiezu: "Das ewige Licht an diesem Orte wurde wohl deshalb gestiftet, weil die Spender im Kapitelhause damals schon ihre Grabstätte erwählt hatten."

erhabenen Buchstaben geschrieben. Testament und Testamentsvollstrecker sorgten für die Komplettierung der Stiftungen, besonders für eine Vergrößerung des Konventes um zwei weitere Kartäusermönche.[83]

Vielleicht bezieht sich die längere, schwer verständliche, stark aufgespitzte INSCHRIFT an der Südwand des Kapitelsaales als sog. Epitaph (indirekt) auf den Tod Ottos von Maissau, da nur einzelne Wörter lesbar blieben. Sie mag aus dieser Zeit um 1440 stammen.

Gotische Rippen und Fenstermaßwerk sind abgeschlagen worden - an ihre Stelle kamen Bandlwerk und auf zarten Pilastern hochbarocke Waffenstucks - sie mögen eine weitere Erinnerung an die Maissauer sein.

Eine **FRIEDHOFSKAPELLE S.CRUCIS** findet sich genauso in Mauerbach (Leonhard Schauer) und in Gaming. Die Gemälde zeigen vielleicht zu Recht "richtig" keine erkennbaren Gräber im Friedhof, sondern nur schwarze Holzkreuze (?). Die Friedhofskapelle Hl. Kreuz in Gaming hatte tatsächlich Kreuzform. Die Hl. Kreuzkapelle in Aggsbach wurde erst um 1500 errichtet.[84]

SECHS GOTISCHE ALTÄRE

Rossmann hat diese zusammengefaßt.[85] Erstaunlicherweise waren sie 1782 noch vorhanden, trotz mehrmaliger Barockisierung in der Kirche. Hier können sie nur knapp vorgestellt werden, da sie nicht zu besichtigen sind und sonst der Rahmen des Beitrags gesprengt würde. Mit Ausnahme eines Reliefs (als Kopie) sind alle nach der Aufhebung weggekommen, nach abenteuerlichen, dunklen Fahrten (Aufenthalte in Feldkapellen) in Herzogenburg und Göttweig geborgen.

Der sog. **ÄLTERE AGGSBACHER ALTAR** kam nach Stift Herzogenburg.[86] Die Einfachheit seiner Formen würde man in einer Dorfkirche als volkstümlich bezeichnen. Hier war es wohl bewußte Naivität. Prior Vinzenz von Aggsbach (1435-1448) müßte der Auftraggeber gewesen sein. Die Szenen konzentrieren sich auf das figürliche Geschehen, eher in der Art einer Dramaturgie - der niederländische Landschaftshintergrund ist unbedeutend, weswegen auch der Vergleich mit dem sog. Albrechtsaltar falsch ist. Große Farbflächen dominieren. Parallelfalten ziehen prägnante Bahnen. Um 1440 ist das der Zeitstil. Die selten abgebildeten Szenen verraten allerdings Knitterfalten aus der Zeit um 1460! In der Weihnachtsdarstellung dienen alle nur einem Wunsch: der Anbetung - die sie ausschließlich verkörpern. - Von einem ganzen **FLÜGELALTAR** Anfang des 16. Jhs. ist 1945 nur mehr das Mittelrelief der Grablegung Christi übrig geblieben.[87] - Ein einzelnes Überbleibsel ziert heute wenigstens den Hochaltar als Kopie: das Relief **BEWEINUNG CHRIST.**[88] - Zwei Altarflügel mit dem Sturz Luzifers, der Marter des hl.Erasmus sowie Heiligen befinden sich nunmehr in Göttweig.[89] - Der Hochaltar von 1501 mit dem vermutlichen Relief des TODES

---

[83] FRA II, 59 (wie Anm. 7) Nr. 326, 330, 332.

[84] Rossmann (wie Anm. 1) 15.

[85] Rossmann (wie Anm. 1) 27-39.

[86] Egger, Gerhart - Hessler, Walter - Payrich, Wolfgang - Pühringer, Leonore: Stift Herzogenburg und seine Kunstschätze (NÖ. Pressehaus St. Pölten-Wien 1982) bes. Abb.40: Weihnacht - Anbetung der Könige - Darstellung im Tempel - Aufnahme Mariens in den Himmel (die Krönung war wohl extra, vielleicht im Schrein; vgl. den sog. Wiener Neustädter Altar 1447 (!), wo man mit Erstaunen eine „zweimalige" Marienkrönung feststellen mußte) zeigt ganz deutlich und eindeutig die <u>KNITTERFALTEN der Zeit um 1460</u>! - Dworschak, Fritz - Feuchtmüller, Rupert: Mittelalter - Tafelbilder,in: Kat. Herzogenburg. Das Stift und seine Kunstschätze (St. Pölten 1964) 83, Abb. 25, 26.

[87] Rossmann (wie Anm. 1) 27. - Baum, Elfriede: Katalog des Museums mittelalterlicher österreichischer Kunst (Wien 1971) 199 Nr.213.

[88] Kartäuser i.Ö. (wie Anm. 2) Abb.23. - W.Häusler weist darauf hin, daß es sich nur um eine Kopie handelt. - Kronbichler Kat. Diözesanmuseum St. Pölten (wie Anm. 66) 59 KatNr. 80, Abb. 42. "die donauländische Arbeit provinziellen Charakters" hat nicht nur die Donauschule verlassen, sondern durch die Ausrundungen des Arms bzw. des Unterschenkels Christi zu den Bildecken hin, eine typische zentrierte Komposition der Hochrenaissance entriert.

[89] Rossmann (wie Anm. 1) 28. - Kat. 900 Jahre Stift Göttweig (Göttweig 1983) 488 KatNr. 1010, FarbAbb. o.Nr. - Lechner, P. Gregor: Stift Göttweig und seine Kunstschätze (NÖ.Pressehaus, St. Pölten 1977) 35, FarbAbb. 12.

MARIÄ, dem ursprünglichen Patrozinium,[90] bildet mit seinen Flügeln (heute in Herzogenburg / Nürnberg) ein Frühwerk des **JÖRG BREU D.Ä.** Es gehört einerseits mit dem 1499 vorangegangenen Bernhardialtar der privaten Abteikapelle im Zisterzienserkloster ZWETTL und dem nachfolgenden Altar im nahen Benediktinerkloster MELK (der nicht mehr von Breu vollendet wurde)[91] sowohl zur letzten gotischen Klosterkunst, als auch zu den grundlegenden Frühwerken der Donauschule. - Die Heiligen und Ikonographie machen den **MICHAELSALTAR um 1520** (s.o. 1380) bemerkenswert: die Hll. KOLOMAN (Melk!) und LEOPOLD (Klosterneuburg), die Kreuzauffindungslegende der hl. Helena, die hl. Ottilie und eine weitere Nonne mit Buch, das Aggsbacher Patrozinium MARIENTOD als Relief in der Predella.[92]

ERNEUERUNG UM 1600

Die gotischen Bögen im Torturm oder im Prälatur-Tor, die gotischen Spitzbögen und die Wandnischen des Wirtschaftshofes künden sogleich, daß die Bauten im Kern älter sein müssen. Ein Großteil von ihnen gehört der Gründungsanlage an. Der Verfall in der zweiten Hälfte des 16. Jhs.[93] betraf die Gebäude nur als eine Verwahrlosung, so daß es sich um Restaurierungen handelte. Keinesfalls darf man dem Irrtum verfallen, daß die damals aufgeschriebenen Jahreszahlen Baudaten im Sinne von Neubauten sind.

Das heutige Aussehen - nach einer der besten Restaurierungen in Österreich - ist von den Fassadierungen der Spätrenaissance[94] geprägt, die sich gewissermaßen auf die Torfassaden konzentrieren. Deren verhältnismäßig bunte Bildhaftigkeit verändert sich nach innen in das Weißgrau der Sgraffiti, einem Renaissanceschloß gleichend. Die Anordnung der Baugruppen gilt heute als "malerisch" - damals war sie eher funktionell. Der Torturm hat Wände in Naturputz - die aufgemalten Ortsteine sind mit weißen, brotlaib- und weckenförmigen Feldern belegt - eine Vorausahnung der Ornamentfelder des Frühbarock. Damals war sie häufig - erhalten und restauriert ist sie selten. Die schöne Zwiebelhaube (Ansichten) vermisst man besonders. Der Wirtschaftshof erscheint in Weiß gehüllt, mit wenigen Friesen. An seiner O-Seite trägt er die früheste Jahreszahl 1578. Die im Tagesablauf eines Klosters unerläßliche Zeitmessung wird durch die vielen Sonnenuhren angezeigt - zugleich wichtige Träger von Daten. Auf der Prälatur, deren Nutungen renaissancegerecht sind, lautet sie 1592.[95] Die Sgraffitofassade des Granariums trägt die Jahreszahl 1601,[96] die Bäckerei am Schornstein einst 1633, der Torturm des Gutshofes 1650.[97] Die Fassaden des Manierismus vertrat vor allem die Mauer bzw. Wagenremise (vorher ein Holzschupfen; ein Neubau, der nur mehr hier hinein gestellt werden konnte) westlich am Wirtschaftshof mit den beliebten Rundzinnen endlos gereiht (Vischer, Gemälde). Ihre Nachfolge trat die barocke Gartenmauer, als Weiterentwicklung mit Doppelbogen rhythmisiert an,[98] ähnlich dort die

---

[90] Dworschak (wie Anm. 86) 63 Nr. 76, Abb. 5. - Rossmann (wie Anm. 1) 30.

[91] Menz, Cäsar: Das Frühwerk Jörg Breus des Älteren (Schwäbische Geschichtsquellen und Forschungen 13. Bd.) (Bücher Seitz Augsburg 1982). - Heider, Gustav - Haeufler, Josef Vinzenz: Archäologische Notizen, gesammelt auf einem Ausfluge nach Herzogenburg, Göttweig, Melk und Seitenstetten im September 1849, in: Archiv zur Kunde österreichischer Geschichts-Quellen, V. Bd. (3. Jg.) H III, 139-178, bes. 156/7 und passim. (Dieser Gemälde-Katalog ist sehr mangelhaft.)

[92] Kat. Der heilige Leopold. (Nö.Landesausstellung Stift Klosterneuburg 1985.) 241/2 Nr. 213 und FarbAbb. 26,27.

[93] Rossmann (wie Anm. 1) 237 ff.

[94] Die Baudaten gegen 1590 und am Anfang des 17. Jhs. lassen in der Kartause Gaming, der fürstbischöflichen Stadt Salzburg, dem Benediktinerkloster Michaelbeuern oder dem Dominikanerkloster Retz auf einen Wiederaufschwung schließen. (Während des Protestantismus und lange vor der Gegenreformation.)

[95] Kartäuser i.Ö. (wie Anm. 2) Abb. 59-61.

[96] Kartäuser i.Ö. (wie Anm. 2) Abb. 55.

[97] Für den Gutshof sei auf den gut vergleichbaren gleichzeitigen Neubau beim Prämonstratenserstift Geras NÖ. unter Abt Westhaus verwiesen. Mit Torturm und im Geviert um den Hof angeordneten diversen Wirtschaftsbauten. - Ambrózy, Johann Thomas - Pfiffig, Ambros Josef OPraem: Stift Geras und seine Kunstschätze (NÖ. Pressehaus St. Pölten-Wien 189) bes. 84, FarbAbb. Einsetzend 1648, ausgebaut 1664, laut Inschrift 1666 vollendet.

schwingenden Terrassen (leider zeigen die Gemälde nichts davon). Wie bei jedem Barockschloß hatte man auch seinen Lustgarten (mehr für Prälaten und Gäste); die verschlungenen Rasenwege in den Gärtchen der Einsiedlerhäuschen (Gemälde) könnten bereits auf das Konto des Barockmalers gehen?

In den **INNENRÄUMEN** entfaltete sich sogar eine gewisse Pracht. Die seltenen BALKENDECKEN, etwa erste Hälfte des 17. Jhs., sind mit Nabelrosetten, Volutenpaaren, Ranken, Akanthusblättern und Köpfen bemalt worden.[99] Die Grünbemalung, mit einer Art Grisaille-Zeichnung, erzeugt eine eigene Sphäre, im zweiten Raum wird sie durch Goldlinien gesteigert.

Einen Sonderfall scheint die **GALERIE von 31 erhaltenen KARTÄUSER-PORTRÄTS** abzugeben, die im sog. Chorgang oder Dunklen Gang innerhalb des Archivs gemalt wurde.[100] Die lange Reihung an sich ist der Typus der italienischen Galerien des Manierismus.[101] Der Standort dürfte auf die Geschichte des Hauses anspielen. Vor dem Archiv und für die Besucher des Priors wird sie bildlich-repräsentativ vor(an)gestellt. Die Rollwerk-Rahmen sind schwer, die Gesichter feiner. Es hat sich wohl nur die Vorzeichnung erhalten. Manche Prioren können durch die INSCHRIFTEN identifiziert werden, wie Johann V. Konrad Stor 1591-96, Thomas III. Mangold 1596-1609, Georg II. Hayd 1609-32,[102] die zugleich die großen Neubegründer waren, nebeneinander an der linken (= westlichen) Wand gleich als die ersten (bzw. chronologisch die letzten). Dadurch ergäbe sich auch eine Datierung um 1630. Leider sind die anderen kaum noch vorhanden, die Inschriften verschwunden, nicht näher bestimmbar. Der letzte an der rechten Wand war ein Profeß von Mauerbach 1390 (?), so daß kein System oder Programm herauskommt. Drei Gesichter sind besser erhalten: die Oberfläche des Gesichts eines hageren 47jährigen Glatzköpfigen. Neben ihm eine Büste in starken Farben und Schatten (waren alle so? Oder nachträglich?)[103] - sie entspricht einer besser erhaltenen Malerei an der abschließenden nördlichen Stirnwand: ein **ECCE HOMO**.[104]

FRÜHBAROCK UM 1673

Auslösend war gewiß 1670 die unfreiwillige Erhebung in den Prälatenstand. Es kam zu einer regelrechten Kampagne.[105] In Gaming etwa gibt es einen großen Prälatur- oder Festsaal,[106] der sich genausogut in einem Nicht-Kartäuserkloster befinden kann. Das große **HOCHALTARBILD, das Tobias Pock 1673** gemalt hat (signiert und datiert), ist wenigstens heute noch an der Altarwand "hängen geblieben". Es zeigt das jüngere Patrozinium der **HIMMELFAHRT MARIENS** in der bekannten Darstellung, unten die Apostel. Oben in Licht verklärt Maria auffahrend. Die Ober- und Unterzone werden durch (ornamentale)

[98] Kartäuser i.Ö. (wie Anm. 2) Abb. 44, 48.

[99] Kartäuser i.Ö. (wie Anm. 2) Abb. 88.

[100] Ansonsten wie bekannt eine Domäne des Adels als Ahnensaal.

[101] Prinz, Wolfram: Die Entstehung der Galerie in Frankreich und Italien (Berlin 1970).

[102] Kartäuser i.Ö. (wie Anm. 2) Abb. 87.
Nur ein einziges weiteres Beispiel ließ sich finden: in dem heutigen Benediktinerkloster MURI-GRIES bei Bozen. In der großen Halle des sog. Bruderstocks wurden an den Wänden umlaufend die Porträts aller 52 Pröpste des früheren Augustinerchorherren-Stifts gemalt. Abb.: Caramelle, Franz: Die Stifte und Klöster Tirols (Tyrolia Innsbruck-Wien 1985) 44/45 FarbAbb. Der Autor enthält sich einer Datierung, doch dürfte man gleichfalls noch das 17. Jh. annehmen. - Im seinerzeitigen Zisterzienserkloster ENGELSZELL OÖ. einige spätgotische Wandmalereien von Äbten im Kapitelhause (zu deren Grablegen). - s.o. Karl Thir bemerkt: An den Wänden des Saals des Generalkapitels der Großen Kartause befinden sich die Porträts der ersten 49 Prioren, sie stammen aus der Zeit nach 1676.

[103] Kartäuser i.Ö. (wie Anm. 2) Abb. 84.

[104] Kartäuser i.Ö. (wie Anm. 2) Abb. 83.

[105] Rossmann (wie Anm. 1) 286.

[106] Schemper, Ingeborg: Die Stuckdekorationen des 17. Jahrhunderts in der Prälatur, in: Kat.Gaming 1985 (wie Anm.50) 86-90, Abb.

konzentrische Bogenformen geschlossen, eine Kontrastierung Links-Rechts sorgt für leichte Bewegung und Lebendigkeit. Schwere tiefe und satte Farben intensivieren die Präzision und Erkennbarkeit (des Inhalts), z.B. des Blaus Mariens im Gelb. Das Retabel davor, nach Entwurf von Friedrich Ohman 1910 im Jugendstil, greift Motive des Mittelalters (der Neuromantik) auf. Das zentrale Relief der Beweinung Christi um 1500, wenn auch nur eine Kopie (s.o. und Anm. 88), erinnert als einziges Stück an die gotischen Altäre.

Die jetzigen **frühbarocken SEITENALTÄRE** in Schwarz mit Goldteilen, Aedikulen mit geschweiften gesprengten Giebelfüßen, Kleeblattbogen-artigen Bildabschlüssen und obigen Ovalbildern, seitlich säumenden Akanthusbrettern (und ohne Statuen), stammen aber aus der Kirche ST. JOHANN IM MAUERTAL und kamen in den letzten Jahren hierher.[107] Links das Gemälde TAUFE CHRISTI, über welcher Gottvater lenkt. Rechts der HL. LEONHARD, in einer Nebenszene einen Gefangenen befreiend, mit dem hl. Nikolaus im Aufsatzbild. Diese Altaraufbauten stehen stilistisch schnitzmesserscharf an der Wende vom Früh- zum Hochbarock: um 1680.

DIE TORANLAGE

Sie ist eigentlich einer der wenigen bestimmbaren Hoch-Renaissanceteile. Die **NISCHENGALERIE** reiht als oberen Abschluß der MAUER 15 Nischen aneinander. Die gut erhaltenen, gemalten Blattranken in deren Laibungen lassen sofort die Verwandtschaft mit der Fayence-Keramik der Hochrenaissance erkennen. Auch ein Pfeilerabschnitt (keine architektonischen Pfeiler) zeigt dieselbe Bemalung. An den Nischenrückwänden sind wenige Figuren(fragmente) noch zu sehen. Als erste Nische links vom Tor eine thronende Hüftfigur des **HL. PETRUS** ziemlich komplett. Das wie aufgeblähte Gewand mit großen, aber streng symmetrischen Bogenschwüngen des Pluviales gehört der Donauschule an. Glücklicherweise ist dieser Zyklus in dem ausgezeichneten Corpus-Band der NÖ. Wandmalerei des Mittelalters von Elga Lanc behandelt worden, welche ihn um 1520 datiert.[108] Unmittelbar rechts daneben am Pfeiler blieb die voluminöse Figur eines Bischofs im Ornat, offensichtlich gleichfalls aus dieser Zeit erhalten. Unten ist sie **S. HVGO** beschriftet. Als sein Attribut hält er einen Kelch mit einer mittelalterlichen Eucharistie-Darstellung: einer kleinen Christusfigur darin. Noch ein nimbierter Kartäuser befindet sich ganz rechts außen. Er hält einen Zweig, zu seinen Füßen liegt eine Mitra. Die zwei Buchstabenreste unterhalb wird man **S. B[RVNO]** ergänzen dürfen. Weniger von dem schlechten Erhaltungszustand, sondern wegen des Programms, wird man ihn in die I. Phase um 1520 einzuordnen haben.

II. PHASE AM TOR, DES BAROCK. Denn die beiden Kartäuserheiligen sind (nach Übertünchung) in den Rundbogennischen zuseiten der plastischen **MADONNENSTATUE** nochmals, seitenvertauscht, im späten 17. Jh. (?) freskiert worden. (Übrig bleibt die Frage, was sich vorher hier befunden hatte.) Der Barockmaler konnte auf große dekorative Vorhänge sowie ungeheuerlich gebauchte Tische nicht verzichten, mit bescheidenem Blick ins Freie. Links unten erklärt die Inschrift **BRUNO FUNDATOR ORD(INIS) CARTH(USIENSIS).** Rechts **S. HUGO EPISCOPUS LINCOL(NENSIS).** Die Dreiergruppe bildet ein Ensemble, die Marienstatue[109] in einer halbrunden Muschelnische wäre noch am besten stilistisch

---

[107] Zu Friedrich Ohmann siehe die im Abschluß befindliche Dissertation von Rainald Pühringer: Friedrich Ohmann (1858-1927) am Institut für Kunstgeschichte der Universität Wien bei Prof. P.Haiko. - Über die neugewonnen Seitenaltäre freundlicher mündlicher Hinweis von Frau Marie Ertl. Die Übertragung erfolgte durch den verstorbenen Aggsbacher Pfarrer Völker. Bei Riesenhuber (wie Anm. 57) ist auf Tafel I ein ursprünglicher Seitenaltar noch zu sehen!

[108] Lanc, Elga: Die mittelalterlichen Wandmalereien in Wien und Niederösterreich (Verlag der Österr. Akademie der Wissenschaften, Wien 1983) 45/46, Abb.

[109] Kartäuser i.Ö. (wie Anm. 2) Abb. 32.

einzuordnen.[110] Sie hat etwas Schweres, vielleicht Schwerfälliges, weshalb es einem auch schwerfällt, sie genauer zu datieren. Es mag ein leichter Schuß Provinzialismus sein, ein wenig Ungeschliffenes in ihrer Oberfläche, wie man es sonst von Statuen in Kirchen nicht gewohnt ist. Ein Widerspruch besteht nämlich in der Bewegtheit ihrer Vorlage und der Starre von deren Ausführung. Die Bewegung wirkt spontan, zuerst in der komplizierten szenischen Gruppierung von Mutter und Kind oben zueinander. (Sie scheinen sich mit dem hl. Bruno links anzublicken.) Durch das stürmische Flattern vieler Gewandteile rund um die Körper, deren Anatomie sich abzeichnet (die Beine Marias sind wirklich in Bewegung). Der Christusknabe, als Salvator mundi die Weltkugel haltend (keine Frucht), mit flaumigem Haar hat etwas Skizzenhaftes (der Oberteil erinnert an ein Gemälde). Altertümlich wirken das unräumliche Ausbreiten in die Fläche, die Kronenhaube, volkstümlich das Mieder. In der Literatur wird die Madonnenstatue meistens um 1730 datiert. Unterhalb der Madonna eine ältere Jahreszahl **16.0**, darauf die Inschrift **MORS ... NOSTRA VITA**. Nach Aufhebung der Kartause wollte man die beiden Kartäuser beseitigen und hat, als dritten Zustand, die beiden Vasen über sie gemalt (die auf alten Fotos noch zu sehen sind[111]). Die Tormauer wird von gemalten Balustern mit dazwischen blauem Himmel abgeschlossen. (Was einen dortigen aussichtsreichen Wandelgang über dem Eingang suggeriert, wie er sich z.B. am Schloß in Retz erhalten hat.)[112]

Über dem Spitzbogen der gotischen Tordurchfahrt am TORTURM sind **WANDMALEREIEN** aus dem beginnenden 16. Jh. nicht gut erhalten: eine große KREUZGRUPPE mit zugehörigem MARIENTOD darunter[113] und ein Wappen mit dem Maissauer Einhorn. Das Tor läßt die Blendvertiefung einer Fallbrücke feststellen - so daß hier einst ein Graben war. (S.o. Topographie.) Der Tod Mariens - nach Rossmann das ursprüngliche Patrozinium der Kirche (s. Anm. 90) ereignet sich in einem gemalten Innenraum, der sich illusionistisch - gemalte Architektur auf dem Turm - in einer gemalten Bifore ganz hinten "öffnet" (Wechselspiel). Gemäß der altniederländischen Malerei (seit dem Genter Altar) sind auf seitlichen Diensten (dieser illusionistischen Architektur) grisailleartig Maria, rot-grün Johannes als Säulenstatuetten zuäußerst, nun im dritten Medium, als „Skulptur" wiedergegeben. Der TOD, der bei den Kartäusern die anerkannte Rolle spielte, Mariens und Christi, verbindet die beiden Szenen miteinander.

Die **TORDURCHFAHRT** in der Prälatur hat ihr ursprüngliches Aussehen wieder zurückbekommen: je zwei segmentbogige Sitznischen, Reste von Heiligenfiguren (links: Bruno, Maria). Rechts eigenartige Koch-Szenen: ein Krug, auf einem Herd brennende Scheiter mit Kochtopf und ein Kochender. Nach der Schildform eines Reichsadlerwappens könnte man auch hier Anfang des 16.Jhs. datieren.

HOCHBAROCK

Prior Jenumb war der Auftraggeber, der dann in Gaming bezeichnenderweise die BIBLIOTHEK besonders ausstatten ließ, als den dort prunkvollsten Raum, sich dem gewohnten Anblick des österreichischen Hochbarock annähernd [114]. Von der ursprünglichen Ausstattung des Hochbarock der Kirche ist jetzt kein einziges Stück in ihr zu sehen. 1910 nannte die ÖKT noch ein Paar Seitenaltäre aus der ersten Hälfte des 18. Jhs. Das ehem. rechte Altarblatt hängt nunmehr im Museum: Der hl. Bruno im weißen Habit hält ein Palmkruzifix, seine Linke weist auf sein Herz, er blickt empor zum ehem. Aufsatzbild HERZ JESU. Zu seinen Füßen ein Ignudo gebietet Schweigen, eine Geißel haltend, auf einen Totenkopf

---

[110] Riesenhuber (wie Anm. 57) 12 ging wohl am weitesten/zu weit, als er die "Stuckstatue" in die 1. Hälfte des 17. Jhs. datierte.

[111] Abb. z.B. ÖKT III (wie Anm. 9) Fig. 9.

[112] Resch, Rudolf: Retzer Heimatbuch II.Bd. (Retz 1951) 261 Abb.40.

[113] Lanc wie Anm. 108. Der Marientod wird in die 2. Hälfte des 15. Jhs. abgetrennt.

[114] Rossmann (wie Anm. 1) 21. - Egghart, Barbara: Die Deckenfresken der Bibliothek der Kartause Gaming, in: Kat. Gaming 1985 (wie Anm. 50) 69-85, Abb. 1-9.

gestützt. Ein zweiter hält das Pedum, die Mitra liegt hinter ihm versteckt [115]. Einige repräsentative INNENRÄUME des Hochbarock gehen auf Prior Jenumb heute noch zurück.

In der **SAKRISTEI** ist als Deckenfresko, etwa anstelle eines Gekreuzigten bzw. Schmerzensmannes (dem Bildverbot nahe kommend) das Herz Jesu (nach Rossman eine spezifische Kartäuser-Devotion[116]), umgeben von zwei Füßen und Händen mit den WUNDMALEN angebracht worden. Die Inschrift: EXPANDVNT TRISTI SOLAMEN VVLNERA CHRISTI datiert es durch ihr Chronogramm 1729.

In der **PRÄLATUR** zwei Räume (zuseiten des Mittelraumes über der Toreinfahrt), die in Darstellungen des HL. BRUNO gipfeln. Östlich eine weiße STUCKDECKE. Ein Ritter auf der Jagd - aufgeregt kläffen die Hunde - hat den Spieß fallen gelassen und erhebt die Arme beim Anblick eines betenden Einsiedlermönchs.[117] Es muß der Graf Roger vor dem hl.Bruno sein, wie dieselbe Szene in der Gaminger Kirche lehrt.[118] Offensichtlich ist es eine Gegenüberstellung des Weltlichen vor dem Religiösen. Als einem besonders deutlichen Beispiel: An der ehem. Zisterzienserkirche Aldersbach in Bayern sind an den Fassadenrelief-Wandtafeln ähnliche Szenen des hl. Bernhard noch so gemeint, daß Adel und Herrscher ihre Knie beugen müssen (eine Vorahnung des Josefinismus). Überdies lehrt es uns, daß man im Wald sehr ungleiche Tätigkeiten ausüben kann. A. Maderna vermutet auch eine Anspielung auf den Gründer Heidenreich von Maissau.[119] In Bandelwerk in Eckzwickeln die vier Jahreszeiten. Der ausgezeichnete Stuckateur harrt noch seiner Identifikation. Der jenseitige Raum ist in Grisaille, mit Blumenvasen in Nischen an den Wänden, Deckenstuck komplett überzogen. Im Deckenfresko schwebt das von Engeln getragene Kreuz über dem hl. Bruno, der die Arme emporreißt, vor der Madonna kniend - der Jesusknabe weist auf das Kreuz.[120]

Auch die Benediktiner in dem riesigen Neubau zu Göttweig hatten das Ideal des EINSIEDLERS nicht (aus den Augen) verloren. Auf die monumentale Kaiserstiege, mit Trogers Fresko des Kaisers Karl VI. als Sonnengott, folgt ein Zimmer, das ganz mit Einsiedler-Szenen ausgemalt wurde. Das "Benediktus-Zimmer" mit Leinwandtapeten, die von Johann Bapt. Byß 1739 bemalt wurden.[121] In der Neuzeit waren "Einsiedeleien" große Mode - sie blieben selten erhalten.[122] Die Wand-Nebenbilder zu dem Deckenfresko des hl. Bruno in der Aggsbacher Prälatur (sowie im Refektorium) zeigen Einsiedler des Kartäuserordens in der Landschaft.[123]

So weicht auch die Neuausgestaltung des **REFEKTORIUMS** in Aggsbach sehr von den sonstigen klösterlichen Refektorien ab. Das Barockportal am Stiegenaufgang zeigt in seiner Kartusche noch schemenhaft gemalt die Emmaus-Szene. Darauf/dabei war eine Inschrift gemalt: O beata solitudo - sola beatitudo.[124] Als der größte Gemeinschaftsraum übertraf er das bescheidene Kapitel - wohl weil hier mit Gästen gerechnet wurde. Der qualifizierte unbekannte Architekt hat mit einem Kunstgriff eine starke Spannung bei sonst

---

[115] ÖKT III (wie Anm. 9) bes. 4. Das Verschwinden dieser Altäre in jüngster Zeit bleibt rätselhaft. - Vgl. Anm. 107.

[116] Rossmann (wie Anm. 1) 22/23.

[117] Kartäuser i.Ö. (wie Anm. 2) Abb. 77, 78.

[118] Blüm, Pater Hubertus: Die Deckenfresken der Kartäuserkirche zu Gaming,in: Kat.Gaming 1985 (wie Anm. 50) 63-68, bes. Nr. 4.10, Abb. 1.

[119] Frau Marianne und Herrn Alfons Maderna sei für die Hilfe und Hinweise herzlich gedankt.

[120] Kartäuser i.Ö. (wie Anm. 2) Abb. 73,67,68.

[121] Lechner (wie Anm. 89) 72, Abb. 53.

[122] Oft ähneln sie den Grotten, durch ihre wilde Steinverkleidung etc. (Vgl. auch oben das Benedictus-Zimmer Göttweigs.) - Die "Eremus Maximiliani I. Imp(eratoris) in hypethrio arcis Neostadiensis" bildete M.Herrgott (wie Anm.67) Tomus III, V.I., Tabula XLI ab. - Euler, Bernd: Die Tierparkkapelle in Kirchberg am Walde von 1739. Eine Eremitage an einem adeligen Landsitz, in: Mitteilungen der Gesellschaft für vergleichende Kunstforschung in Wien, 35. Jg. September 1983 Nr.4, 1-7, Abb.

[123] Kartäuser i.Ö. (wie Anm. 2) Abb. 74, 76.

[124] Häusler, Wolfgang: Melk und der Dunkelsteiner Wald (Verlag für Jugend und Volk, Wien-München 1978) 121-125, bes.122 "im Kreuzgang...auf einer Kartusche". - Frau Marie Ertl hat die Inschrift dort noch gesehen, sie ist wegrestauriert worden.

einfachen, glatt-kantigen Formen geschaffen: die korbbogige Tonnenwölbung wird gegen die Schmalseiten von je zwei Stichkappen zu einem Kreuzgewölbe unterbrochen. (Doppelmotiv und Spaltung ein Prinzip der Architektur des Manierismus.) In der Mitte ist der Tonnenscheitel flächig abgeplattet (und hat keinen Gurtbogen). In dem dortigen Sechseck ist - "gotisierend"[125] - durch zehn konkave Einkrümmungen silhouettiert, ein Zackenstern eingeschrieben als Bildmedaillon dienend. Der Raum wird und wirkt gewissermaßen gespalten - auch durch das zentral und ruhig, beherrschend schwebende Deckenbild.[126] Es trägt das für einen Speisesaal nicht gewöhnliche Thema: Johannes der Täufer als Kind in einer Landschaft - den Einsiedler und die Wildnis. Die Reverenz an die STIFTER demonstrieren in der Querachse zwei Stifterporträts, Ovalbilder von HEIDENREICH und OTTO VON MAISSAU. Sie werden von stuckierten schwarzen Adlern gehalten, die in die Höhe auffliegen (eine Art von Himmelfahrtmotiv). An den Stirnseiten je zwei Bilder - Szenen aus dem Leben hl. Kartäuser; in den Fensterleibungen Landschaften.[127] Den Raumeindruck, außer den Flächen und Kanten der Architektur, den kleinen Bildern, dem Bänderstuck, dominiert aber eine eigenartige, intensive weiß-rosa Marmorierung.

Knapp vor der Aufhebung beauftragte man Martin Johann Schmidt 1779 mit dem Thema der Unterweisung der hl. Maria durch die hll. Anna und Joachim.[128] Das signierte und datierte Bild ist heute in der Pfarrkirche Gansbach vorfindlich.

Das 19. Jh. nach dem Josephinismus wiederum in der Romantik Religion, Kunst, Klöster und Mönchtum, das Mittelalter bevorzugend, hat trotzdem nur destruktiv gewirkt und nichts Neues kam mehr hinzu. Es sei denn von anderen Kirchen, meist ebenfalls aufgehobenen Klöstern, die KANZEL aus der Dominikanerkirche in Krems, die ORGEL aus der Stadtpfarrkirche in Mautern (welche die Orgel von Krems erhielt)[129] - oder nach Zotti beide aus dem Karmelitinnenkloster in St. Pölten.[130] Keine unmittelbaren Diebstähle - doch nur bürokratische Umverteilung des klösterlichen Kunsterbes.

---

[125] Diese gar nicht so seltene Erscheinung einer Barockgotik an Stuckkartuschen und Gewölben, die vom Normalbarock als Nebenströmung abtriftet, gehört eigens untersucht.

[126] Ähnliche Phänomene im Spätbarock, etwa bei Anton Ospel in dessen Leopolds-Pfarrkirche in Wien II., mit einem auf eine Tonnenwölbung aufgepropften kleinen Kuppelchen.

[127] Kartäuser i.Ö. (wie Anm. 2) Abb. 70.

[128] ÖKT III (wie Anm. 9) 57/58, Fig. 74.

[129] Rossmann (wie Anm. 1) 23.

[130] Zotti (wie Anm. 58) 113/114. - Wolfgang Häusler verweist einerseits auf die Dominikaner-Ikonographie der Kanzel, zum anderen auf die Tatsache, daß die Klarissen überhaupt keine Kanzel benötigten.

134

DIE ANDERE SEITE DER KARTAUSE

ALFONS MADERNA

Wenn man ein sakrales Haus nicht lediglich als ein Produkt aus Stein und Mörtel, geschaffen mit handwerklichem Können für einen bestimmten Zweck, sondern als ein Produkt gläuber Hingabe an ein Ideal des Wahren und Schönen zur Ehre Gottes sieht, dann wird man die einfachste handwerkliche Tätigkeit wie ein Gebet verstehen, hingerichtet auf eine göttliche Wahrheit. Augustinus lehrt uns, daß Schönheit der Glanz des Wahren sei, der, wie mir scheint, uns auch aus den einfachsten Kunstwerken gerade dann am hellsten leuchtet, wo die Kraft der Überzeugung den Schöpfer vor seinem Werk zurücktreten läßt und sein Werk in einer über die Zeit erhabenen Wahrheit glänzt. Die Kartause Aggsbach, ein Werk der Spätgotik für einen Orden der Kontemplation errichtet, scheint in dieser Hinsicht ein besonders gelungenes Baudenkmal zu sein, das in seiner sechshundertjährigen Geschichte nicht durch besondere Wehrhaftigkeit, sondern durch schlichte Größe und Wahrhaftigkeit seinen Bedrängern und Feinden Respekt abnötigte, und ihnen bis heute stand hielt.

Nach vierhundert Jahren der Kontemplation begann mit der Ordensauflösung 1782 durch den aufgeklärten Monarchen Josef II., der alle Klöster auflöste, die nicht caritativ, edukativ oder wirtschaftlich "Sinn und Nutzen" der Menschheit brachten, auch für die Kartause Aggsbach das freie Spiel der Kräfte um Sinn und Nutzen, erst der gesamten Herrschaft und letztlich der Gebäude. Der Kirchenschatz wurde ins Kloster Langegg und in das Stift Herzogenburg gebracht, die Mönche ausgesiedelt und für die Seelsorge verpflichtet. Das restliche Kirchenvermögen wurde durch Überbürokratisierung heruntergewirtschaftet und schließlich verschleudert. Nach einem dirigistischen Zwischenspiel des Religionsfonds in Wien, der die Herrschaft Aggsbach mit einer unter den Kartäusern schon dienenden Verwaltung und Belegschaft weiterführen wollte, ist es, um weitere Verluste zu vermeiden, der Schiffmeisterswitwe Maria Anna Wimmer gelungen, die Herrschaft Aggsbach nebst weiteren vier dazugehörigen Ortschaften mit allen Untertanen, Herrlichkeiten und Gerechtsamen ohne Vergleichsangebot und auf Teilzahlung zu erwerben. Von praktischerem Sinn geleitet als ihre Vorgänger, ließ sie die unnütz gewordenen Mönchszellen abreißen und an deren Stelle einen Obst- und Küchengarten, an Stelle der gotischen Friedhofskapelle ein Lusthaus errichten. Diese an sich löbliche Symbiose aus Rechtschaffenheit und Funktionslust hat dem Baukörper der Kartause die empfindlichste Amputation seiner Bausubstanz beschert und schließlich die Kartause um ihren spirituellen Kern beraubt. Nach den Wimmers folgte das Grafengeschlecht der Coloredo, die die Anlage ab nun, ihrer Funktion gemäß, als Schloß bezeichneten und dem Zeitgeschmack entsprechend ausstatteten, die Baukörper aber unverändert ließen. Im Volksmund blieb sie immer die Kartause. Coloredos Erbe, sein Neffe Graf Falkenhayn, versuchte den Verfall des Gebäudekomplexes durch Unterbringung einer Forstschule hintanzuhalten, die 1910 mangels Beitragsleistung ihrer Sponsoren den Betrieb einstellen mußte. War die Kartause oder das Schloß bis zu diesem Zeitpunkt noch von einer integrativen Idee geleitet, so zerfiel sie nun in viele Einzelinteressen ihrer neuen Bewohner. Waldarbeiter mit ihren Familien be- und zersiedelten das Ensemble in Ein- und Zweizimmerwohnungen. Kirche, Pfarrhof und Garten vor der Kirche wurden von der Diözese St. Pölten verwaltet und so dem freien Spiel der Kräfte entzogen. 1946 ging der, von Schloß Walpersdorf aus verwaltete und einige Schlösser, Land und Forstwirtschaft umfassende, Falkenhayn-Besitz inklusive der Herrschaft Aggsbach als Schenkung an den Orden St. Petrus Claver-Sodalität in Maria Sorg bei Salzburg über, dessen Mitbegründerin Gräfin Maria Falkenhayn 1894 war und dem sie viele Jahre als Generaloberin vorstand. Die genaue geschichtliche Aufarbeitung finden Sie in diesem Buch von anderen Autoren hervorragend abgehandelt.

Im Februar 1970 konnte ich den sechs Gebäude umfassenden Gebäudekomplex (ca. 2900 m² verbaute Fläche auf ca. 7000 m² Grundfläche) käuflich erwerben.

Es war an einem strahlenden Junivormittag, wolkenloser Himmel.; kniehohes Gras mit Blumen durchwirkt, Schmetterlinge umflatterten uns, die Lerche trällerte ihr Lied, die Luft zitterte unter den Bässen der Orgel, die mit einem Hosianna das Werk Gottes pries.

Meine Eltern, meine zukünftige Frau und ich betraten durch einen kleinen Gang den Innenhof zwischen der Kirche und der Prälatur und ließen uns lange von der unschuldigen Schönheit des Augenblicks gefangennehmen. Die Zeit schien hier stillzustehen. Die Sonne beleuchtete hell die hoch aufragende Süd- und Westfassade, streifte die steilen Dächer und tauchte die beiden anderen Fassaden in dunkle Schatten. Die Rückseite der Kirche mit ihrem ehemaligen Haupteingang und einem hohen darübersitzenden gotischen Fenster sowie drei zweigeschossige Häuser bildeten einen geschlossenen Innenhof von ca. 25 x 7 Metern. Ein Spitzbogentor und Fenster mit Schmiedeeisenkörben verliehen den Häusern ehemalige Bedeutung. Abgefallene Putzstellen brachten Reste der alten Rustikaquaderung zum Vorschein. Verblaßte Mauerfarben und weiße, von auskristallisierten Salzen bedeckte Flächen erweckten in mir ein Gefühl von Bewunderung und Traurigkeit. Ein roh und lieblos ohne Rücksichtnahme auf das Ganze zusammengezimmerter Verschlag verwehrte uns den Blick durch das Spitzbogentor und ließ in mir ein banges Gefühl von unaufhaltbarem Verfall aufkommen, das bei Häusern dann am deutlichsten wird, wenn keine Identifikation mit der gewachsenen Form, mit dem Ganzen mehr vorhanden ist. Diese hoffnungslose Ohnmacht, die über den Relikten einer prätentiösen, eleganten Zeit lag, erinnerte mich an einen dramatischen Helden, der erst wirklich verloren ist, wenn er sich selbst aufgibt.

"Mein Gott, ist das schön, hier möcht' ich leben", unterbrach meine Frau den stimmungsvollen Augenblick. Übereinstimmend und ohne langes Zögern waren sich meine Eltern und ich einig, daß der Besitz eines solchen Hauses einem Mühlstein um den Hals gleichkäme. Renovierung, Erhaltung und Nutzen stünden in einem unvernünftigen Verhältnis zueinander, ganz abgesehen von den versteckten baulichen Risken eines so alten Gebäudes. Eine eingeschlagene Fensterscheibe war trotz ihrer Bedeutungslosigkeit ein Indiz für den unaufhaltsamen Verfall, weckte aber gleichzeitig meine Neugierde für das rein theoretisch Mögliche. Denn wo ein Fenster eingeschlagen ist, wohnt offenbar niemand. Bei genauer Betrachtung konnte man durch diese Lücke eine reich verzierte, vom Ruß geschwärzte Stuckdecke und den Rand eines Deckengemäldes sehen, während die übrigen Scheiben das Blau des Himmels spiegelten.

Als es nach zweieinhalb Jahren galt, unserer immer noch jungen Liebe ein Nest zu bauen, erinnerte sich meine Frau an den stimmungsvollen Augenblick in der Kartause und ich mich an die zerbrochene Fensterscheibe. Das Fenster war immer noch nicht eingeglast, und es war Februar. Ergo wohnte da keiner. Im Eindruck unserer Kaufstimmung erschien uns das riesige Gebäude, in dem meine Frau so gerne leben wollte, jetzt geradezu klein und gemütlich, die Renovierung ein Kinderspiel und die zu erwartenden Kosten geradezu eine Bagatelle, denn wir hatten ein Ziel. Die roh zusammengezimmerte Holzwand erwies sich diesmal als segensreich, denn sie verwehrte uns den Blick auf das Ganze. Was wir sahen, war höchstens ein Achtel dessen, was uns erwartete. So faßten wir Mut.

Auf der Suche nach einem Ansprechpartner umkreisten wir den aus mehreren Gebäuden bestehenden Komplex, überquerten eine Brücke des an der Längsseite der Kartause vorbeifließenden Aggsbachs, durchschritten ein offenes Schmiedeeisentor, flankiert von zwei Gebäuden, die ein Torbogen verband und von dem herab eine Sandsteinmadonna mit Kind den Ankommenden liebevoll zu begrüßen schien. Wir durchquerten einen kleinen Hof, durchschritten ein weiteres Gebäude, durchbrochen von zwei gotischen Spitzbogen-steingewänden, über denen sich ein viergeschossiger, viereckiger Turm erhob und betraten schließlich zum ersten Mal den großen Innenhof der Kartause. Vier Gebäude und eine von einer Steinmauer gestützte Gartenterrasse bildeten ein Fünfeck um eine ca. 1000 m² große in alle Nischen vordringende Grasfläche. Ein großer Kastanienbaum, eine Douglasfichte und eine Zeder dominierten den Innenhof, in dessen Mitte ein mit Decken umwickelter Schöpfbrunnen stand, zu den aus allen Richtungen Trittspuren durch Reste matschigen Schnees führten. Im Osten des Hofes lag das Gebäude, dessen Rückseite wir gesehen hatten und in dem sich die Stuckdecke mit dem Deckengemälde befinden mußte. Auch das Spitzbogentor auf dieser Seite entsprach seinem Gegenstück. Durch angeworfene Quadermuster, hohe Fenster, eine noch leidlich gut erhaltene Sonnenuhr mit der Jahreszahl 1592, eine Dachbodentür, flankiert von Dachfenstern, anders als die anderen Gebäude, wies es sich als Hauptgebäude aus und erregte unsere besondere Aufmerksamkeit. Das südlich angrenzende Gebäude hatte in der Mitte seiner Längsausdehnung einen stumpfwinkeligen Knick und gab so dem Hof seinen fünfeckigen Grundriß. An seiner ca. 40 Meter langen Fassade mit vereinzelten kleinen Rund- und Spitzbogenfenstern, die den ersten Stock markierten, führte eine gedeckte Holztreppe zum Obergeschoß. Zwei schlanke hohe Kamine wuchsen bedeutungsvoll aus der linken Hälfte des steilen Daches. In der Mitte des Gebäudes krönte ein überdachter venetianisch anmutender Kaminaufsatz malerisch den Giebel. In der rechten Hälfte bildete der viereckige, mit Sgrafittiquadern reich verzierte Torturm ein optisches Gegengewicht zum Hauptgebäude, der Prälatur. An das langgezogene Gebäude schloß sich im Westen die alle Dächer überragende ehemalige Mühle rechtwinkelig an, aus deren Dachmitte ein mächtiger breiter Kamin emporragte, der wie ein Wächter den Hof zu kontrollieren und zu beschützen schien. In der Nord-Westecke schloß ein hohes Gebäude, der ehemalige Kornspeicher, den Hof zum dahinter steil ansteigenden Wald ab. An seiner schmalen Hofseite ließ eine verblichene Sonnenuhr die Jahreszahl 1601 erkennen. In allen Gebäuden außer dem Hauptgebäude waren ebenerdig große Rundbogennischen, die meist als Holzlager genützt oder mit Lattentüren versperrt waren, wenn sich dahinter ein Kellergewölbe befand. In der Nord-Ostecke des Hofes führte eine brüchige Steinstiege zu der höhergelegenen Gartenterrasse und weiter zu einem Wehrturm, der nur mehr als Stumpf vorhanden war. Einige weit voneinander getrennte Holzstöße aus großen Scheiten, willkürlich im Hof verstreut, verdeutlichten die unterschiedlichen Besitzverhältnisse.

Das diffuse Licht des naßkalten Februartages und der angewehte schmutzige Schnee verwischten alle Konturen, aus denen die von hochsteigender Nässe geschwärzten Mauern, brüchig wie aufgeplatzte Wunden, ihr Gemisch aus Steinen und Ziegeln preisgaben, auf denen sie die Last der Hoffnungslosigkeit, zusammengehalten vom Zwang der Ausweglosigkeit, trugen. Ein Ort voll Wehmut und ein Memento mori für diejenigen, die hier nicht leben mußten, ein Musterbeispiel romantischer Armut in einer Zeit, wo der beginnende Wohlstand bereits die nähere Umgebung in kleine Bauparzellen zu zerhacken begann.

Hier wohnten, wie wir später erfuhren, noch die letzten Mieter, die nach der Auflösung der Forstschule als Waldarbeiter und Taglöhner Unterkunft fanden, in den bescheidensten Verhältnissen. Es stand nirgends „Privat" oder „Zutritt verboten", das Tor stand offen, die Verbindung mit der Kirche gab den Gebäuden öffentlichen Charakter. Trotzdem hatte ich ein beklemmendes Gefühl, hier in die Privatsphäre von Menschen eingedrungen zu sein, die zwar an häufige Touristenbesuche gewöhnt, den Winter als Nichtsaison ungestört für sich zu beanspruchen schienen. Hinter einem Scheibenvorhang verfolgten uns lange zwei Augenpaare.

Durch das westliche Gebäude führte uns ein Durchgang zwischen einer Mauer zur Linken und dem dreigeschossigen Kornspeicher zur Rechten in den Garten.

Ein ca. 60 m langer und 40 m breiter, sich nach Westen verengender, von einer Ziegelmauer umschlossener Garten zog den Blick auf ein Nymphäum in barockem Schwung mit krönender Steinvase und den Resten einer Landschaftsmalerei in einer Nische. Vier Steinmauern stützten den zum Wald hin ansteigenden Garten, der in vier Terrassen angelegt war. Ribiselstauden und vom Winter überraschte Gartenfrüchte stachen aus der lückenhaften Schneedecke. Brüchige Gartenbänke markierten die einzelnen Herrschaftsbereiche ihrer Gartenbesitzer. Wildspuren durchzogen den Garten von eingestürzten Mauern am Waldrand zu eingestürzten Mauern am Bach. Tiefe Nebelschwaden lagen über dem Tal und gaben der fahlen Wintersonne nur wenig Chance. Kein Laut, nur das Murmeln des Baches war wie ein klagendes Flüstern zu hören. Am Rückweg in den Hof begegneten wir einer alten Frau, die ich, halb aus Rechtfertigung für unser Eindringen, halb aus neugieriger Anteilnahme für den Träger dieser Bürde, um den Eigentümer dieser Liegenschaft fragte. Wir wurden an den Verwalter im nahegelegenen Forsthaus verwiesen und verabschiedeten uns eilig.

Voll Zweifel an der Sinnhaftigkeit eines solchen Informationsgespräches fuhren wir schließlich doch zum Oberförster, in der geheimen Hoffnung, daß irgendein unüberwindbares Hindernis unsere Ambivalenz eindeutig klären würde und wir diese Versuchung als abgehakt für alle Zeiten ad acta legen könnten. Vielleicht konnte man auch nur den kleinen Teil, den wir am ersten Tag gesehen hatten, mieten oder erwerben und vom Ensemble ausklammern.

Meine Frau wartete im Auto, denn es sollte nicht lange dauern. Der Oberförster, ein Mann um Fünfzig von gediegener, fülliger Gestalt in knielanger Lederhose, Pullover und einer Strickmütze auf seinem Kopf, empfing mich mit höflicher Zuvorkommenheit. Hinter seinen ruhig gesetzten Worten und wissenden Augen, die gesunden Hausverstand verrieten, konnte er die Aussichtslosigkeit meines Vorhabens kaum verhehlen. Die Räume, von denen einer die schöne Stuckdecke preisgab, seien zwar vermietet, aber nicht bewohnt, an eine Weitervermietung sei aber nicht gedacht, da die Herrschaft die Gebäude seit Jahren verkaufen wolle. Seine wirtschaftliche Geringschätzung für das alte Geschleif und meine Bestätigung seiner Ansicht beendeten bald unser Gespräch mit den üblichen Dankesfloskeln. Mehr aus Höflichkeit und beiläufigem Interesse erkundigte ich mich über den erhofften Verkaufspreis, der erstaunlicherweise dem einer Garconniere in Wien in mittlerer Lage entsprach. Doch auch um diesen Preis gab es keinen Interessenten.

Von der Maßlosigkeit eines derartigen Kaufvorhabens überzeugt, wollte ich noch einmal kurz überprüfen, was uns erspart bleiben sollte und fuhr wieder zur Kartause, um sie, mit neuem Wissen und Bewußtsein angereichert, noch einmal zu betrachten und meiner Frau und mir die beruhigende Gewißheit zu verschaffen, daß ein derartiges Unternehmen trotz des geringen Preises sinnlos sei.

Die Dächer wurden vor einigen Jahren umgedeckt und waren in gutem Zustand. Der Baukörper zeigte keine Risse, das Ensemble, jetzt mit halbgeschlossenen Augen betrachtet, war von selten schöner Proportion. Der Rest war eine Frage der Zeit. Ich war gerade 33, der persische Kaiserhof und der Sultan von Brunei sorgten gerade für volle Auftragsbücher meines Geschäftes. Man hatte Grund zum Optimismus. Es ist immer wieder überraschend, wie schnell sich eine Beurteilung ändert, wenn man den Standpunkt der Betrachtung ändert. Was an einem strahlenden Junitag, im alles vergoldenden Licht, Orgel, heile Welt, im Unbewußten die Scheu vor Verpflichtung und Bindung die Dinge unüberwindbar erscheinen ließ, schien an einem naßkalten Februartag im Eindruck eines Zieles, realistisch und durchaus machbar. Die halbgeschlossenen Augen sind in solchen Fällen das Verhängnisvolle, denn sie weben den Schleier der Phantasie, hinter dem sich Aschenputtel in Prinzessinnen verwandeln. Wer konnte da noch der Versuchung widerstehen, Prinz und Retter zu sein?

Wieder beim Oberförster wurde ein Termin mit dem Güterdirektor im Schloß Walpersdorf für den übernächsten Tag vereinbart. Das Einschätzungsvermögen des tüchtigen, braven Mannes war zutiefst verunsichert. Nachdem er uns beim Auto verabschiedete und für das Abenteuer viel Glück wünschte, wankte er schweren Schrittes zurück in das Forsthaus. Er konnte nicht aufhören, seinen bemützten Kopf zu schütteln, bis wir ihn aus den Augen verloren.

"Mutter, zieh deinen Persianer an, damit sie mich ernst nehmen." Mein damaliger Haarschnitt und meine Garderobe war vielleicht für ländliche Gepflogenheiten der Mode etwas vorauseilend und möglicherweise Anlaß zum Mißtrauen gegen die Seriosität des Großstädters, das die Leute am Land gerne pflegen. Auch mich, als Kind einer Kleinstadt, hat man schon früh Vorsicht gelehrt mit der Begründung, daß im Schatten der Anonymität Großmannssucht und Unseriosität seltsame Blüten trieben, während man in der Kleinstadt auch jene richtig einzuschätzen wüßte, mit denen man noch nie ein Wort gewechselt hätte.

Der rote Austin Mini meiner Frau, an Widerständen sichtbar geformt, (die graue Daimlerlimousine blieb bei Preisverhandlungen besser in der Garage), war auch nicht gerade Ausdruck soliden Besitzbürgertums. Meine Mutter hingegen in ihrer tadellosen Garderobe, noblem, kostbarem Schmuck, bestechend in jeder Geste, in jedem Wort, besser noch in ihrem Schweigen, und nicht zuletzt in ihrer allwissenden Art, mit ihrem jeder Herausforderung standhaltenden Blick, war wie ein Schutzschild gegen jeden geringsten Zweifel an meiner Bonität.

Der kalkulierte Eindruck, als stünden meine Eltern hinter diesem Vorhaben, sollte mir nur recht sein und erübrigte jede Diskussion. Schließlich haben sich meine Eltern dieses Vertrauen durch ein makelloses, wirtschaftliches und gesellschaftliches Leben erworben und verdient. Man hatte einen guten Namen, und der war auch hier bekannt.

Im Schloß Walpersdorf empfing uns der Güterdirektor, Dipl. Ing. Libowitzky, hinter seinem Schreibtisch aufrecht stehend wie ein Generalstabsoffizier, der seine Verhandlungs-gegner zur Übergabe nach einer verlorenen Schlacht empfängt. Seine durch Alter und Würde achtunggebietende Erscheinung, blaß, mit grauem, gepflegtem Haar, tadellosem Anzug und einer aristokratisch gepflegten Sprache unterstrichen seine Position. Ich hatte recht getan, meine Mutter mitzunehmen. Nach zwanzig Minuten war man handelseins, Zweifel über die Stichhaltigkeit der gegebenen Erklärungen kamen erst gar nicht auf. Man fuhr sofort zur Besichtigung der Innenräume der ca. 20 km entfernten Kartause und durfte auf neue Überraschungen gefaßt sein.

Unser Kommen hatte sich schon bei den Mietern herumgesprochen und alle, auch diejenigen, die bereits in anderen Häusern meist bei ihren Kindern wohnten, waren da. Die noch ständig hier wohnten, waren alte Menschen, ergeben einem unausweichbaren Schicksal; ohne Hoffnung auf räumliche Verbesserung.

Finstere Gänge mit zweipoligen gedrehten Stromleitungen, willkürlich an Wände oder Türstöcke genagelt, von Keramikknopf zu Knopf gespannt, waren wie Wegweiser durch die Räume. Drei Toiletten für fünf miteinander verbundene Häuser waren die einzige Sanitärausstattung. Wasser gab es nur beim Brunnen. Fenster, die entweder zugemauert oder mit maßfremden Fensterflügeln notdürftig winddicht verschlossen worden waren, machten mir Angst vor der eigenen Courage. Die Räume, die nicht mehr bewohnt wurden, dienten als Lagerräume für Gerätschaft, Feld- und Gartenfrüchte. Der Raum in der Prälatur mit der schönen Stuckdecke und dem Deckengemälde war Kartoffel- und Holzlager. Der Weichholzboden, sofern noch vorhanden, war vermodert. Fensterscheiben waren teilweise durch Kartons ersetzt, Trotzdem hatte alles seinen Platz und schien geordnet. Die von allen Mietern benützten Gänge waren den Möglichkeiten entspechend reinlich gehalten.

Die Besichtigung der Innenräume lief wie ein Film vor mir ab, der in kurzen Sequenzen abwechselnd Gesamtüberblick, Details, Erschrecken, Vertrauen, Abgründe und Optimismus in mir aufkommen ließ. Während wir die unbewohnten Räume und Gänge besichtigten, tauchten immer wieder alte Frauen aus der Dunkelheit auf, die es nicht erwarten konnten, eine Neuigkeit zu erhaschen, huschten hin und her, um zu sehen, wie die Leute wohl aussehen mögen, die in ihren Augen entweder so unermeßlich reich oder so unermeßlich dumm sein mußten, wenn sie so ein Haus zu kaufen beabsichtigten. Eine alte Frau wolle mir die Hand küssen möglicherweise in der Annahme, ich wäre der Bischof, eine andere erzählte mir, daß sie jede Nacht die Mönche marschieren höre. Alle starrten mich mit der wortlosen, bangen Frage an: Was wird mit uns geschehen?

Die Wohnungen, die meist nur aus ein oder zwei Räumen bestanden, waren bei aller Armut bescheiden, aber ordentlich möbliert. Das Leben spielte sich fast ausschließlich in den Küchen ab. Die Holzböden waren gewaschen, die Fenster geputzt, als gelte es, einen heimlichen Widerstand gegen den unaufhaltsamen Verfall des Hauses zu leisten. Man hatte den Eindruck, daß die Leute nicht nur an diesem Tag "ordentlich" waren.

Wieder in Schloß Walpersdorf, wurde der Notar aus Herzogenburg gerufen, der nach zwanzig Minuten mit einem vierseitigen in allen Punkten ausformulierten Vertrag eintraf, aus dem man eilig einen Namen gelöscht und meinen eingesetzt hatte. Dieser Vertrag war vor acht Jahren für einen Innsbrucker Pianisten aufgesetzt worden, der letztlich vor den finanziellen Schwierigkeiten kapituliert hatte.

Das vorliegende Vertragswerk wurde von beiden Seiten unterzeichnet, der Geldbetrag bis zur Eintragung in das Grundbuch hinterlegt und mit einem Händedruck und einem tiefen Seufzer von beiden Seiten besiegelt. Als ich mit Stolz und Freude den Erwerb der Kartause genoß, versicherte mir Dipl. Ing. Libowitzky, wie glücklich auch er sei, diese Belastung los zu sein, da man sich seit 1920 ebenso redlich wie erfolglos bemüht habe, die Kartause und einige andere Schlösser zu verkaufen. Alles ging so schnell, daß man offenbar aus Angst, daß ich es mir noch einmal überlegen könnte, vergessen hatte, beim Denkmalamt um Zustimmung einzukommen. Die Zustimmung kam letztlich mit Freude und Erleichterung, nachdem man sich über meine Ziele und meine wirtschaftlichen Verhältnisse erkundigt hatte, denn mit dem Besitz eines denkmalgeschützten Gebäudes war auch die Verpflichtung der Erhaltung verbunden. Der damalige Landeskonservator Prof. Eppel beglückwünschte mich mit den Worten: "Solche Narren sollte es mehrere geben" und bot mir eine kleine finanzielle Unterstützung an, denn dieses Baujuwel, das das romantische historismusfreudige Bauzeitalter des 19. Jahrhunderts unbeschadet überstanden hatte, konnte noch die Chance seiner Rückständigkeit nützen.

Als nach zwei Wochen der meiste Schnee geschmolzen war, begannen wir mit Hilfskräften aus der näheren Umgebung alle Verschläge und willkürlichen Vermauerungen von Fenstern, Toren und Nischen zu entfernen. Im Obergeschoß des abgewinkelten Gebäudes führte ein Verbindungsgang von der Prälatur zur Mühle, dessen Rund- und Spitzbogenfenster aus Klimagründen bis auf wenige vermauert waren. Putzrisse und eine serielle Regelmäßigkeit verrieten uns die Lage der Vermauerungen. Letztlich waren es 24 kleine Fenster, die dem Baukörper heute seinen besonderen Reiz verleihen. Dieser, Ende des 16. Jahrhunderts vorgebaute Verbindungsgang mit Rundbogenfenstern oben und großen Rundbogen unten liegt vor der alten dickwandigen gotischen Fassade, hinter der Kreuz- gewölbe größerer und kleinerer Räume die Gebäude tragen. Der große Hof war bald von willkürlichen Zubauten befreit und bot einen klaren Überblick über das, was war, und das, was getan werden mußte, was man retten konnte und was man aufgeben mußte.

Meine Mutter hatte mittlerweile diejenigen Mieter, die die Räume nur mehr als billigen Lagerraum benützten und schon in eigenen Häusern wohnten durch eine angemesse Ablösesumme überzeugt, auf ihr Mietrecht zu verzichten, was durchwegs mit Überraschung und Dankbarkeit angenommen wurde. Die restlichen Mieter, die wirklich noch da wohnten, hatten noch lange Zeit, sich eine neue Bleibe zu suchen.

Die Zeit zwischen den beiden Weltkriegen war durch große Armut geprägt. Arbeit gab es nur in der Forstwirtschaft oder als Taglöhner in einem der drei Gasthäuser, die von einem bescheidenen Tourismus, den das Dampfschiff in den Sommermonaten brachte, lebten. Die Frauen verdienten sich mit Schneiderei, Wäschewaschen und Aushilfsarbeiten ein beschei- denes Nebeneinkommen. Ein kleiner Gemüsegarten, eine Ziege, ein Schwein und Hühner in einem der Gewölbe waren die Nahrungsgrundlagen der neun Familien mit 17 Kindern, die bis vor kurzem in diesem Gebäudeensemble hausten, das trotz der Größe für Familienunterkünfte völlig ungeeignet war.

In den Räumen der Prälatur unterhielt ein Ehepaar eine Jugendherberge als kärgliches Zubrot. Politische Spannungen zwischen den Roten und den Schwarzen und letztlich Nationalsozialisten, mit deren Hilfe mancher seiner Not durch frühes Bekenntnis zu entkommen hoffte, blieben im verbalen Bereich. Schließlich gab es voreinander keine Geheimnisse, die autoritäre Überlegenheit des einen oder anderen zuließen. Alle waren letztlich durch das Band der Armut miteinander verbunden und auf gegenseitige Hilfe angewiesen.

Als wir die Kartause erwarben, waren zwar noch neun Hausparteien als Mieter gemeldet, aber tatsächlich wohnten nur mehr fünf hier. Die anderen, die Söhne und Tochter im richtigen Alter hatten, nützten die erste Welle des Wohlstandes und der Vermögensbildung, um gemeinsam mit ihnen in der Umgebung Eigenheime zu bauen, die sie bereits bezogen hatten. Ein altes Ehepaar und sechs Witwen fristeten noch ein stilles zurückgezogenes Dasein. Das war die andere Seite der Kartause. Nur der Maurer, Josef Reiberger, mit Frau und fünf Kindern aus dem angrenzenden Gemeindehaus brachte manchmal turbulentes Leben in das alte Gemäuer. Er sollte mein Vertrauter in allen Bauangelegenheiten werden und hat sich schnell, zur höchsten Zufriedenheit des Denkmalamtes, in die handwerklichen Praktiken der diversen Stilepochen eingearbeitet. Seine Umsicht und selbständige Arbeitsorganisation haben wesentlich zum zügigen Renovierungsfortschritt beigetragen. Sein wacher Blick für alles Bauliche erweist sich bis heute als Segen für die Kartause.

Wir konnten nun ungehindert darangehen, die Innenräume zu erforschen. Aus der "Österreichischen Kunsttopographie" aus dem Jahre 1909 wußten wir zwar, wie der Zustand damals war, aber nicht, was wir heute noch erwarten durften. Meine Frau fand für ihren Spürsinn ein reiches Betätigungsfeld und überraschte mich fast jedes Wochenende mit neuen Entdeckungen. Der hervorragende Bildhauer und Stukkateur Alfred Loidl aus St. Pölten konnte für die Restaurierung der Stuckdecken und der Fresken in der Prälatur gewonnen werden. Während Herr Loidl in der Prälatur vier Monate arbeitete, tasteten wir die Räume im südlichen Trakt, der in der Topographie als "Cubicula Visitatorum" bezeichnet ist, ab und entdeckten zu unserer Überraschung zwei bemalte Holzdecken, die offenbar vor der Bestandsaufnahme um 1909 bereits mit Holz und Stukkaturrohr verkleidet und verputzt worden waren. Wahrscheinlich hatten sie in der Zeit der Umgestaltung zum Schloß unter den Coloredos nicht dem Zeitgeschmack entsprochen und so ihren Dornröschenschlaf angetreten. Die Decken waren bei dieser Überbauung kaum beschädigt worden, so daß sie uns nach fachkundiger Reinigung in den Originalfarben und Blattvergoldungen als Zeugen des 16. Jahrhunderts fast vollständig erhalten sind. Eine fragmentarisch erhaltene Schablonenmalerei an den Wänden lag unter diversen Putzschichten und hat sich durch die Spannung verschiedener Materialien von ihrem ursprünglichen Grund so sehr gelöst, daß sie nicht zu retten war. In einem Kellerraum, der in der Bestandaufnahme von 1909 als Waschküche bezeichnet wurde, fanden wir unter einer sieben Zentimeter dicken Putzschicht ein Marmorrelief, eine Kreuzigungsgruppe aus dem 15. Jahrhundert. Wir haben es herausgelöst und an einem würdigeren Platz wieder installiert. Man verzeihe uns den Eingriff.

Zentralheizung, Elektro- und Sanitärausstattung wurden installiert. Fenster, Türen und Fußböden waren weder erhaltungswürdig noch brauchbar. Die Kehlheimerplatten wurden belassen und ergänzt. Durch Zufall konnten wir ein Tafelparkett von einem abgebrochenen Stadtpalais in Wien für die beiden großen Räume in der Prälatur erwerben, das nach der Fertigstellung der Stuckdecken verlegt werden sollte. Die beiden Stuckdecken zu je ca. 60 m² erwiesen sich nach und nach als wahre Meisterwerke. Während die eine, die wir bei unserem ersten Besuch in der Kartause vom Hof aus gesehen hatten, nur einige Male überstrichen und in allen Teilen gut erkennbar war, war die zweite nur eine bucklige, vom Ofenruß geschwärzte Decke, an der man gerade noch den Rand eines Reliefs erkennen konnte. In einer Ecke des Raumes hing sie wegen eines abgefaulten Trams einen halben Meter durch. Dreißig Kalkschichten bedeckten ein kostbares Stuckrelief, das den normannischen Herzog von Apulien und Kalabrien, Roger, kniend mit Pferd und einen betenden Mönch darstellt. Offenbar deutet diese Szene auf die Stiftung der Kartause Santa Maria della Torre in Süditalien hin, in der der heilige Bruno gestorben ist.

Die Wandfresken im ersten großen Raum trugen nur achtzehn Kalkübermalungen und wurden von Herrn Loidl mit großem Einfühlungsvermögen abgedeckt. Nur das Deckengemälde, auf Leinen gemalt, den hl. Bruno in Anbetung der Maria darstellend, war in einem so brüchigen Zustand, daß es bei der Abnahme von der Decke fast zerfiel. Letztlich konnte es doch noch vom Restaurator Johann Fortner in sorgfältiger, mühevoller Arbeit auf einen neuen Leinengrund aufgebügelt, restauriert und somit gerettet werden.

In einem kleineren, zwischen den beiden großen liegenden Raum wurde ein profiliertes Kreuzrippengewölbe von diversen Kalkanstrichen befreit und ergänzt. Diese drei Räume stellen heute das baugeschichtlich bedeutende Kernstück der Kartause dar.

Ein vom verstorbenen Abt des Stiftes Göttweig, Zedenik, im Tauschwege gegen einen großen Kristalluster überlassener, mit Vinzenz Hochleutner signierter und mit 1885 datierter, mit Intarsien reich verzierter, aber völlig zerstörter Fußboden fand in Göttweig ein Jahrzehnt lang keinen Restaurator, lag dort in Teile zerlegt und mußte auch bei uns 15 Jahre auf seinen Meister warten. Er wurde erst 1982 an Stelle des Tafelparketts unter dem Stuckrelief verlegt. Der von Liebe und Besessenheit zu seinem Beruf geleitete Kunsttischler Josef Übleis arbeitete eineinhalb Jahre an der Restaurierung und hat die Fehlstellen so meisterhaft ergänzt, daß auch kritische Beobachter sie nicht erkennen können. Acht Segmente um eine Rosette mit vier Zwickelelementen zeigen reich gegliederte figurale und florale Motive von höchster kunsthandwerklicher Qualität.

Diese zweifellos schönsten Räume der Kartause hatten in der Zwischenkriegszeit als Jugendherberge gedient und einige Blessuren davongetragen. Später wurden sie Zeuge eines der beschämendsten Kapitel unserer Geschichte. In den letzten Kriegsjahren des Zweiten Weltkrieges wurden sie als Lager für jüdische Waldarbeiter beschlagnahmt, die der damalige Oberförster und Ortsleiter für die Nationalsozialistische Volkswohlfahrt als billige Arbeitskräfte angefordert hatte. Zeitzeugen ist er wegen seiner modischen Erscheinung noch in lebhafter Erinnerung. Trug er doch mit Vorliebe über seine lange Unterhose eine kurze Lederhose. Ob er auch gleichzeitig das Parteiabzeichen als Insignum seiner Macht trug, kann nicht mit Sicherheit verbürgt werden. Die Macht hat auch ihre komischen Seiten. Jedenfalls wirkte dieses kleine Rädchen einer geliehenen Macht ohne erinnerbare Verbrechen gegen die Menschlichkeit von außen in die Kartause hinein. Vielleicht hat er sogar aus welchem Motiv auch immer, aus Geltungssucht, Opportunismus oder Unvermögen durch unfreiwillige Verzögerung ein Menschenleben gerettet. Und wer ein Menschenleben rettet, der rettet die Welt. Zwar unvorstellbar angesichts dieses Protagonisten, aber so steht's im Talmud. Seine panische Flucht über die Donau vor den herannahenden Russen war von derartiger Angst und dem Verlust der Kontrolle über sonst steuerbare Körperfunktionen begleitet, daß die Aggsbacher noch lange Grund zum Lachen hatten. Unmittelbar darauf kamen die Russen. Ein Offizier begrüßte den Pfarrer herzlich und nahm ihm die Uhr weg. Im Kartausenhof mußten alle Bewohner Aufstellung nehmen. Ein anderer Russe schoß zum Zeichen der neuen Macht mit seiner Maschinenpistole einen Kreis in den Boden, nahm ein paar Schmuckstücke und ein Musikinstrument mit und empfahl sich als Befreier. Die Ärmsten haben die Ärmsten beraubt. Das ist der Triumph des Siegers.

Wollte man rein hypothetisch in Ansatz bringen, daß die Gräfin Maria Falkenhayn, die Ordensgründerin, mit ihrem Halbbruder, dem Offizier und Lebemann, zwei Jahrzehnte erfolglos um das Vermögen gekämpft hat, so hat schließlich erst die kurzfristige Enteignung durch das Tausendjährige Reich und das zwischenzeitliche Ableben des Bruders die beabsichtigte Zueignung an den Orden ermöglicht.

Im ersten Jahr erneuerten wir hofseitig die Quaderung der Prälatur und sicherten den Baukörper in unserem geplanten Wohnbereich mit neuen Fenstern und einer Außentür. Die Sanitär- und Elektroinstallation wurden abgeschlossen. Nach sechs Monaten Bauzeit, am 16. Oktober 1970, konnten wir in die Räume der Prälatur einziehen. Eine improvisierte Küche, Bad und WC boten notdürftigen Komfort für unsere Wochenendbesuche. Inmitten einer Baustelle feierten wir Weihnachten.

Nach der Winterruhe begannen wir die Wände, die wir bis auf das tragfähige Material abgeschlagen hatten, zu verputzen. Die 24 Fenster des Ganges, von denen jedes anders war, wurden mit Eisenrahmen versehen und verglast. Die bemalten Holzdecken wurden von Hubert Pfaffenbichler, den das Bundesdenkmalamt für diese Arbeit ausgewählt hatte, gereinigt und die Fehlstellen geschlossen. Unter seiner Spachtelführung gab auch der 30 Meter lange Chorgang, der im östlichsten Gebäude von der Prälatur zur Kirche verläuft, nach und nach die am Tonnengewölbe verewigten Prioren frei. Sie repräsentieren zwar keine besondere Qualität, stellen aber ein wichtiges Dokument dar.

Die Mieterin der vier anschließenden Räume ist mittlerweile aus Altersgründen zu Verwandten gezogen und gab uns so die Möglichkeit, restauratorisch weiter vorzudringen. Zwei Räume waren ohne jede denkmalpflegerische Bedeutung, ein Raum hatte eine einfache, sehr schöne, flächige Stuckbänderung, ein anderer trug zwei übereinanderliegende, eher schlecht erhaltene Seccomalereien. Einer von beiden den Vorzug zu geben hätte eine so umfangreiche Ergänzung und gleichzeitig Verleugnung der anderen Malerei zur Folge, so daß wir uns entschlossen, beide so zu lassen, wie wir sie vorfanden, was ebenso interessant wie reizvoll ist. Zwei Arbeiten, die wir wieder Herrn Loidl zu verdanken haben.

Im Lauf des Jahres wurden die nach frühbarockem Vorbild angefertigten Türen mit geschwarteter Birnenholzauflage geliefert. So wurde auch der Osttrakt allmählich bewohnbar und bildete mit der Prälatur und den Räumen am Chorgang eine Abfolge von sechzehn zusammenhängenden Räumen. Fünf Räume, eine Küche, Bad und ein Nebenraum im bachseitigen südlichen Gebäude sollten ab jetzt unsere Wohnung werden. Für die Möblierung der Wohnräume entwarf meine Frau einige Möbel, für die sich der Tischler Josef Gunacker als guter, einfühlsamer Umsetzer ungewöhnlicher Ideen auszeichnete. Galt es doch, wenn Originale nicht verfügbar waren, moderne künstlerische Lösungen zu finden, die die Jahrhunderte architektonisch auf hohem Niveau einfühlsam verbinden sollten.

Im dritten Jahr wurden die restlichen Hoffassaden und die Fassade zum Garten fertiggestellt. Teilweise konnte der alte Putz aus dem 16. Jahrhundert erhalten werden, der sich als dauerhafter erwies als die darüberliegenden Schichten. Die Fassade des ehemaligen Kornspeichers wurde nur mit Bürsten gereinigt und einige Fehlstellen geschlossen. Bei all diesen Arbeiten fanden wir beim Bundesdenkmalamt wertvolle Gesprächspartner, von denen Dr. Fritz Koreny wegen seines künstlerischen Einfühlungsvermögens besonders erwähnt sei.

Die Tordurchfahrten und der zum Garten hin ansteigende Weg wurden gepflastert und flankierend bepflanzt, das Zentrum des Hofes mit einer Rasenfläche begrünt und mit Steinen abgezirkelt, so daß ein breiter, alle Gebäude verbindender Kiesteppich klärend zwischen Natur und Architektur ausgebreitet werden konnte.

Der nächste Bauabschnitt galt dem Garten und der Wiederherstellung der Gartenmauer. Sie war größtenteils bis zu den Fundamenten brüchig und entsprach durch Begradigungen nicht mehr ihrer barocken Idee. Sie mußte fast gänzlich neu aufgebaut werden. Die Sanierung der Stützmauern der vier Terrassen, die Auspflanzung des Gartens, der Bau einer schattenspendenden Laube, sowie die Anlage eines Löschteiches (um das Reizwort Swimmingpool zu vermeiden) haben uns in jeder Hinsicht gefordert. Wir hoffen, daß uns die Einbindung der einen oder anderen Annehmlichkeit mit der nötigen Diskretion und, ohne der gewachsenen Substanz Schaden zuzufügen, gelungen ist. Schließlich hatten wir nicht vor, durch den Erwerb dieses Hauses gleich Kartäuser zu werden, was mit Sicherheit an den Grenzen des Zölibats, des Speisezettels und dem Gebot der Schweigsamkeit gescheitert wäre, sondern Wahrer eines historischen Erbes mit den Mitteln und Möglichkeiten unserer Zeit. Vielleicht waren Laube und Löschteich der größte Eingriff seit der Witwe Wimmer, aber nicht irreparabel, sollte man einmal anderer Meinung sein.

Das nächste Jahr galt der Renovierung der Außenfassaden am Bach, der Renovierung des Pfarrhofes und des Gemeindehauses. Diese beiden Gebäude waren so unmittelbar mit dem Ensemble verbunden und die Aussicht auf baldige Renovierung so gering, daß wir, dem Gesamteindruck zuliebe, die Renovierungskosten trugen. Links von der Pforte erstreckt sich ein Gebäude bis in den Garten hinein. Mit einem eigenen Stiegenaufgang versehen, hat es über Generationen hinweg der Jugend von Aggsbach als Theatersaal gedient. Im Winter 1970-71 konnten wir noch eine Nestroyposse mit höchst engagierten Laiendarstellern aus dem Ort miterleben. Die Mopedwelle und TV-Interessen haben in den Siebzigerjahren wie überall den gesellschaftlichen Zusammenhalt der Jugend gelöst oder verändert. Auch dieser Saal hatte in der Kriegszeit als Lager für französische Gefangene gedient, die für Forst- oder

Landarbeiten eingesetzt wurden. Besondere Vergehen gegen die Menschlichkeit sind auch von diesem Lager nicht zu berichten.

Mittlerweile haben wir in der Kartause geheiratet, und unser Sohn Paris wurde geboren, von dem wir hoffen, daß er einmal dieses Kulturgut weiter erhalten möge, sofern es ihm die wirtschaftlichen Umstände erlauben.

In den nächsten Jahren ging die Renovierung denkmalpflegerisch unbedeutender Räume mit halber Kraft voran. In der südöstlichen Ecke im Kellergewölbe des bachseitigen Hauses, im Schnittpunkt zur Prälatur und zum Pfarrhof wurde eine Experimentierglashütte eingerichtet. Meine Frau, Absolventin der Akademie der bildenden Künste, hat in unzähligen mühevollen Versuchen die Herstellung von Pate de Verre, (Glaspaste) wiederentdeckt und somit technisch an eine Glasmacherkunst der großen französischen Glaskünstler der Jahrhundertwende angeschlossen. Viele der hier entstandenen Werke wurden in die bedeutenden Glasmuseen der Welt aufgenommen. In weiterer Folge entstanden Skulpturen aus Beton, Stahl und anderen Materialien, die in Museen und auf öffentlichen Plätzen stehen. Andere bilden den Kern einer spannenden Sammlung, im sanierten Kornspeicher und Schüttboden. Stelen, Blöcke und Faltungen aus Cor-Tenstahl im Hof und im Garten bilden einen interessanten, kommunizierenden Kontrast mit den alten Gebäuden.

Zur Sechshundertjahrfeier der Kartause im Jahre 1980 wurde die letzte Fassade links von der Pforte und die Pforte selbst restauriert. Dabei wurden im 19. Jahrhundert eingesetzte Fenster wieder geschlossen und Nischen freigelegt, die Freskenreste aus dem 15. Jahrhundert bargen. In den beiden flachen Nischen, links und rechts der Barockmadonna verdeckten klassizistische Vasen Darstellungen des hl. Bruno und des hl. Hugo aus dem 18. Jahrhundert. Wir wissen, daß darunter noch eine ältere Darstellung der beiden Heiligen liegt, wollten aber diese auf Empfehlung des Denkmalamtes für spätere Generationen als eine Art Konserve aufheben. Eine gemalte Balustrade aus dem 18. Jarhundert trägt das Dach, an dessen Stelle auf den ältesten Abbildungen noch wehrhafte Zinnen zu sehen sind. Die Malerin und Restauratorin Johanna Kandl hat mit fachlichem Können die Reste der Malerei gesichert und diese Fassade mit hohem künstlerischem Niveau zur schönsten des Ensembles gestaltet.

Das war die letzte große Entdeckung einer Reise in die Bauvergangenheit der Kartause und der eigentliche Abschluß der Renovierung, dem bis heute laufend Instandhaltungen und kleine Verbesserungen folgten.

Wie sehr das Schicksal die Kartause liebt, zeigt die günstige Fügung, die die Wege des seligen Herrn Dechant Stadler mit seiner Haushälterin Frau Maria Ertel in den Pfarrhof der Kartause gelenkt hat. Nach einem arbeitsreichen Leben und reger Pfarrtätigkeit in Gföhl bei Langenlois, woher auch heute noch in regelmäßigen Abständen Gruppen dankbarer Bewunderer kommen, wurde der Pfarrhof an Stelle eines Eigenheimes als Alterssitz gewählt. Es konnte nur der liebe Gott gewesen sein, wer sonst, der sie bewog, ihre Ersparnisse in die Renovierung des kirchlichen Teils der Kartause zu stecken und somit die Stafette für das Endziel der Renovierung im richtigen Moment zu übernehmen. Dieses sich wunderbar ergänzende, ungleiche Paar hat mit diesem Entschluß eine Renovierungslawine ausgelöst, die mit der Kraft der Überzeugung und Besessenheit gleichermaßen Ämter, Baudirektion der Diözese wie private Spender mitgerissen hat, die "zur Ehre Gottes" auch ohne religiösen Fanatismus mehr gaben, als sie ursprünglich vorhatten. Dechant Stadler, dem leider nicht viele Jahre in seinem neuen Heim gegönnt waren, war von mittelgroßer schlanker Gestalt unverwechselbar, ein geistlicher Würdenträger, der in meiner Erinnerung, stets mit langem schwarzem Mantel und einem Barett auf seinem schlanken wohlgeformten Kopf, spielerisch auf seinen Stock gestützt, die Wege um die Kartause abschritt, den Blick stets in die Ferne gerichtet, mehr ein Poet, ein Übersetzer Gottes, der um die letzten Formulierungen göttlicher Weisheit zu ringen schien. Frau Marie Ertel, emsig bemüht vorerst der Gstätten vor der Kirche einen Garten abzuringen, der all das in vorzüglicher Weise hervorbringen sollte, was Altar und Küche Not tat. Wenn sie vom Herrn sprach, war es dem ungeschulten Ohr nicht gleich erkennbar, ob ER oder er gemeint war. Ihr vom Alter schon etwas gebeugter Körper war voll

Energie und Tatendrang. Wenn sie einen mit ihren schlauen funkelnden Augen so von unten her anblitzte und mit klugen Fragestellungen überraschte, erfuhr sie meist mehr, als man sagen wollte, und man gab mehr, als man geben wollte, denn man spürte, daß jedes Opfer, ihr eigenes allen voran, der Renovierung "ihrer Hälfte der Kartause" galt.

Nach dem Tod Dechant Stadlers, den sie mit der Kraft tiefer Gläubigkeit schließlich überwand, hat sich in ihr ein unbändiger Wille und eine Kraft gebündelt, wie sie bei Frauen sehr oft, durch die Fürsorge um andere und ein wenig im Schatten anderer stehend, zersplittert wird, die der Kartause zugute kommen sollte. In wenigen Jahren ist es ihr gelungen, die Mittel für die Restaurierung der Sakristei, der Aufbahrungshalle, des Kreuzweges, der Kirche innen und außen und der Wehrmauer aufzubringen. Darüber wird ein anderer Autor dieses Buches ausführlicher berichten. Meine Laudatio soll der Frau gelten, die tagaus tagein, vor der Kirche sitzend, in Decken eingehüllt auf die im Pfarrhof untergebrachte Kartäuserausstellung hinweist und mit Hunderttausenden kleinen Bitten "der Eintritt ist frei, aber um eine kleine Spende täten wir bitten" Geldmittel aufgetrieben hat, die die verantwortlichen Stellen zum Mitziehen gezwungen haben und immer wieder zwingen. Ihr ist ein Werk zu danken, das durch offizielle Verhandlungen und Interventionen nicht annähernd so schnell und vorbildlich zustande gekommen wäre. Bewundert, beglückwünscht und unterstützt von allerhöchsten politischen und geistlichen Würdenträgern, ist sie die bescheidene Dienerin einer Idee geblieben, ohne deren selbstloser Aufopferung die Kartause nicht annähernd so wäre, wie uns heute ihr Anblick erfreut. Die Anerkennung ihres Werkes kam erst von auswärts, später aber auch zögernd vom Dorf.

So scheint die Kartause vorläufig wieder auf einige Jahrzehnte gerettet zu sein, und es ist ohne Belang, wer sie letztlich besitzen wird, denn die Kartause hat ein günstiges Schicksal. Die Gebete der Mönche leben, sie beschützend, in ihr weiter, und ihre Aura wird immer wieder Menschen für eine längere Zeitspanne in ihren Bann ziehen.

Juli 1994

KARTAUSEN IM LAUFE DER JAHRHUNDERTE

JAMES HOGG

Im Laufe der Geschichte hat es etwa 273 Kartäusergründungen gegeben[1]. Heute sind nur noch 24 Klöster von Kartäusern oder Kartäuserinnen[2] bewohnt, sechs in Frankreich: die Große Kartause[3], Portes, Montrieux[4] und Sélignac[5] (Kartäuser) und Notre Dame bei Reillanne[6] und Nonenque[7] (Kartäuserinnen); in Deutschland: Marienau bei Leutkirch[8]; in England: Parkminster bei Horsham in Sussex; sechs in Spanien: Porta Coeli bei Valencia[9], Montalegre bei Barcelona[10], Miraflores bei Burgos[11], Jerez de la Frontera[12], Aula Dei bei

---

[1] Es ist unmöglich, eine genaue Zahl anzugeben, da die Historiker Häuser, die ihre Standorte gewechselt haben, einmal als neue Gründung anrechnen, ein anderes Mal nicht. Auch gescheiterte Gründungsversuche sind problematisch. Gewöhnlich werden solche Vorhaben nur gezählt, wenn eine Kommunität tatsächlich die Gebäude bezogen hatte. Für die Liste der Kartausen vgl. James Hogg, „Die Ausbreitung der Kartäuser", in Walter Hildebrand (Hrsg.), Kartause Gaming. Jubiläumsausstellung 900 Jahre Kartäuser-Orden, Scheibbs 1984, SS. 101-12, wo die Gliederung in Ordensprovinzen, die Gründungs-, und wo zutreffend, die Aufhebungsdaten angegeben sind, mit zahlreichen Literaturhinweisen die Gebäude betreffend. Vgl. auch für Literaturangaben: Albert Gruys, Cartusiana, Bd. 2: Maisons, CNRS Paris 1977, und James Hogg, „Everyday Life in the Charterhouse in the Fourteenth and Fifteenth Centuries", Klösterliche Sachkultur des Spätmittelalters, Veröffentlichungen des Instituts für mittelalterliche Realienkunde Österreichs 3 (1980), SS. 113-46.

[2] Wenn nichts anderes angegeben ist, sind sie Männerklöster. Für eine Erstinformation vgl. James Hogg, „Kartäuser", TRE XVII, SS. 663-73, mit ausgewählter Bibliographie; ausführlicher: Marijan Zadnikar (Hrsg.), Die Kartäuser: Orden der schweigenden Mönche, Köln 1983. Für eine photographische Darstellung bewohnter Kartausen vgl. Robert Rackowitz u. James Hogg, Augenblicke der Wahrheit: unterwegs zu europäischen Kartausen, Analecta Cartusiana 68:3 (1995); mehr allgemein über das Leben der Mönche: Bruno Rotival, Le Temps du Silence, Brepols 1990.

[3] Vgl. Jean Picard, Karl Thir, Giovanni Leoncini u. James Hogg, La Grande Chartreuse et les Chartreuses de Portes, Sélignac, et Pierre Châtel, Analecta Cartusiana 61 (1986), Un Chartreux [= Dom Maurice Laporte † 1990], La Grande Chartreuse, o.O. 1976[12]; Robert Serrou u. Pierre Vals, Au „désert" de Chartreuse: la vie solitaire des fils de saint Bruno, Paris 1984.

[4] Vgl. Karl Thir u. Raymond Boyer, Les Chartreuses de Montrieux et de La Verne, Analecta Cartusiana 75 (1985); Raymond Boyer, La Chartreuse de Montrieux aux XIIe et XIIIe siècles, 3 Bde, Marseille 1980.

[5] Vgl. Augustin Devaux, La Chartreuse de Sélignac, Analecta Cartusiana 24 (1975); Jean Picard, Karl Thir, Giovanni Leoncini, James Hogg, La Grande Chartreuse, et Les Chartreuses de Portes, Sélignac, et Pierre Châtel, 125-45.

[6] Für die Kartäuserinnen vgl. Willibald Bösen, „Mulieres fortes - Starke Frauen", in Auf einsamer Straße zu Gott: Das Geheimnis der Kartäuser, Freiburg 1989, 138-49; Robin Bruce Lockhart, Botschaft des Schweigens: Das verborgene Leben der Kartäuser, Würzburg 1987, 91-98; James Hogg, „The Carthusian Nuns: A Survey of the Sources of their History", in Die Kartäuser und ihre Welt: Kontakte und gegenseitige Einflüsse, Bd. 2, Analecta Cartusiana 62:2 (1993), 190-293; James Hogg, „The Carthusian Nuns: A Brief Historical Sketch", in Margot H. King (Hrsg.), A Leaf from the Great Tree of God: Essays in Honour of Ritamary Bradley SFCC, Toronto 1994, 182-221.

[7] Die Schwestern wohnen in einer früheren, sehr abgelegenen Zisterzienserabtei, gegründet 1146. Die Gebäude wurden für die Kartäuserinnen „adaptiert".

[8] Vgl. Anon., Marienau, Weißenhorn o.J.

[9] Vgl. James Hogg, La Cartuja de Porta Coeli, Analecta Cartusiana 41:6 (1979); Monjes de Porta Coeli, Un Monasterio entre Montañas: La Cartuja de Porta Coeli Valencia, Gandia 1993; Francisco Fuster Serra, Cartuja de Porta Celi: Historia, vida, arquitectura y arte, Valencia 1994.

[10] Vgl. Anon [Ireneo Jaricot], La Cartuja de Santa Maria de Montalegre: Compendio Historico, Cartuja de Montalegre 1960; und James Hogg, u. Monjes de Montalegre, Las Cartujas de Montalegre, Sant Pol de Maresme, Vallparadis, Ara Coeli y Via Coeli, Analecta Cartusiana 41:2 (1983).

Zaragoza[13] (Kartäuser) und Benifaça bei Castellón de la Plana[14] (Kartäuserinnen); in den USA: auf dem Berg Equinox (Vermont); in Brasilien: in der Nähe von Ivorá; in Italien fünf: Serra San Bruno[15] und Farneta bei Lucca[16] (Kartäuser) und Riva di Pinerolo[17], Vedana bei Belluno[18] und Dego in Ligurien (Kartäuserinnen); in Portugal: Scala Coeli bei Evora[19]; in der Schweiz: La Valsainte (Fribourg)[20]; und in Slowenien: Pleterje[21.] Wegen Nachwuchs-schwierigkeiten mußten nach dem zweiten Weltkrieg fünf Kartausen aufgegeben werden: Trisulti (1946)[22], Pavia (1946)[23], Florenz (1957)[24], alle drei sind heute von Zisterziensern bewohnt, Calci bei Pisa (1969)[25], wo ein Museum für Vogelkunde einziehen sollte[26], und Mougères, das seit 1977 von den Schwestern von Bethlehem übernommen wurde.

　　　Die romantische Gebirgskartause Le Reposoir[27] in Savoyen, die 1901 aufgehoben worden wurde, hat Glück im Unglück gehabt und ist heute von Karmelitinnen bewohnt, während das benachbarte Val-Saint-Hugon vor kurzem ein Buddhistenzentrum geworden ist.

---

[11] Vgl. James Hogg, La Cartuja de Miraflores, Analecta Cartusiana 79:2 (1979); Un monje cartujo, Santa Maria de Miraflores, Burgos 1992.

[12] Vgl. James Hogg, La Cartuja de Jerez de la Frontera, Analecta Cartusiana 47:2 (1978).

[13] Vgl. James Hogg, La Cartuja de Aula Dei, Analecta Cartusiana 70:2 (1982); und Jesus-Rodrigo Bosqued Fajardo, La Cartuja de Aula Dei de Zaragoza (Ventanas en el cielo), Zaragoza 1986.

[14] Vgl. James Hogg, La Cartuja de Benifacà (El Real Monasterio de Nuestra Señor de Benifacà: Antiguo Monasterio de Cistercienses), Analecta Cartusiana 41:7 (1980); monjas cartujas, Si oyes su voz ..., Barcelona 1992.

[15] Vgl. Maria Serafina Pisani, La Certosa di Serra San Bruno nella Storia del Monachesimo, Analecta Cartusiana 26 (1976); James Hogg, La Certosa di Serra San Bruno, Analecta Cartusiana 26:2 (1980); James Hogg, La Certosa di Serra San Bruno; La Chartreuse de Villefranche-de-Rouergue, Analecta Cartusiana 40 (1977); Gianfranco Gritella, La Certosa di S. Stefano del Bosco a Serra San Bruno: Documenti per la Storia di un eremo di origine normanna, Savigliano, Cuneo 1991.

[16] Vgl. P. Lazzarini, La Certosa di Farneta, Lucca 1975; Astorre, La Certosa dello Spirito Santo, Pitigliano 1975; Giovanni Leoncini, Le Certose della „Provincia Tusciae", 2 Bde, Analecta Cartusiana 60 (1989), - auch für die anderen Häuser dieser Provinz; Graziano Concioni, Priori, rettori, monaci e conversi nel Monastero Certosino del S. Spirito in Farneta (secc. XIV-XVI), Lucca 1994; Giovanni Leoncini, La Certosa dello Spirito Santo presso Lucca, Analecta Cartusiana 60:5 (1994).

[17] Vgl. Giorgo Beltrutti, „Le Certose d'Italia: il Piemonte", in Die Kartäuser in Österreich, Bd. 2, Analecta Cartusiana 83:2 (1981), 149-220, - auch für die anderen Häuser dieser Provinz. Die Nonnen werden bald nach Vedana umbesiedelt.

[18] Vgl. Francesco Bacchetti, Mauro Selle, Fiore Dal Magro u. una monaca certosina, Certosa di Vedana, Sospirolo, Belluno 1985.

[19] Vgl. James Hogg u. a., The Charterhouses of Portugal, Analecta Cartusiana 69 (1984).

[20] Vgl. James Hogg, The Charterhouses of Buxheim, Ittingen and La Valsainte, Analecta Cartusiana 38 (1977).

[21] Vgl. Jože Mlinarič, Kartuzija Pleterje 1403-1595, Laibach 1982; Janež Hollenstein u. Tomaz Lauko, Wo die Stille spricht, Kartause Pleterje 1986.

[22] Vgl. Antonietta Angela Sechi, La Certosa di Trisulti da Innocenzo III al Concilio di Costanza (1204-1414), Analecta Cartusiana 74 (1981); Atanasio Taglienti, La Certosa di Trisulti: Ricostruzione storico-artistico, Casamari 1979; James Hogg u. Michele Merola, La Certosa di Trisulti: Art and Architecture, Analecta Cartusiana 74:2 (1991).

[23] Vgl. James Hogg, La Certosa di Pavia, 2 Bde, Analecta Cartusiana 52 (1992, 1994).

[24] Vgl. Giovanni Leoncini, La Certosa di Firenze nei suoi rapporti con l'architettura certosina, Analecta Cartusiana 71 (1980); James Hogg, La Certosa di Firenze, Analecta Cartusiana 66 (1979).

[25] Vgl. Giovanni Leoncini, „La decorazione pittorica della Certosa di Calci l'operato del Priore Giuseppe Alfonso Maggi, in Margrit Früh, Jürg Ganz, u. Robert Fürer (Hrsg.), Die Kartäuser im 17. und 18. Jahrhundert, Ittinger Schriftenreihe 3 (1988), 311-70; Roberta Roani Villani, „La decorazione pittorica della Certosa di Calci nel settecento: Pietro Giarre e Giuseppe Maria Terreni", in ibid., 371-81.

[26] Seit die Kartäuser abgezogen wurden, ist jedoch herzlich wenig geschehen.

[27] Vgl. James u. Ingeborg Hogg, L'ancienne Chartreuse du Reposoir, aujourd'hui Carmel, et les chartreuses de la Savoie, Analecta Cartusiana 39:2 (1979).

Die prächtige Kartause von El Paular[28] im Gebirge nördlich von Madrid, 1835 aufgehoben, beherbergt heute eine benediktinische Kommunität, obwohl die Mönche den weitläufigen Komplex mit einem Hotel der gehobenen Klasse teilen müssen. Einige Kartausen haben Verwendung als Kasernen[29], Gefängnisse[30], Priesterseminare oder Ordensausbildungsstätten[31], Krankenhäuser[32], Universitäten[33], Kulturzentren[34], Schulen[35], Museen[36],

[28] Vgl. Ildefonso M. Gómez, M.B. u. James Hogg, La Cartuja de El Paular, Analecta Cartusiana 77 (1982).

[29] z.B. die Kartause von Parma ist heute eine Ausbildungsstätte für Gefängnisaufseher.

[30] z.B. Walditz (Böhmen) und bis vor kurzem La Gorgona, in der Nähe von Livorno. Die Kartause von Lissabon ist heute eine Jugendstrafanstalt.

[31] z.B. Bosserville bis 1950 als Priesterseminar, vgl. J. Barbier, La Chartreuse de Bosserville: Grandeur et vicissitudes d'un monastère lorrain, Nancy 1985; Buxheim, Ausbildungsstätte der Salesianer, vgl. James Hogg, The Charterhouses of Buxheim, Ittingen und La Valsainte, bes. 1-22 und Abb. 1-31, und Alfred Schnapp SDB u. viele Mitarbeiter, Das Buxheimer Chorgestühl, Arbeitshefte des Bayerischen Landesamtes für Denkmalpflege 66, München 1994; oder Pesio bei Cuneo in Piemont, die von den „Missionari della Consolata" seit 1934 betrieben wird, vgl. Giorgi Beltrutti, La Certosa di Pesio: Vicende storiche della grande Certosa e del Piemonte narrate dalle Chronica Carthusiae Vallis Pisij, Collona storica: Le grandi abbazie del Piemonte 2, Cuneo 1978 (Ausgabe-de-luxe): Giorgio Beltrutti u. James Hogg, La Certosa di Pesio, Analecta Cartusiana 73 (1979); Vittoria Moccagatta, La Certosa di Pesio, Biblioteca di „Studi Piemontesi", Centro Studi Piemontese, Turin 1992; und James Hogg, „The Construction of the Charterhouse of Pesio," in J. Ganz (Hrsg.), Internationaler Kongress für Kartäuserforschung 1993, Ittingen (im Druck Sommer 1995).

[32] z.B. Villefranche-de-Rouergue, vgl. Abbé L. Gilhodes, La Chartreuse Saint-Sauveur de Villefranche-de-Rouergue (1459-1791), Analecta Cartusiana 14 (1973); James Hogg, „La Chartreuse de Villefranche-de-Rouergue", in Analecta Cartusiana 40 (1977), Abb. 85-131; oder Collegno bei Turin (Geisteskranke).

[33] z.B. Pontignano bei Siena oder Gaming, wo die Franziskaneruniversität von Steubenville (Ohio) eine europäische Niederlassung eingerichtet hat. Ein Teil der Universität Granada befindet sich auf dem Gelände der Kartause, aber nicht in den übriggebliebenen Gebäuden, vgl. James Hogg, Las Cartujas de Las Cuevas, Cazalla de la Sierra y Granada, Analecta Cartusiana 47:3 (1979), Abb. 5-14, 53-131.

[34] z.B. Gaming, hervorragend restauriert durch den Einsatz von Architekt Walter Hildebrand, vgl. Walter Hildebrand (Hrsg.), Kartause Gaming: die umweltfreundliche gotische Stadt, Gaming 1991; Felix A. Karlitzky, Kartause Gaming, Gaming 1993; Michaela Forster, Und dann geschah das Unerwartete: Neues Leben für die Kartause Gaming, Gaming 1994; Sabine Fischer, Das barocke Bibliotheksprogramm der ehemaligen Kartause Marienthron in Gaming, Analecta Cartusiana 58:3 (1986); James u. Ingeborg Hogg, „The Charterhouses of Aggsbach and Gaming", Die Kartäuser in Österreich, Bd. 3, Analecta Cartusiana 83:3 (1981), Abb. 93-163; Villeneuve-lès-Avignon, vgl. Alain Girard u. Daniel Le Blévec, Chartreuses du Pays d'Avignon: Valbonne, Bonpas, Villeneuve-lès-Avig- non, Analecta Cartusiana 122 (1986), bes. Abb. 33-60; Melan in Savoyen, vgl. James u. Ingeborg Hogg, L'ancienne Chartreuse du Reposoir, aujourd'hui Carmel, et les Chartreuses de la Savoie, Abb. 134-82,; Sevilla, Sitz der Expo 1992, fabelhaft restauriert, vgl. Baltasar Cuartero y Huerta, Historia de la Cartuja de Santa Maria de Las Cuevas de Sevilla, y de su filial de Cazalla de la Sierra, 2 Bde, Madrid 1950, 1954; Baltasar Cuartero y Huerta, Historia de la Cartuja de Santa Maria de Las Cuevas de Sevilla y de su filial de Cazalla de la Sierra: Appendices Documentales, Sevilla 1991; Fernando Diaz del Olmo u. viele Mitarbeiter, Historia de la Cartuja de Sevilla: De ribera del Guadalquivir a recinto de la Exposición Universal, Madrid 1989; Vicente Lleó Cañal u. viele Mitarbeiter, La Cartuja Recuperada Sevilla 1986-1992: Casa Prioral de la Cartuja de Sevilla, Sevilla 1992; James Hogg, Las Cartujas de Las Cuevas, Cazalla de la Sierra y Granada, Abb.15-27; James Hogg, La Cartuja de Las Cuevas, Analecta Cartusiana 47:3B (1983); oder Cazalla della Sierra in Andalusien, wo die Besitzerin Heroisches leistet, um die Ruinen zu erhalten, cf. James Hogg, Las Cartujas de Las Cuevas, Cazalla de la Sierra, y Granada, Abb. 2-4, 28-52.

[35] z.B. Savona (Mädchengymnasium von Schwestern erhalten).

[36] z.B. Casotto in Piedmont, vgl. Silvio Chiaberto, La Certosa di Casotto: Le Fasi Medievali, Analecta Cartusiana 60:4, 2 Bde, (1995); Neapel, vgl. James Hogg, The Charterhouses of Naples and Capri, Analecta Cartusiana 57:2 (1978), R. Tufari u. R. Causa, Guida della Certosa di San Martino a Napoli, Cava dei Tirreni 1973; Gino Doria, Il Museo e la Certosa di San Martino, Cava dei Tirreni 1964; Raffaelo Causa, L'Arte nella Certosa di San Martino a Napoli, Cava dei Tirreni 1973; Padula, vgl. Giuseppe Alliegro, Certosa di Padula: La Reggia del Silenzio, Salerno, 1987; Mario De Cunzo u. Vega de Martini, Certosa di Padula, Florenz 1985, Vega de Martini u. Angelina Montefusco, La Certosa Sotterranea, Neapel 1992, und James Hogg u. Michele Merola, The Charterhouse of Padula, Analecta Cartusiana 54:2 (1978), - vielleicht einst die prachvollste Kartause überhaupt; oder Rom, vgl. James Hogg, The Charterhouse of Rome, Analecta Cartusiana 78 (1984); oder Ittingen in der Schweiz, vgl. Hans Peter Mathis, Kartause Ittingen: Schweizerische Kunstführer, Bern 1986; James Hogg, The Charterhouses of Buxheim, Ittingen and La Valsainte, 23-64, Abb. 32-106.

Restauratorenwerkstätten[37], Altersheime[38], Sonderanstalten[39], Hotels[40], Erholungsanlagen[41], und sogar Wohnsiedlungen[42] gefunden. Viele in Privathand befindliche Kartausen sind leider mehr oder weniger dem unaufhaltbaren Verfall preisgegeben, da öffentliche Stellen immer weniger Unterstützung gewährleisten können. Selten kann eben eine einmal wohlhabende Familie wie in Pierre Châtel die Gebäude einigermaßen instandhalten, auch wenn der Wohnkomfort modernen Anforderungen gar nicht entspricht[43]. Etwas besser dran sind Bonpas[44] bei Avignon, Ripaille[45] an Genfer See, La Lance bei Neuchâtel, Aggsbach und Belriguardo bei Siena, aber in allen diesen Fällen fehlen die Zellen und der große Kreuzgang. Ähnlich ist es in Lugny in Mittelfrankreich, wo die Kirche und die konventuellen Gebäude in gutem Zustand sind, aber die Zellen und der große Kreuzgang seit langem abgerissen sind. Mehrere Familien sind an der Erhaltung beteiligt[46]. Die neuen Inhaber von Hinton Charter-

---

[37] z. B. Mauerbach bei Wien, vgl. James u. Ingeborg Hogg, „The Charterhouse of Mauerbach", Die Kartäuser in Österreich, Bd. 2, Analecta Cartusiana 83:2, 291-307; James Hogg, The Architecture of the Charterhouses of Lower Austria: Album, Analecta Cartusiana 33 (1976), Abb. 2-40.

[38] z. B. Montreuil-sur-Mer, Pas-de-Calais und Freiburg im Breisgau.

[39] z. B. Le Glandier, Corrèze in Frankreich, Erziehungsheim für Behinderte, oder Valbonne, Resozialisierungsanstalt für Jugenliche und Leprakrankenhaus, vgl. Alain Girard u. Daniel Le Blévec, Chartreuses du Pays d'Avignon: Valbonne, Bonpas, Villeneuve-lès Avignon.

[40] z. B. Maggiano bei Siena (Luxus-Hotel).

[41] z. B. Ara Christi , Puig, bei Valencia, vgl. die hervorragende, noch nicht publizierte Dissertation von Elena Barlés Báguena, La Cartujas Constuidas de Nueva Planta durante los Siglos XVII y XVIII en la Provincia Cartujana de Cataluña: Ara Christi (Valencia), La Immaculada Concepción (Zaragoza), Nuestra Señora de Las Fuentes (Huesca) y Jesús Nazareno de Valldemosa (Mallorca), Universidad de Zaragoza 1993: James Hogg, La Cartuja de Ara Christi, Analecta Cartusiana 41:8 (1980).

[42] z. B. La Concepción bei Zaragoza, vgl. James Hogg, La Cartuja de la Concepción, Analecta Cartusiana 70:4 (1980); Sainte-Croix en Jarez, in der Nähe von Vienne (Frankreich), vgl. F. Jeantry, Sainte Croix en Jarez: Ancienne Chartreuse, Lyon o. J, F. Jeantry, Promenons-nous dans ... la Chartreuse de Ste-Croix, St. Etienne o. J.; Schnals in Süd-Tirol, vgl. James Hogg, „Die Kartause Schnals", in Die Kartäuser in Österreich, Bd. 2, Analecta Cartusiana 83:2 (1981), 70-72; Mombracco in Piemont; Tückelhausen in Franken, vgl. James u. Ingeborg Hogg, „Die Kartause Tückelhausen", in Kartäusermystik und -Mystiker, Bd. 4, Analecta Cartusiana 55:4 (1982), 156-72; Robert Rackowitz, Die ehemalige Klosterkirche der Kartause „Cella Salutis" in Tückelhausen, Tückelhausen 1972; Robert Rackowitz, Ehemalige Kartause „Cella Salutis" Tückelhausen: Rundgang durch die Klosteranlage mit Klosterkirche und Fränkischem Kartausenmuseum, Tückelhausen 1992; und Valldemossa, vgl. Luis Ripoll, Sucinta historia de la Cartuja de Valldemossa, Analecta Cartusiana 41:4 (1978); James Hogg, „La Real Cartuja de Jesús Nazareno de Valldemossa, Analecta Cartusiana 41:9 (1983). Vielleicht ist Valldemossa berühmter durch den unglücklichen Aufenthalt Georges Sands und Chopins 1838-39 als durch die Kartäuser geworden!

[43] Vgl. Jean Picard, Karl Thir, Giovanni Leoncini, James Hogg, La Grande Chartreuse, et les Chartreuses de Portes, Sélignac, et Pierre Châtel, 146-97.

[44] Vgl. Alain Girard u. Daniel Le Blévec, Chartreuses du Pays d'Avignon: Valbonne, Bonpas, Villeneuve-lès-Avignon.

[45] Vgl. James u. Ingeborg Hogg, L'ancienne Chartreuse du Reposoir, aujourd'hui Carmel, et les Chartreuses de la Savoie, 183-201. Die Kartäuser mußten die Kartause Vallon 1536 wegen der Reformationswirren verlassen und haben sich in Ripaille 1623 neben dem Schloß des Grafen von Savoyen niedergelassen. Zu Vallon in seinem abgelegenen Gebirgstal, vgl. James u. Ingeborg Hogg, L'ancienne Chartreuse du Reposoir, aujourd'hui Carmel, et les Chartreuses de la Savoie, Abb. 2,14,97-107.

[46] Vgl. Léon Landel, „La Chartreuse de Lugny 1172-1789", in Analecta Cartusiana 89 (1987), 27-144; Jacqueline Legendre, La Chartreuse de Lugny des origines au début du XIVe siècle, Analecta Cartusiana 27 (1975). Ähnlich ist das Schicksal der Kartause Pomiers in Savoyen, vgl. James u. Ingeborg Hogg, L'ancienne Chartreuse du Reposoir, et les Chartreuses de la Savoie, Abb. 123-33.

house[47] in Somerset (England) sind bemüht, die kleinen mittelalterlichen Reste zu erhalten, aber die Besitzerin von La Part Dieu bei Bulle in Switzerland scheint mit einem Komplex ohne Kreuzgang und Zellen trotzdem sehr überfordert, wie auch die Besitzer von Aniago[48] bei Valladolid, Las Fuentes[49] bei Huesca, Chiaromente in Basilicata (Italien), Toirano in Ligurien[50], und Padua[51], - im letzten Fall suchen die Privatbesitzer bis heute ergebnislos eine ansprechende Verwendung für die noch umfangreichen Gebäude. Ein Rettungsanker wie der Touristenstrom von zwei Millionen Besuchern pro Jahr in der Kartause Valldemossa (Mallorca), der gewisse Einnahmen von den Souvenirläden der diversen Parteien, die Zellen erworben haben, zusichert, bleibt leider meistens utopisch.

Von den 273 Kartausen wurden 100 in Frankreich[52], 42 in Italien, 33 in Deutschland, 23 in Spanien, 17 in Belgien, 13 in den österreichischen Erbländern, 10 in England, 9 in der Schweiz, 9 in Holland, 5 in Ungarn, 4 in Polen, 2 in Portugal, je eine in Dänemark, Irland, Schottland[53], Schweden, in den USA und Brasilien[54] gegründet.

Außerhalb von Frankreich und Italien wurde die erste Kartause in der Schweiz 1146, im heutigen Slowenien 1160, in Schweden 1162[55], in Spanien 1163[56], in England 1178[57], in Irland 1279, in Ungarn 1300, in Österreich 1313[58], in Belgien[59], in Deutschland 1320, in Holland 1331, in der ehemaligen Tschechoslowakei 1340, in Polen 1360, in Schottland 1430[60], und in Portugal 1587[61] besiedelt. In Amerika[62] konnten die Kartäuser erst im zwanzigsten Jahrhundert nach dem zweiten Weltkrieg Fuß fassen. Aber heute ist die Kartause auf dem Berg Equinox so belegt, daß zusätzliche Zellen notwendig sind. Auch in Brasilien ist

---

[47] Vgl. James Hogg, The Architecture of Hinton Charterhouse, Analecta Cartusiana 27 (1975).

[48] Vgl. James Hogg, La Cartuja de Aniago, Analecta Cartusiana 94:2 (1980), - fast nur Ruinen!

[49] Vgl. James Hogg, La Cartuja de Las Fuentes, Analecta Cartusiana 70:3 (1980).

[50] Cf. Giorgio Beltrutti, La Certosa di Toirano, Analecta Cartusiana 101 (1982).

[51] Vgl. Ettore Bressan, La Certosa di Vigodarzere, Padova 1984.

[52] Für diese Statistik sind die heutigen Grenzen maßgebend, ausgenommen die österr. Erblande. Im Mittelalter und auch in der Neuzeit stimmten aber diese Bezeichnungen oft nicht.

[53] Vgl. W.N.M. Beckett, „The Perth Charterhouse before 1500", in Analecta Cartusiana 128 (1988), 1-74.

[54] Vgl. Anon., La Cartuja. Una vida consagrada a Dios en la soledad y en el silencio, BR-98160, Ivorá, R.S. 1993.

[55] Da die Kartause von Lund schon 1170 aufgegeben wurde, zählt man meistens nur Gripsholm (1493-1527) als schwedische Kartause!

[56] Scala Dei bei Tarragona. Viele Historiker wollen jedoch die Gründung ins Jahr 1194 verlegen. Für die Lage und beeindruckende Ruinen, vgl. James Hogg, La Cartuja de Scala Dei, Analecta Cartusiana 41:3 (1980).

[57] Witham Charterhouse, Somerset. Vgl. James Hogg, „Excavations at Witham Charterhouse", in Analecta Cartusiana 37 (1977), 118-32; James Hogg, Surviving English Carthusian Remains: Beauvale, Coventry, Mountgrace, Analecta Cartusiana 36 (1976); James Hogg, „Les Chartreuses anglaises: Maisons et Bibliothèques", in Daniel Le Blévec u. Alain Girard (Hrsg.), Les Chartreux et l'art: XIVe-XVIIIe siècles, Paris 1989, 207-28.

[58] Mauerbach. Vgl. Rolanda Hantschk, Die Geschichte der Kartause Mauerbach, Analecta Cartusiana 7 (1972); Sigurd Meixner u. James Hogg (Hrsg.), Mauerbach und die Kartäuser, Analecta Cartusiana 110 (1984); und für die österreichischen Kartausen im allgemeinen: Die Kartäuser in Österreich, 3 Bde, Analecta Cartusiana 83 (1980-81).

[59] Vgl. Jan de Grauwe, Historia Cartusiana Belgica, Analecta Cartusiana 51 (1985).

[60] Wegen der Schwierigkeiten mit den Engländern wurde das Haus teilweise der Provinz von Genf angegliedert.

[61] Ein zweites Haus, genannt Lissabon, obwohl es in der Nähe von Cascais liegt, wurde 1593 gegründet.

[62] Vgl. Kent Emery Jr., „The Charterhouse of the Transfiguration, Arlington, Vt.", in Bernard Bligny u. Gérald Chaix (Hrsg.), La Naissance des Chartreuses, Grenoble 1986, 459-67; für frühere Versuche in Lateinamerika vgl. Antonio Linage Conde, „Tentativas Cartujanas en la America Española", in ibid., 325-44.

die Anzahl von Anfragen groß, aber man muß leider feststellen, daß bis jetzt wenige Bewerber die Gnade der Beständigkeit vorweisen konnten.

Im Vergleich zu der blitzartigen Ausbreitung der Zisterzienser im zwölften Jahrhundert war die Anzahl der Kartausen immer recht bescheiden, obwohl die mystischen Bewegungen im Spätmittelalter ihren Niederschlag in einer größeren Anzahl von neuen Häusern fanden. Bis zum Ende des elften Jahrhunderts gab es nur zwei Kartausen, die Grande Chartreuse und La Torre in Kalabrien, wo der hl. Bruno[63] am 6. Oktober 1101 starb. Von 1101 bis 1200 kamen 36 weitere Gründungen dazu; 1201 bis 1300 noch 33 neue Klöster; 1301 bis 1400 105 weitere Kartausen, danach aber von 1401 bis 1500 gingen die Neugründungen auf 45 zurück. Beim Ausbruch der Reformation gab es 196 Kartausen, aber 44 davon fielen dem reformatorischen Eifer zum Opfer[64]. Von 1501 bis 1600 gab es nur 18 Neugründungen. Die Jahre 1601-1700 brachten 21 neue Kartausen, aber im folgenden Jahrhundert gab es gar keine. Kaiser Josef II. hob 1782 alle 23 Kartausen auf seinem Territorium auf, weil er sie als nutzlos für das Allgemeinwohl betrachtete. Kurz danach wurden 82 Kartausen von der französischen Revolution überrollt und noch 32 wurden von Kaiser Napoleon I. geschlossen. In Spanien und Portugal wurden die liberalen Bewegungen zum Verhängnis für 16 weitere Kartausen, obwohl eine kleine Kommunität in Miraflores bleiben konnte, wo sie als Aufpasser fungierte, bis im Jahre 1880 eine neue Kommunität aus Frankreich die regelmäßige Observanz wiederherstellte. Auch in Italien gingen 13 Kartausen verloren, da sie entweder in Museen umgewandelt oder sonst zweckentfremdet benutzt wurden. Doch gab es 6 neue Gründungen im 19. Jahrhundert und 8 bis jetzt im zwanzigsten, aber mehrere von ihnen wurden im Ausland gebaut, weil die französischen Kartausen von antiklerikalen Gesetzen bedroht wurden.

Es ist klar, daß der hl. Bruno nach anscheinend gescheiterten Versuchen an anderen Orten, nicht daran dachte, einen neuen Orden zu gründen, als er 1084 im Chartreuse-Gebirge, etwa 24 km nördlich von Grenoble, einzog. Mit sechs Gleichgesinnten, - darunter zwei Laienbrüdern, - wollte er, wie viele andere seiner Zeit[65], nur Gott in der Einsamkeit suchen. In rund 1000m Höhe baute man eine einfache Kirche aus Stein, Unsere Frau von Casalibus, umgeben von einigen Zellen aus Holz[66], die wahrscheinlich bald durch einen Kreuzgang (galilea major) mit der Kirche verbunden wurden. In seinen „Erinnerungen", 1114-1120 geschrieben, gab Abt Guibert von Nogent-sous-Coucy, eine ziemlich detaillierte Beschreibung der Großen Kartause, die er anscheinend mehrere Jahre vorher besucht hatte:

At Bruno urbe deserta, seculo etiam abrenunciare proponit, qui, suorum notitias horrens, ad Gratianopolitanum processit territorium, ibi in arduo et admodum terribili promontorio, ad quod difficillimum et valde insolens iter intenditur, - sub eo etiam praerumptissimae vallis vorago dehiscit, - habitare deligens, hujusmodi mores constituit, et sequaces ejus hodie sic vivunt.
Et ecclesia ibi est longe a crepidine montis, paulo sinuatum devexum habens, in qua tredecim sunt monachi, claustrum quidem satis idoneum pro coenobiali consuetudine habentes, sed non claustraliter, ut caeteri,

---

[63] Vgl. Maurice Laporte, Aux Sources de la vie cartusienne, 8 Bde, In Domo Cartusiae 1960-71, Bd. 1: Eclaircissements concernant la vie de Saint Bruno; A. Ravier, Saint Bruno le premier des ermites de Chartreuse, Paris 1966; Giorgio Papàsogli, Dio Risponde nel Deserto: Bruno, il Santo di Certosa, Turin 1979; Gerardo Posada, Der heilige Bruno: Vater der Kartäuser, Köln 1987; Bernard Bligny, Saint Bruno le premier Chartreux, Rennes 1984; Giuseppe Gioia, L'esperienza contemplativa: Bruno il certosino, Mailand 1989; James Hogg, „Bruno und die Kartäuser", in Josef Weismayer (Hrsg.), Mönchsväter und Ordensgründer: Männer und Frauen in der Nachfolge Jesu, Würzburg 1991, 87-107. Die älteren Lebensberichte sind voller Legende. Für eine spirituelle Bewertung des Lebens des Heiligen: vgl. Ange Helly, Bruno von Köln: Der Vater der Kartäuser, Würzburg 1992.
[64] Die herbsten Verluste entstanden im deutschen Sprachraum und in England.
[65] Vgl. L'Eremitismo in Occidente nei secoli XI e XII, Miscellanea del Centro di Studi Medioevali 4, Mailand 1965.
[66] Antonio Callà aus Serra San Bruno hat in seinem Gemälde „The construction of the primitive chartreuse", das auf dem Umschlag des Bandes Die Kartäuser und ihre Welt: Kontakte und gegensitige Einflüsse, Band 3, Analecta Cartusiana 62:3 (1993) abgebildet ist, diesen Augenblick plastisch festgehalten. Für eine Würdigung des Malers vgl. James Hogg, „Antonio Callà", in ibid., 5-41.

cohabitantes. Habent quippe singuli cellas per gyrum claustri proprias in quibus operantur, dormiunt ac vescuntur ... Aquam autem, tam haustui quam residuo usui ex ductu fontis, qui omnium obambit cellulas, et singulorum per certa foramina aediculis influit, habent ... Ad eamdem ecclesiam non horis solitis, uti nos, sed certis conveniunt. Aurum, argentum, ornamenta ecclesiae a nemine, nihil enim ibi, praeter calicem argenteum. Cum in omni modo paupertate se deprimant ditissimam tamen bibliothecam coaggerant. ...
Vocatur autem locus ille Cartusia ... Sunt autem infra montem illum habitacula laicos vicenarium numerum excedentes fidelissimos retinentia, qui sub eorum agunt diligentia. Hic igitur tanto coeptae contemplationis fervore feruntur, ut nulla temporis longitudinis a sua institutione desistant, nec aliqua arduae illius conversationis diuturnitate tepescant.[67]

Die erste Kommunität scheint von ihrem Meister sehr abhängig gewesen zu sein. Als ihn sein früherer Schüler, Papst Urban II., im Winter 1089/90 nach Rom rief, begleitete ihn die Mehrzahl der Einsiedler, und die Große Kartause, wie man sie später nannte, wurde für kurze Zeit von allen verlassen. Der Papst wollte nicht, daß Bruno ins Chartreuse Massiv zurückkehrte, obwohl er ihn nicht überzeugen konnte, das Erzbistum von Reggio di Calabria anzunehmen. Er erlaubte ihm jedoch, sich in die Einsamkeit der Berge von Kalabrien zurückzuziehen. Dort nahm Bruno seine zweite Gründung, Santa Maria in der Nähe von Serra San Bruno, vor, in der er verschied, ohne die Große Kartause je wieder gesehen zu haben, wenn auch wenige Kontakte aufrechterhalten werden konnten. Nach dem Tod des Gründers machte die Kartause Kalabriens eine eigenständige Entwicklung[68] durch und wurde nach einiger Zeit dem Zisterzienserorden angegliedert, bevor sie mehrere Jahrhunderte später, Anfang des 16. Jahrhunderts, an die Kartäuser zurückgegeben wurde.

Leider sind die Quellen für die Baugeschichte der Großen Kartause ziemlich spärlich[69]. 1126 besuchte der berühmte Abt von Cluny, Peter der Ehrwürdige, Prior Guigo in

---

[67] V. Mortet u. P. Deschamps, Recueil de textes relatifs à l'histoire de l'architecture au moyen âge, Bd. 1, Paris 1911, 265.

[68] Die Gründung in Kalabrien war der Schwerpunkt der internationalen Tagung „San Bruno e la Certosa", Serra San Bruno/Squillace im September 1991, aber die Akten sind leider nie publiziert worden.

[69] Vgl. Un Chartreux, La Grande Chartreuse, wo jedoch keine tiefgreifende Untersuchung der Baugeschichte vorgenommen wurde. Leider gibt es bis heute keine gedruckte allgemeine Geschichte der Kartäuserarchitektur. Vgl. James Hogg, La Certosa di Pavia, Bd. 1, 35, fn. 1. Elena Barlés Báguena, „Approximación a la bibliografia general sobre la arquitectura monástica de la Orden Cartujana", Artigrama 4 (1987), 259-75, bespricht die wichtigsten Beiträge. In seinem Buch Abendländische Klosterbaukunst, Schauberg 1969, bietet Wolfgang Braunfels schon ein Kapitel über die Kartausen (153-68) an, aber er nimmt seine Fakten großteils von Viollet-le-Duc, Dictionnaire raisonné de l'architecture française du XIe au XVe siècle, Bd. 1, Paris 1867, 307ff., O. Völckers, „Die Klosteranlagen der Kartäuser in Deutschland", Zeitschrift für Bauwesen 71 (1921), 313-22, und Fried Mühlberg, Zur Klosteranlage des Kartäuserordens. Versuch einer Darstellung der mittelalterlichen Kartausen der deutschen Ordensprovinz Franconia, Diss. Universität Köln 1949. Der Artikel von F. Macalli, „Architettura dei certosini", Dizionario degli Istituti di Perfezione 2 (Rom 1975, Spalte 821-38, bringt leider nichts Neues. Von ganz anderem Format sind: Dom Augustin Devaux, L'Architecture dans l'Ordre des Chartreux, (ungedruckt) Kartause von Sélignac 1962 (mit späteren Ergänzungen), eine Studie von einem Gelehrten, der fast alle Quellen, die im Orden vorhanden sind, eingesehen hat, aber durch seinen Stand die Mehrzahl der Kartausen, die er beschreibt, selbst nicht besuchen konnte; Giovanni Leoncini, La Certosa di Firenze nei suoi rapporti con l'architettura certosina; Jean-Pierre Aniel, Les Maisons de Chartreux: Des Origines à la Chartreuse de Pavie, Bibliothèque de la Société Française d'Archéologie 16, Genf 1983, - der Titel erweckt unglücklicherweise den Eindruck, daß die Kartause von Pavia die Apotheose der Kartäuserarchitektur sei; Marijan Zadnikar, Srednjeveska arhitektura kartujijanov in slovenske kartuzije, Laibach 1972, wo das Hauptgewicht auf der Beschreibung der slowenischen Kartausen liegt (das Buch ist wegen der Sprache schwer zugänglich); und ders., „Die frühe Baukunst der Kartäuser", in ders., Die Kartäuser: Orden der schweigenden Mönche, 51-137 (mit zahlreichen Abbildungen und Grundrissen), - ein hochinteressanter Beitrag, der die bisherigen Forschungen (58-67) voll auswertet und einen kurzen Aufriß europäischer Kartausen (82-131) anbietet. Sein späterer Artikel, „Arhitektura kartuzijanov", in Redovnistvo na Slovenskem: Benediktinci Kartuzijani Cistercijani, Laibach 1984, 211-16, wiederholt die Ergebnisse seiner früheren Forschungen, aber das Buch ist mit vielen schönen Abbildungen versehen. Die Stiche in Anon., Maisons de l'Ordre des Chartreux:

der Großen Kartause, die er mit den alten ägyptischen Wüstenklöstern (more antiquo Aegyptiorum monachorum) verglich. Sehr wahrscheinlich schrieb Guigo ein Jahr später die Gewohnheiten der Kartäuser (Consuetudines Cartusiae)[70] nieder, um die Prioren von Portes, Saint Sulpice und Meyriat zufriedenzustellen[71], die sich den Observanzen der Großen Kartause anschließen wollten. Die Consuetudines Cartusiae geben viele Hinweise auf die Gebäude der Kartause, aber keine Beschreibung über sie[72]. Inzwischen wurde die ursprüngliche Kartause 1132 von einer Schneelawine erfaßt und größtenteils zerstört, sodaß das Kloster etwas weiter ins Tal verlegt wurde.

Obwohl der hl. Bruno keine Regel hinterlassen hat, ist es fast sicher, daß Guigo Brunos Gedanken in den Consuetudines Cartusiae treu widerspiegelte[73], da er jede Originalität für seine Schrift strikt von sich wies. In jedem Fall blieb seine Kompilation der Grundstein des Kartäuserlebens bis zum heutigen Tage[74]. Wahrscheinlich trafen die Prioren,

---

Vues et Notices, 4 Bde, Montreuil-sur-Mer-Tournai-Parkminster 1913-19, sowie die Gemälde der Klosterneuburger Sammlung (vgl. James Hogg, „The Klosterneuburg Collection of Paintings of Former Charterhouses", Die Kartäuser in Österreich, Bd. 1, 200-35), heute als Leihgabe in der Kartause Gaming (vgl. James Hogg, „Die ehemaligen Kartausen des Klosterneuburger Gemäldezyklus", in Walter Hildebrand, 650 Jahre Kartause Gaming Ötscherland NÖ: Vielfalt des Heilens: Ganzheitsmedizin: Ausstellung vom 8. Mai bis 31. Oktober 1992, Gaming 1992, 639-60, - anscheinend hat Dr. Friedrich Stöhlker den Maler identifiziert, aber den Namen noch nicht preisgegeben), und auch die in der Großen Kartause selbst (vgl. Régis Bertrand, „"Le Monasticon" des Chartreuses Révées? Les Représentations des Maisons de l'Ordre conservées à la Grande Chartreuse", in Daniel Le Blévec u. Alain Girard (Hrsg.), Les Chartreux et l'art: XIVe-XVIIIe siècles, 363-80) sind oft realitätsfremd. Leider unergiebig ist die Dissertation von Dipl. Ing. Dr. Karl Mezera, Die Klöster des Kartäuserordens, 2 Bde, Techn. Universität Wien 1989, - der Dissertant hat sich Unmögliches vorgenommen.

[70] Vgl. Un Chartreux [Maurice Laporte] (Hrsg.), Guigues 1er, Prieur de Chartreuse, Coutumes de Chartreuse, Sources Chrétiennes 313 (1984) (alle Zitate sind von dieser Edition entnommen). Die Edition wurde von Jacques Dubois OSB scharf angegriffen. Die französische Übersetzung kann ich stylistisch leider nicht beurteilen, aber der lateinische Text und die Einleitung, -einige Fehlleistungen ausgeklammert-, sind vertrauenswürdig (vgl. James Hogg, „The Carthusians and the „Rule of St. Benedict"," in Anselm Rosenthal (Hrsg.), Itinera Domini. Gesammelte Aufsätze aus Liturgie und Mönchtum: Emmanuel von Severus OSB zur Vollendung des 80. Lebensjahres am 24. August 1988 dargeboten, Beiträge zur Geschichte des alten Mönchtums und des Benediktinertums, Supplement Band 5 (1988), 281-318).

[71] „Amicis et fratribus in christo dilectissimis, bernardo portarum, humberto sancti sulpicii, miloni maiorevi prioribus, et universis qui cum eis deo serviunt fratribus, cartusiae prior vocatus guigo, et qui secum sunt fratres, perpetuam in domino salutem. Carissimi ac reverentissimi nobis patris, hugonis gratianopolitani episcopi, cuius voluntati resistere fas non habemus, iussis et monitis obtemperantes, quod vestra non semel dilectio postulavit, consuetudines domus nostrae scriptas, memoriae mandare curamus." (Coutumes de Chartreuse, Prolog. 1, 2, S. 156), Für Hugo von Grenoble vgl. Bernard Bligny u. Marie-Ange Chomel (Hrsg.), Guigues le Chartreux: Vie de Saint Hugues: l'Ami des Moines, Analecta Cartusiana 112:3 (1986).

[72] Die Gebäude betreffend liefern die Schriften der ersten Kartäuser sonst kaum Anhaltspunkte.

[73] Sie bestehen aus drei Teilen, die die Liturgie, die Mönche und die Laienbrüder behandeln, wobei die Anleitungen für die Laienbrüder viel Platz in den achtzig - meist kurzen - Kapiteln einnehmen. Kapitel 80, „De commendatione solitariae vitae", ist ein sehr eindrucksvoller Lobpreis des Einsiedlerlebens, voll auf Gott orientiert.

[74] Alle späteren Gesetzessammlungen waren entweder Ergänzungen zu Guigos Consuetudines oder Anpassungen an veränderte Zeiten. Die Consuetudines Cartusiae wurden 1133 von Papst Innocenz II. approbiert. Für die kleineren frühen Sammlungen vgl. James Hogg, Die ältesten Consuetudines der Kartäuser, Analecta Cartusiana 1 (1970) und ders. (Hrsg.), The Statuta Jancelini (1222) and the De Reformatione of Prior Bernard (1248), Bd. 2: The MS. Grande Chartreuse 1 Stat. 23, Analecta Cartusiana 65 (1978); für das Spätmittelalter: ders., Mittelalterliche Caerimonialia der Kartäuser, Teil 1, Analecta Cartusiana 2 (1971). Die Statuta antiqua wurde 1259-71 vorbereitet, die Statuta nova 1367 und die Tertia Compilatio 1509, - sie bestehen größtenteils aus Beschlüssen des Ordenskapitels, das von 1155 bis zur französischen Revolution jährlich tagte. Nach der Wiederaufnahme im 19. Jahrhundert tagte das Ordenskapitel noch jährlich bis zum zweiten Weltkrieg, danach jedes zweites Jahr. Für die Beschlüsse des Ordenskapitels vgl. die kleine Auswahl von Maurice Laporte, Ex Chartis Capitulorum Generalium: Ab initio usque ad annum 1951, In Domo Cartusiae 1953 (Nicht im Buchhandel erhältlich) und die laufenden Editionen, herausgegeben 1982ff. unter Analecta Cartusiana 100 von Chris de Backer, John Clark, Jan de Grauwe, James Hogg, und Michael Sargent. Die Gesetzgebung bis 1509

die die Consuetudines Cartusiae angenommen hatten, erstmals 1140 in der Großen Kartause zusammen[75], obwohl das Generalkapitel erst 1155 unter Prior Basel von Burgund als Bestandteil der Observanz erscheint.

Leider muß man zugeben, daß die Ordensregel für die Kartäuserbaukunst wenig Anhaltspunkte gibt[76], - eine Tatsache die besonders bedauerlich ist, da Braunfels[77] und Zadnikar[78] die Originalität der Kartäuserarchitektur besonders betonen. Obwohl die Gründung einer Kartause zur Zeit der Ausbreitung des Ordens der Einwilligung des Ordenskapitels bedurfte, das der Inkorporation zustimmen mußte, sind auch in späteren Gesetzessammlungen kaum Einzelheiten zu finden. Die Nova collectio statutorum (1582),

---

wurde 1510 in Basel zum ersten Mal gedruckt (vgl. James Hogg, The Evolution of the Carthusian Statutes from the Consuetudines Guigonis to the Tertia Compilatio, Analecta Cartusiana 99, 4 Bde (1989)). Nach dem Konzil von Trient wurde die Nova Collectio Statutorum 1582 herausgegeben. Spanische Kartäuser beanstandeten einige Änderungen in einer Neuausgabe von 1681, aber eine korrigierte Fassung, die der Prior der Großen Kartause, Dom Innocent Le Masson, abgab, wurde von Papst Innocenz XI. approbiert und gedruckt. Nach der neuen Ausgabe des kanonischen Rechts wurde 1924 eine nochmalige Überarbeitung der Statuten von Papst Pius XI. genehmigt und in Parkminster herausgegeben. 1971, nach dem Zweiten Vatikanischen Konzil, gab es die erneuerten Statuten (Statuta Renovata), die nochmals in den achtziger Jahren in vollen Einklang mit dem Codex Iuris Canonici von 1983 gebracht werden mußten. Die Überarbeitung wurde 1991 mit den Statuta Ordinis Cartusiensis abgeschlossen (vgl. James Hogg, The Evolution of the Carthusian Statutes from the Consuetudines Guigonis to the Tertia Compilatio, Analecta Cartusiana 99 (1992-94), Bd. 5-31 für alle Textsammlungen und erklärenden Studien).

[75] Es gab weitere Zusammenkünfte unter Antelm, aber die etwas bewegte Geschichte dieser Jahre verhinderte offensichtlich, daß die Prioren jährlich zusammentrafen.

[76] Maurice Laporte, Coutumes de Chartreuse, SS. 297-336, gibt als Index I „Lexique des Mots Contenus dans les Coutumes" an, wo man z.B. finden kann: Capitulum (aula capituli); cellula; Claustrum; coquinarius (domus infer.); coquinarius (domus super.); domus (Cartusiae); domus inferior; domus superior; dormitorium, - es handelt sich um Zeiten, als die Laienbrüder oben bei den Mönchen weilten; Ecclesia (ecclesia); heremus: locus (Cartusia); refectorium. Von einer Beschreibung der Gebäude kann jedoch keine Rede sein.

[77] Abendländische Klosterbaukunst, 153, wo er von „einem völlig neuen Klostertypus ... die Kartause" spricht. Ich frage mich jedoch, ob er nicht vielleicht etwas übertrieb, wenn er glaubte, daß der hl. Bruno alles fest geregelt hatte: „Der geniale Einfall des Gründers der neuen Reform war es, Einsiedlerleben und Gemeinschaftsleben in einem Kloster zu vereinen. Der HL. BRUNO (um 1032-1101) erkannte, daß man der größten Versuchung des Mönchtums, dem Verlangen nach Meditation in vollkommener Einsamkeit, nur dadurch begegnen könne, daß man das Einsiedlerleben im Kloster selbst möglich machte. Es hat an Vorläufern nicht gefehlt. *Camaldoli* und *Vallombrosa* sind Beispiele. ... Waren die Benediktiner nie allein, so wollten die Kartäuser fast immer allein sein. Zugleich hielt es ihr Begründer für notwendig, daß sie sich zu genau festgelegten Stunden in der Kirche, dem Kapitel, dem Refektorium trafen". (Ibid)

[78] Er schreibt in „Die frühe Baukunst der Kartäuser", 51-52: „Die Eigentümlichkeiten, die die Kartausen im Vergleich mit Klöstern anderer Mönchsorden der gleichen Zeitepoche, z.B. den Zisterziensern, aufweisen, kommen in der ganzen Anlage zum Ausdruck: Zwei untereinander getrennte Klöster, wovon das „obere" zwei Kreuzgänge aufweist, sowie die selbständigen Häuschen als Mönchszellen u.a.m. Für diese Besonderheiten gilt es eine Erklärung und Begründung zu finden, denn es liegt bei einem so strengen Orden auf der Hand, daß bauliche Eigenarten nicht einer Laune zuzuschreiben sind, sondern funktionelle Grundlagen haben. Die Kartause, als der neue Bautypus eines Mönchklosters stellt sich als Spiegelbild der Lebensweise und als Ergebnis der Erfordernisse seiner Bewohner dar". Sicher gab es aber keine Lettner in den frühen Kartäuserkirchen. Braunfels, Abendländische Klosterbaukunst, 161, erklärt: „Es ist wahrscheinlich, daß seine Ausgestaltung auch mit der Genehmigung eines zweiten Altares für die Laienbrüder um die Mitte des 13. Jh. und des ihm entsprechenden dritten Altares für die Privatmessen der Chormönche durch einen Nachtrag des Statuts (1276) in Zusammenhang steht. Im Grunde mußte er sich aufdrängen, sobald entschieden war, daß die Priesterkirche wie in Buxheim, in den Hof der Mönche hineinragen sollte, die Laienkirche in den Bereich der Brüder. Erst durch den Kreuzganglettner wurde erreicht, daß die Kartäuser, ebenso wie die Benediktiner, zur nächtlichen Matutin die Kirche betreten konnten, ohne ins Freie zu gehen. Daß sie von zwei Seiten her kamen, jeder auf dem kürzesten Weg, ist bezeichnend für den Rationalismus, der die Klosterarchitektur beherrscht".

Kapitel XII, § 14, unter „De vestimentis, utensilibus cellae et aedificiis construendis", schreibt vor:

Porro omnia curiosa et superflua aedificia omnino prohibemus universis, ea vero quae licet non sint necessaria, utilia tamen et commoda esse videbuntur, nullus facere praesumat sine consilio et consensu sui conventus ...

In § 15 heißt es weiter:

Picturas et imagines curiosas aut aliquid inhonesti habentes, in Ecclesiis et domibus Ordinis, sive in vitreis, sive in tabulis, lapidibus parietibus et locis aliis, tanquam derogantes et contrarias honestati morum, et nostrae Religionis simplicitati et humilitati, reprehendimus, et ne de caetero fiant inhibemus .... Et quod de picturis et imaginibus hujusmodi, illud et de aedificiis, vestimentis, equitaturis, et aerum ornatu et caeteris rebus curiosis, omnibus ordinamus, super quo Visitatores diligenter invigilent.[79]

      Wenn man jedoch z.B. die Kartausen von Padula (Süditalien 1304), El Paular (Kastilien 1390), Pavia (1396)[80], Miraflores (1441)[81], Jerez de la Frontera (1478)[82], und die Rokokoausschweifungen von Granada (1506) betrachtet, muß man zugeben, daß die Nüchternheit manchmal ziemlich großzügig ausgelegt wurde, obwohl auch hier die Anordnung der Gebäude den Gewohnheiten des Ordens voll entspricht und die Zellen, z.B. in Pavia sehr nüchtern blieben[83].
      Einen „kartäusischen" Baustil schlechthin hat es nie gegeben. Obwohl die Kartause Seitz[84], gegründet direkt von der Großen Kartause im Jahre 1160, von Prior Beremond und Mönchen vom Mutterhaus besiedelt wurde, gibt es keine besondere Ähnlichkeit mit der

---

[79] Vgl. Maurice Laporte, Ex Chartis Capitulorum Generalium: Ab initio usque ad annum 1951, Aedificia, Anordnungen 50-55, 1015-1080; Fundatio Domorum, Anordnungen 1393-1413; Pictura, Anordnungen 2047-2052. Für die Ansichten des Kartäuserpriors Innocent Le Masson über den Gebäudebau im Orden vgl. Augustin Devaux, „Dom Innocent Le Masson et l'Architecture cartusienne", in Daniel Le Blévec u. Alain Girard, Les Chartreux et l'art: XIVe-XVIIIe siècles, 347-61. Champmol bei Dijon, von Philipp dem Kühnen 1385 gestiftet, war auch reichlich mit Kunstwerken versehen, aber leider blieb bis heute sehr wenig von der einst so prachtvollen Kartause übrig. Wie in anderen vergleichbaren Fällen war diese Kartause als Grabplatz und „ewiges Denkmal" für die Stifterfamilie gedacht. In der Stiftungsurkunde für Champmol heißt es: „Für das Seelenheil gibt es nichts Besseres als die Gebete der frommen Mönche, die aus Liebe zu Gott freiwillig Armut erwählen und alle Nichtigkeiten und Freuden der Welt fliehen .... Da die Kartäuser unablässig Tag und Nacht für das Heil der Seelen und für die gedeihliche Entwicklung des öffentlichen Wohles und der Fürsten beten ... [wollte Philipp der Kühne] aus seinen Mitteln für vierundzwanzig Mönche, fünf Laienbrüder und ihren Prior eine Kartause zu Ehren der Heiligen Dreifaltigkeit stiften". Die Gebete der Kartäuser standen im vierzehnten und fünfzehnten Jahrhundert besonders hoch in Kurs. Die Beerdigung der Wohltäter in der Kartause war ursprünglich jedoch verboten (vgl. Consuetudines Cartusiae, Kapitel XLI § 2 (S. 244)). Eine ganze Reihe von fürstlichen Stiftungen sind im 14. Jahrhundert zu verzeichnen, u. a. Mauerbach (1313) und Gaming (1330), aber Seitz selbst wurde vom steirischen Markgrafen Ottokar V. gegründet. 1342 wurde die Kartause von Galluzzo bei Florenz auf einem Felsenplateau, versehen mit eigenem Palast, von Niccolò Acciaioli, einem der wohlhabensten Mäzene seines Jahrhunderts gebaut.
[80] Vgl. die unübertrefflichen Fotografien in Maria Grazia Albertini Ottolenghi, Rossana Bossaglia u. Franco Renzo Pesenti, La Certosa di Pavia, 2 Bde, Mailand 1968.
[81] Vgl. die beeindruckenden Kunstwerke, abgebildet in Felix Sagredo Fernandez, La Cartuja de Miraflores, Leon 1973.
[82] Noch nützlich in diesem Zusammenhang: Pedro Gutierrez, La Cartuja de Jerez, Jerez 1924.
[83] Marijan Zadnikar, „Die frühe Baukunst der Kartäuser", 70, bemerkt über die Kartäuserbauweise: „Sie hat sich, außer in einigen italienischen und spanischen Kartausen der Barockzeit, in ihren wesentlichen Bestandteilen bis zum heutigen Tag nicht verändert." Die Barockisierung war auch im deutschen Sprachraum bemerkbar: vgl. Jürg Ganz, „Form und Ausstattung von Kartäuserkirchen zur Barockzeit", in Die Kartäuser in Österreich, Bd. 2, 276-90.
[84] Vgl. Joze Mlinaric, Kartuziji Zice in Jurkloster, Maribor 1991; Erwin Mayer, Die Geschichte der Kartause Seitz, Analecta Cartusiana 104 (1983).

Großen Kartause, dasselbe gilt auch für Gairach (1169) ganz in der Nähe, die zweite Gründung im deutschen Reich[85]. In der ersten Zeit wurden sicher bewaldete Täler, öfters im Gebirge gelegen, wie bei der Großen Kartause, Portes (1115)[86], Meyriat (1116), Vallon (1138), Le Reposoir (1151), Seitz und Gairach, z. B., bevorzugt[87].

Später gab es dann Kartausen in Dörfern, wie etwa Buxheim (1402), oder vor größeren Städten, wie Farneta bei Lucca (1338), Montalegre bei Barcelona (1413), Miraflores bei Burgos (1441), Aula Dei bei Zaragoza (1564) und Evora (1587). Niederlassungen existierten auch innerhalb städtischer Mauern, etwa Vauvert bei Paris[88] (1257), Mainz (1320), Neapel (1329), Köln[89] (1334), Bologna (1334), Prag (1342), Würzburg (1348), London[90] (1370), Erfurt[91] (1372), Nürnberg (1380), Coventry (1381) und Rom (1561). Eine ausreichende Quelle für Fließwasser für die Versorgung der Zellen und der gesamten Anlage durch Holz- und Steinrinnen war eine unentbehrliche Voraussetzung für die Annahme eines

---

[85] Auch die Kartause Mauerbach, unter der Aufsicht von Seitz gegründet, zeigt kaum Ähnlichkeiten mit dem slowenischen Kloster. In der Bewertung der Evidenz von Ruinen und noch existierenden Gebäuden muß man jedoch vorsichtig sein, da es in vielen Fällen zuerst nur provisorische Bauten gab. Marijan Zadnikar, „Die frühe Baukunst der Kartäuser", 72, betont, daß sie „mit Ausnahme der Kirchen, meist Holzbauten waren. Aus Holz soll auch die erste Große Kartause gewesen sein, ... ähnlich auch die Kartause Mont-Dieu in den Ardennen, gegründet 1134/36, in der die ursprünglichen Zellen sogar aus Astwerk, mit Lehm beworfen, bestanden haben sollen, die Kreuzgänge aber aus Holz. Aus der Lebensbeschreibung des hl. Hugo von Lincoln erfahren wir, daß die erste englische Kartause Witham in der Grafschaft Somerset, gegründet 1178, außer der Kirche ganz aus Holz erbaut war, ihre Dächer aber mit Schindeln oder Stroh gedeckt waren. Auch die Kartause Schnals in Tirol war fast ausschließlich aus Holz errichtet, wie gewiß auch die meisten Kartausen in den Waldgebieten der Alpen, wo sie am häufigsten angesiedelt waren. Dies überrascht nicht, denn es ist ja bekannt, daß sogar frühe Wehrbauten in etlichen Teilen aus Holz errichtet waren." Vgl. Jean Déchanet (Hrsg.), Guillaume de Saint-Thierry, Lettre aux Frères du Mont-Dieu (Lettre d'Or), Sources Chrétiennes 223, Paris 1975; Decima Douie u. Hugh Farmer (Hrsg.), Magna Vita Sancti Hugonis: The Life of St. Hugh of Lincoln, 2 Bde, London 1961.

[86] Vgl. Jean Picard, Karl Thir, Giovanni Leoncini, u. James Hogg, La Grande Chartreuse, et les Chartreuses de Portes, Sélignac, et Pierre Châtel, 97-124.

[87] In den Consuetudines Cartusiae, Kapitel LXXVII: De numero habitorum, schrieb Guigo: § „1. Numerus habitorum huius heremi, monachorum quidem tredecim est. Non quod semper tot simus, nunc enim non sumus tot, sed quod tot si deus eos miserit suscipere instuimus. Sed et si talis aliquis unus, cuius utilitas et honestas videatur vix posse recuperari, misericordiam postulaverit, addetur et quartusdecimus, si tamen facultas domus tolerare posse putabitur. § 2. Laicorum autem numerus quos conversos vocamus, sedecim statutus est. Nunc vero plus sunt. Nonnulli namque eorum senes ac debiles erant, et laborare non poterant, et ob id alios sumus coacti suscipere. Unde pro his qui nunc fragiles sunt, cum obierint, alios non accipiemus". Er gab im Kapitel LXXIX: Quare tam parvus sit numerus, SS. 284, 286, Erklärungen dazu. Aber schon im Mittelalter wurden einige Kartausen als Doppel- und sogar später als Trippelkartausen ausgestattet. So wurde die Große Kartause 1324 zu einer Doppelkartause erweitert, 1595 zu einer Trippelkartause. Unter den Kartausen, die Ende des 19. Jahrhunderts oder Anfang des 20. Jahrhunderts gebaut oder erweitert wurden, war Pleterje als Doppelkartause ausgestattet, Parkminster (1873) und Aula Dei als Trippelkartausen. La Valsainte und Farneta bei Lucca wurden auch erweitert. Alle waren aber völlig konform mit der Bautradition des Ordens. Eine kleine Abweichung gibt es in Parkminster, wo die Mönchszellen durch ihr Gärtchen vom Kreuzgang getrennt sind. Das hat die Abgeschiedenheit der Einwohner sogar erhöht, - alle Fenster sind nach innen gerichtet. Die Anzahl der Mönchszellen erreichte öfters ca. 20, da genug fromme Stifter vorhanden waren, seien es geistliche oder weltliche Landesherren, oder sogar Bürger, die einzelne Zellen finanzierten und der Zustrom von Kandidaten ausreichend war. Im deutschen Sprachraum wurde vor der französischen Revolution also nur die Kartause Eisenach (1379) aus Ordensmitteln finanziert, um den Ansturm von Berufungen auf die Kartause Erfurt zu mindern.

[88] Vgl. Jean-Pierre Willesme u. Mitarbeiter, La Chartreuse de Paris, Musée Carnavalet, Paris 1987.

[89] Vgl. Gérald Chaix, Réforme et Contre-Réforme Catholiques: Recherches sur la Chartreuse de Cologne au XVIe siècle, 3 Bde, Analecta Cartusiana 80 (1981); Werner Schäfke (Hrsg.), Die Kölner Kartause um 1500, Köln 1991. Heute beherbergt die Kartause eine protestantische Stiftung.

[90] Vgl. M.D. Knowles u. W.F. Grimes, Charterhouse, London 1954.

[91] Vgl. Joachim Kurt, Die Geschichte der Kartause Erfurt Montis Sancti Salvatoris 1372-1803, Teil I, Analecta Cartusiana 32 (1989); James Hogg, „The Charterhouse of Erfurt", in Collectanea Cartusiensia, Analecta Cartusiana 82:1 (1980), 59-81.

entsprechenden Angebots, dazu kam eine gewisse Abgeschiedenheit, wenn auch hin und wieder in städtischer Umgebung. Die Gebäude wurden immer an die lokalen Gegebenheiten angepaßt: der große Kreuzgang befindet sich einmal nördlich, ein anderes Mal südlich von der Kirche usw. Auch die Bauart paßt sich den örtlichen Gewohnheiten an.

Die Grundelemente einer Kartause waren der große Kreuzgang[92], mit den Einzelhäuschen für die Mönche[93], jedes mit seinem eigenen Gärtchen, etwa dreimal so groß wie die Zelle selbst[94], die Konventsgebäude, vor allem die längere aber enge Kirche[95] mit getrenntem Chor für Mönche und Laienbrüder (später kam dazu eine Empore für seltene Gäste, die in der Wildnis einer Kartause empfangen wurden)[96], der Kapitelsaal[97] und das Refektorium[98] am kleinen Kreuzgang, die Sakristei[99], die Bibliothek[100] und die Küche[101],

---

[92] In hoch gelegenen Alpentälern war der große Kreuzgang (galilea maior) unentbehrlich, damit die Mönche im Winter die Kirche erreichen konnten. Dieser gedeckte ebenerdige Gang (in der grandiosen Kartause von Padula bekam er später ein Obergeschoß!) mit den Eingängen zu den Mönchszellen an der einer Seite und einer Grünfläche auf der anderen, auf der sich der Friedhof der Kommunität befand, könnte von einer beachtlichen Größe sein. Augustin Devaux, L'Architecture dans l'Ordre des Chartreux, gibt 51 x 18 m für Vallon, 50 x 20 m für Oujon (1146), 64 x 54 m für Nürnberg, während eine Seite in Champmol sogar 102 m erreichte und in der Londoner Kartause 140 m. Später war in der Großen Kartause nach den Umbauten ein Gang 215 m lang, obwohl er nur 2 m Breite hatte. So ist er noch heute. Im ersten Jahrhundert gab es keine Verglasung auf der offenen Seite, obwohl in kälteren Gegenden eine solche Verglasung später vorgenommen wurde, z. B. in Basel, Ittingen, Buxheim, La Valsainte usw.

[93] Die Mönchszellen sind für eine Einzelperson ziemlich geräumig. In Gaming, Tückelhausen und Schnals z. B. wurden sie nach der Aufhebung von einer ganzen Familie bewohnt! Meistens wurden sie in vier Zimmer mit Gang und Toilette geteilt. Eine Durchreiche vom Kreuzgang her erlaubt, die notwendige Versorgung zugestellt zu erhalten, ohne daß der Mönch überhaupt gestört wird. Alle Räume wurden - wenn möglich - von der Außenwelt und den Nachbarzellen abgeschirmt, obwohl die Zellen in Aula Dei mit einer Aussichtsterrasse auf dem Dach versehen sind! Die Aufteilung der Räume variiert nach den klimatischen Bedingungen. Ein Raum war als Werkstätte vorgesehen, ein anderer als Vorratsraum für Holz usw., während das „Ave Maria" als Vorzimmer diente. Der Mönch wohnte und schlief im cubiculum, wo er auch aß und betete. Im ersten Jahrhundert diente das Vorzimmer vielleicht als Küche. Zu dieser Zeit mußte der Mönch dreimal in der Woche sein Essen selber zubereiten. An drei anderen Tagen nahm er nur Brot und Wasser zu sich, und am Sonntag und an wichtigen Feiertagen aß er mit den Mitbrüdern im Refektorium. Guigo unterstrich in den Consuetudines Cartusiae die Bedeutung der Zelle für die Mönche, die sie nie ohne triftige Gründe verlassen sollten, z. B. Kapitel VII § 2: „Et quia tota hebdomada in cellis silentium tenemus, ..." (S. 176) oder Kapitel 14 § 5: „ ... praecipue studium et propositum nostrum est, silentio et solitudini cellae vacare ..." (S. 196). Einige wenige Tage (Opera communia) ausgenommen, sollte der Mönch auch sein ganzes Arbeitspensum dort verrichten, im Mittelalter hauptsächlich das Abschreiben von Manuskripten. Die sehr bescheidene Einrichtung der Zelle ist im Kapitel XXVIII: „De utensilibus cellae" (SS. 222, 224) ziemlich detailliert angegeben.

[94] Die Zelle des Priors in Padula kann sich sehen lassen, ebenso wie die der Mönche!

[95] Kartäuserkirchen, mit seltenen Ausnahmen wie Pavia und Neapel, sind schmal und lang, gewöhnlich etwas mehr als 24 m lang und unter 8 m breit. Die Kirche wurde in drei Teile getrennt, - Sanktuarium, Mönchschor und Chor der Laienbrüder, die bis zum Zweiten Vatikanischen Konzil immer vom Mönchschor strikt getrennt waren. Bis 1250 gab es nur einen Altar. Da musikalische Begleitung durch eine Anordnung des Generalkapitels 1326 endgültig untersagt war, gab es keine Orgelempore. Für längere Zeit waren auch die Wände weder bemalt noch mit Bildern versehen, obwohl sich die Kartäuser im Laufe der Zeit in dieser Hinsicht öfters an den Zeitgeist anpaßten.

[96] Über die sehr eingeschränkte Gastfreundschaft der Kartäuser vgl. Consuetudines Cartusiae Kapitel XVIII: De equituris hospitum (SS. 204, 206) und Kapitel XX:: De pauperibus et elemosinis (SS. 206, 208, 210). Typisch ist Kapitel XX § 1: „Pauperibus seculi, panem vel aliud aliquid quod vel facultas offert vel voluntas suggerit damus, raro tecto suscipimus, sed ad villam magis mittimus hospitatum. Non enim propter alienorum temporalem curam corporum, sed pro nostrarum sempiterna salute animarum, in huius heremi secessu, aufigimus." (S. 206) Später jedoch haben die Kartäuser sehr viel für die Armen getan.

[97] Der Kapitelsaal war fast immer vom kleinen Kreuzgang her zu betreten. Er war öfters gewölbt und enthielt einen Altar. Er war ein ziemlich langer Raum, bis zur Barockzeit meistens ohne kunstvolle Ausstattung. Für die bescheidene Kommunität waren seine Maße nicht sehr umfangreich. Manchmal befand sich die Bibliothek oder das Archiv über dem Kapitelsaal, erreichbar über eine Wendeltreppe, wie in Aggsbach.

sowie im späteren Mittelalter der Wirtschaftshof mit den Zellen der Laienbrüder und Donaten, wie auch die Zimmer für die wenigen Gäste[102]. Alles wurde dem verfügbaren Baugrund entsprechend angepaßt. Zur Zeit der Consuetudines Cartusiae lebten die Laienbrüder mit dem Prokurator in einer Correrie oder einem Domus inferior, eine Wegstrecke von der Kartause selbst entfernt, wo sie ihrer Arbeit, ohne die Mönche zu stören, nachgehen konnten[103]. Nur der Koch und eine Hilfskraft bewohnten ständig das Domus superior. Die anderen Laienbrüder und der Prokurator gingen, soweit ihre Arbeit das erlaubte, an Sonn- und an Feiertagen hinauf in die Kartause.

Die Einzigartigkeit der Kartäuserarchitektur liegt darin, daß die drei Lebensbereiche des Klosters: der große Kreuzgang mit den Mönchszellen, die Kommunitätsräume um den kleinen Kreuzgang gruppiert, - die Kirche, Refektorium, Kapitelsaal usw., - und der Wirtschaftshof, wo auch Gäste empfangen wurden, zu einer Einheit geformt waren, ohne daß darunter die Einsamkeit der Mönche zu leiden hatte[104]. In den Frauenklöstern, außer den neuen Gründungen in Reillanne und Dego, sind die typischen kartäusischen Merkmale weniger ausgeprägt, da diese Häuser nicht als Kartausen konzipiert waren[105]. Die Benützung von leerstehenden Kartausen bleibt problematisch. Besonders belastend sind die enormen Instandhaltungskosten für weitläufige Gebäude, die kaum für weltliche Zwecke geeignet sind. In Venedig wurde die Kartause nach der Aufhebung jahrzehntelang als Pulverfabrik benutzt[106], Rodez bleibt noch immer französische Nationalanstalt für Pferdezucht, Ferrara[107] und Bologna, wachsam zum kartäusischen „Memento mori", sind heute kommunale Fried-

---

[98] Das Refektorium als festlicher Speisesaal war vom kleinen Kreuzgang her zugänglich. Es war meistens rechteckig.

[99] Die Sakristei wurde immer neben dem Sanktuarium der Kirche angebaut. Sie war meistens gewölbt und enthielt oft einen Altar. Über der Sakristei befand sich häufig entweder die Bibliothek, das Archiv oder die Schatzkammer.

[100] Über die Kartäuserbibliotheken im Mittelalter gibt es kaum Beschreibungen die Räumlichkeiten betreffend. Auch heute sind die Bibliotheken verschieden untergebracht.

[101] Die Küche befand sich meistens in der Nähe des Refektoriums, aber wegen des möglichen Lärms und Geruchs nicht direkt am kleinen Kreuzgang. In der ersten Zeit mußte der Koch auch als Pförtner fungieren: „Coquinarius autem portam servat, ..." (Consuetudines Cartusiae, Kapitel XXX § 2, S. 230). Deshalb war die Küche ursprünglich in der Großen Kartause in der Nähe des Eingangs zum Kloster.

[102] Da die Kartäuser noch immer kein aktives Apostolat betreiben, werden die Gästezimmer meistens von Postulanten oder Familienmitgliedern, wenn sie ihre seltenen Besuche machen, benutzt.

[103] Über die Correrien ist wenig geforscht worden. Vgl. Marijan Zadnikar, „Die frühe Baukunst der Kartäuser", 80-82. Einige Correrien sind jedoch zum Teil erhalten, z.B. Portes, Montrieux (1137), Seitz, Lugny (1170), Casotto, Pesio, Sélignac (1200). Über die Correrie der Großen Kartause vgl. Anon, La Correrie, Lyon 1957. Die Correrien hatten ihre eigene kleine Kirche, wo der Prokurator, oder turnusgemäß der Prior präsidierte. Wahrscheinlich hatten die Laienbrüder auch kleinere Zellen, da sie darin nicht nur geschlafen haben, sondern auch essen mußten, weil kein Refektorium im unteren Haus nachweisbar ist. Es gab auch Stallungen und Werkstätten. Die Correrien haben auch das obere Haus von unerwünschten Besuchern abgeschirmt. Während des 14. Jahrhunderts wurden die Laienbrüder nach und nach ins obere Haus verlegt, und im 15. Jahrhundert wurden die Correrien praktisch aufgehoben, obwohl sie erst 1679 endgültig verboten wurden. Sicher gab es für Häuser, die nicht wirklich einsam waren, Probleme mit den Correrien. Ein Dorf lag zwischen der Kartause Mauerbach und ihrer Correrie. Deshalb äußerte das Ordenskapitel 1390 diesbezüglich folgende Kritik: „ ... quia non decet, nec est laudabile, nec tutum pro animabus quod inter Domum Superiorem et Inferiorem sit villa ubi homines et mulieres, diversae conditionis, aetatis et sexus noscitur habitare ...." [Maurice Laporte, Ex Chartis Capitulorum Generalium: Ab initio usque ad annum 1951, Anordnung 1214).

[104] Marijan Zadnikar, „Die frühe Baukunst der Kartäuser", 69, bemerkt: „Ihre Baukunst hat mit der Enstehung eines ganz neuen Bautypus, der Kartause, welche sich von einem zönobitischen Kloster und auch von der Laura völlig unterscheidet, als eine Art Synthese aus beiden, die abendländische Architektur um eine ganz neue Art von Klosteranlage mit spezifischen Eigentümlichkeiten bereichert."

[105] Vedana als Männerkloster, das jetzt von Nonnen bewohnt ist, hat eine Ausnahmestellung.

[106] Vgl. Giorgio u. Maurizio Crovato, Isole abbandonate della laguna; com'erane e come sono, Padua 1978, 173-81.

höfe, mit Gräbern in Bologna sogar in den Mönchszellen! Genua und Garegnano[108] haben eine Verwendung als vorstädtische Pfarrkirchen gefunden, - in Genua spielen „ragazzi" vergnügt Fußball im kleinen Kreuzgang! Man hätte nie gedacht, daß die Ruinen von La Verne[109] nochmals zu religiösem Leben erweckt werden könnten, aber in den achtziger Jahren sind die Schwestern von Bethlehem gekommen, und einiges ist schon in Gang gebracht. Buddhisten haben Val Saint Hugon[110] vor dem endgültigen Aus gerettet, auch wenn ihre Ankunft wenig Begeisterung in der Umgebung ausgelöst hat. Sogar die kaum wertvollen, übriggebliebenen Gebäude der Kartause von Aillon[111] in Savoyen sollen jetzt gesichert werden, und seit Jahren bemüht man sich, die romantisch gelegene Kartause im betriebsamen Capri[112] wieder in Glanz zu bringen, trotz der schwierigen Eigentumsverhältnisse[113]. Für andere Häuser kommt jedoch jede Rettung zu spät .... Aggsbach hat mit Herrn Maderna, den kirchlichen Behörden, und dem Verein der Freunde der Kartause Aggsbach wirklich Glück gehabt.

---

[107] Vgl. Roberto Roda u. Renato Sitti, La Certosa di Ferrara, Ferrara 1985; Carla Di Francesco, Ferrara. La Certosa: Rilievi e Restauri, Ferrara 1992.

[108] Maddelena Colli, Roberto Gariboldi, Alessandra Manzoni, La Certosa di Garegnano, Mailand 1989.

[109] Vgl. Karl Thir u. Raymond Boyer, Les Chartreuses de Montrieux et de La Verne, Abb. 49-76.

[110] Anne-Marie Barat, La Chartreuse de Saint-Hugon en Arvillard, Savoie, Grenoble 1992; Karma Ling, St. Hugon huit siècles d'histoire, Arvillard 1991; James u. Ingeborg Hogg, L'ancienne Chartreuse du Reposoir, aujourd'hui Carmel, et les Chartreuses de la Savoie, Abb. 108-11.

[111] Vgl. James u. Ingeborg Hogg, L'ancienne Chartreuse du Reposoir, aujourd'hui Carmel, et les chartreuses de la Savoie, Abb. 112-22.

[112] Vgl. James Hogg, The Charterhouses of Naples and Capri, Abb. 2,5-6, 88-163.

[113] Die Kirche ist in den letzten Jahren schön restauriert geworden. Im kleinen Kreuzgang ist ein Museum eingerichtet, aber einige Zellen sind in Privathand, und der großer Kreuzgang macht noch immer einen verwahrlosen Eindruck, der für Besucher peinlich ist.